高等职业教育"十二五"规划教材

大学生职业认知与学习规划

主　审　熊术新

主　编　李秋平　王雪莲

科学出版社

北　京

内 容 简 介

本书着眼于国家"十二五"教育规划中长期战略要求和高等职业教育本科学生学习发展的实际需要,充分贯彻高等职业教育本科应用型人才培养理念。本书内容主要包括前言:今天的学习与明天的职业;主体部分为职业与职业教育、社会职业需求与专业人才培养、大学学习指导、大学学习规划四个部分。本书在构建过程中打破了传统框架内容体系,把理论教学与创新设计指导、学生的职业认知见习实践及学习规划调研有机结合,紧扣高等职业教育特点。

本书可作为高等职业教育应用型本科院校学生导学的教材,也可作为职业规划方面教师的参考用书。

图书在版编目(CIP)数据

大学生职业认知与学习规划 / 李秋平,王雪莲主编. —北京:科学出版社,2014

高等职业教育"十二五"规划教材

ISBN 978-7-03-041208-9

Ⅰ. ①大… Ⅱ. ①李… ②王… Ⅲ. ①大学生 – 职业选择 – 高等职业教育 – 教材②大学生 – 学习方法 – 高等职业教育 – 教材 Ⅳ. ① G647.38 ② G642.46

中国版本图书馆 CIP 数据核字(2014)第 128338 号

责任编辑:李淑丽 / 责任校对:钟 洋
责任印制:阎 磊 / 封面设计:华路天然工作室

科 学 出 版 社 出版
北京东黄城根北街 16 号
邮政编码:100717
http://www.sciencep.com

新科印刷有限公司印刷

科学出版社发行 各地新华书店经销

*

2014 年 8 月第 一 版 开本:787×1092 1/16
2014 年 8 月第一次印刷 印张:15 1/4
字数:459 000

定价:40.00 元(含手册)
(如有印装质量问题,我社负责调换)

编委会名单

主　　审　熊术新

主　　编　李秋平　王雪莲

副　主　编　宁东玲　尹玉斌

参　　编　蒲天添　于　洋　邓　平　冉婷婷
　　　　　　刘永松　冷天琼　张金珠　周秋华
　　　　　　贾　涛　徐晓君　梅　梅　梁幸福

前言：今天的学习与明天的职业

中华职业学院是云南财经大学下属的公办性质的教学单位，是由云南财经大学根据云南省省委、省人民政府《关于大力推进职业教育改革与发展的意见》（云发〔2005〕18号）、《云南省人民政府办公厅关于云南财经大学高等职业教育改革实验区有关问题的复函》（云政办秘六函〔2009〕54号）和《云南省教育厅关于云南财经大学建设高等职业教育改革实验区有关问题的批复》（云教高〔2011〕42号）的精神，发挥学校本科优势，与具有70多年职业教育办学经验和良好社会声誉的云南中华职业教育社联合举办，主要承担高等职业教育本科人才培养试点的任务。

在改革探索的实践中，中华职业学院依托云南财经大学的优质品牌和教育资源，大力弘扬黄炎培先生的职业教育思想和云南中华职业教育社的光荣传统，奉行"使无业者有业，使有业者乐业"的职业教育理念，充分体现现代高等职业教育规律和应用型人才成长规律的有机结合，确立"以服务为宗旨，以就业为导向，坚持本科规格，强化专业实践，突出能力培养"的办学思想及"培养实践能力强、综合素质高、发展潜力大的应用型职业人才"的培养目标；初步构建了促进学生职业化成长的"三三制"人才培养模式和学生"准职业人"的学习范式。

随着生产力的发展和高等教育的大众化，大学教育阶段已成为大学生职业化成长的准备和提升阶段。高等职业院校应该为大学生找到一份适合自己生存和发展的工作，使其进入职业的起点，最终拥有自己热爱和追求的事业提供优质的服务。我们不想让学生在毕业求职时才发出如下"为什么"：为什么在求职竞争中成功的是他，而不是我？为什么他的简历内容比我的丰富很多？为什么他在大学四年能取得那么多的成绩？为什么他的大学生活如此的充实与快乐……

为此，中华职业学院决定从新生一入学就开设三门导学课程，《大学生职业认知与学习规划》就是本学院自主开发设计的一门新生入学教育特色导学课程。本课程的目的是使学生一入学就了解自己未来职业要求与四年的大学学习之间的逻辑关系："今天的学习是为了明天的职业"；帮助他们尽快树立为"做"而学的学习观；适应"做中学、学中做，团队学、竞赛学"的学习方式，引导他们自己去规划四年的学习生活。本课程主要达到以下目的。

（1）转变角色。使学生一入学就把自己当作一个"准职业人"看待。

（2）认知职业。结合职业认知见习活动，让学生了解社会职业需求及职业环境；了解本专业企业的用人标准和岗位要求；初步建立对职业的感性认识。

（3）明确目标。使学生明确自己的专业学习任务目标，增强学习的主体意识，对自己的大学学习进行科学合理的规划，从而有目标、有计划地学习。

本书着眼于国家"十二五"教育规划中长期战略要求及高等职业教育本科学生学习发展的实际需要，充分贯彻高等职业教育本科应用型人才培养理念，努力体现以下三个方面的特色。

（1）针对性。本书首先介绍职业与职业生涯、职业素质与职业教育的相关知识，并在此基础上，重点介绍学院各专业的社会职业要求和人才培养方案的相关信息；其次从大学学什么、大学怎样学、如何适应大学的学习环境三个方面进行学习方法层面的具体指导；最后，指导学生进行学习规划，并组织学生进行个人学习规划的可行性研究。尽管涉及面较广，但教材内容紧扣学生普遍关注的现实问题，针对性较强。

（2）实践性较强。本书不仅课堂教学部分实践性较强，而且要求组织学生到校外相关单位进行职业认知见习活动并提交见习报告，要求指导学生进行个人学习规划，并到校外相关单位就学习规划的可行性进行调查研究，充分体现"做中学、学中做，团队学、竞赛学"的要求；不仅能够促进学生学习能力和应用能力的提高，而且能够培养学生发现、分析和解决实际问题的能力；不仅能够激发学生的学习兴趣和动力，而且能够培养学生团队合作与竞争拼搏的职业精神。

（3）综合性。本书内容比较全面，能够较好地解决不少高校新生入学教育系统性不够，特别是对学生学习管理指导性不强的问题。因此，本书可作为高等职业教育本科院校、应用型本科院校新生入学教育特色课程教材，也可供其他普通本科院校辅导员、班主任及学生参考使用。

本书由云南财经大学校长熊术新主审，李秋平、王雪莲任主编，宁东玲、尹玉斌任副主编，学院部分实践指导教师参与了编写。参加编写的具体分工为李秋平负责本书总体设计编写指导及前言部分的编写；第一篇由王雪莲编写；第二篇由宁东玲负责组织指导各专业实践指导教师编写；第三篇由尹玉斌、王雪莲编写；第四篇由蒲天添编写。本书资料由参与编写的全体教师共同收集，由王雪莲负责最终统稿。

本书在编写过程中得到了学校、学院其他领导及教师的大力支持，尤其是王元亮教授的大力指导和帮助，在此表示深深的谢意。在本书的编写过程中，我们参阅和借鉴了一些相关文献，在此谨向这些文献的作者表示感谢。

由于编者知识水平有限，难免存在不足之处，热诚欢迎同行专家、教师和广大读者批评指正！您今天的宝贵意见将是本书明天修正的重要依据，我们期待着您的赐教！

李秋平

2014 年 4 月 10 日于云南财经大学

中华职业学院

目　　录

第一篇

职业与职业教育

读大学就是读职业

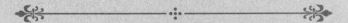

　　斯坦福大学"学以致用"的实用教育理念："请记住，生活归根到底是指向实用的，你们到此应该是为了为自己谋求一个有用的职业。但也应明白，这必须包含着创新、进取的愿望、良好的设计和最终使之实现的努力。"

第一讲　职业与职业生涯

刘刚的困惑

上大二的刘刚面对未来很迷茫，对所学的市场营销专业没有太多感觉。别人都说这个专业一方面是万金油，另一方面又没什么竞争优势，所以他想利用业余时间再学习一些其他专业的知识或技能。但究竟社会上都有哪些工作岗位？这些工作岗位的用人要求是什么？刘刚一点儿也不了解，况且他也不知道自己到底喜欢哪种工作。这让刘刚怎么准备呢？

高等职业院校的大学生，一入学，就应把自己当作一个"准职业人"来看待，必须认知职业，了解未来的工作世界，了解职业生涯对个人发展的意义……

大学生缺乏对社会的了解，通常表现出两种极端状态：一种是一无所知；另一种是想当然。所以学习对社会的探索和了解可以帮助大学生更为主动地把握个人职业生涯的发展。

主题一：认知职业——探索职业世界

一、何谓职业？

（一）职业的定义

根据中国职业规划师协会及中国职业规划第一品牌向阳生涯管理咨询集团对职业的定义：职业是行业与职能的交集点。一种职业应该由行业和职能两个维度构成。公式：职业 = 行业 + 职能。

职业即职场上的专门行业，是对劳动的分类。职业是社会分工的产物，是人们在社会上所从事的并以其为主要生活来源的，为法律和道德风俗所允许的较为稳定的工作分工而产生发展起来的。社会分工越细，职业的种类也就越多。在西方商品经济发达的社会，职业通常指具有一定专长的社会性工作。职业的划分方式很多，也没有定式，通常以所从事的产业或行业为主，并结合工作特点混合使用。职业在英语当中对应 profession 和 occupation，作为术语概念有差异。

在中文中职业作为术语，有时指工作（集合名词），其概念与时代、社会经济水平有关。一定时期有包含社会地位的成分，如仆人、佣人、长工在经济落后时代代表地位和社会阶层。职业作为一种概念，与经济发展的水平、社会政治制度有很大关系，如词汇"农民"，20 世纪 80 年代以前的计划经济时代多指个人身份；在现代西方社会，农民是一种职业，多指农场工人。

宗教学中的职业含义：社会是残酷的，如果没有权力、地位、财富，就永远不能出人头地，永远被人欺负。因为世界没有公平只有强弱。有的人一出生就有豪车、豪宅，还是庞大家业的继承人；有的人一出生只能是穷乡僻壤忍饥挨饿的孩子。人生只有改变"权力、地位、财富"中的一项，才可以获得优势的生存机会。

职业一词最基本的定义按《现代汉语词典》的解释：个人在社会中所从事的作为主要生活来源的工作。

职业不仅是个体所习得的职业资格与所获得的工作经验的一种组合，更重要的是个体与社会融合的一种载体，是个人社会定位的一种媒介，也是个体与社会交往的最本质的一个空间。职业是社会安全、社会稳定和社会融入的最本质的要素。

因此，职业就是参与社会分工，利用专门的知识与技能，创造物质财富、精神财富，获得合理报酬，满足物质生活、精神生活的工作。可以从以下几个方面来理解。

（1）职业是人们在社会中所从事的作为谋生手段的工作。

（2）从社会角度看职业是劳动者获得的社会角色，劳动者为社会承担一定的义务和责任，并获得相应的报酬。

（3）从国民经济活动所需要的人力资源角度来看，职业是指不同性质、不同内容、不同形式、不同操作的专门劳动岗位。

（二）职业的内涵

职业是具备劳动能力的个体，运用自身的知识、技能与态度，从事社会生产服务，为社会创造物质财富与精神财富，并获取合理的个人报酬，以满足自身的物质与精神需求的持续性活动。

首先，社会生产力的发展引起的社会分工的变化决定和制约着职业的发展和变化。历史上三次社会大分工的出现都引起了职业分工的变化。

其次，社会经济因素是直接制约和影响职业变化的重要因素。社会政治制度、宗教、文化、经济发展等诸多因素都会引起许多职业的兴衰。

第一，与人类的需求和职业结构相关，强调社会分工。

第二，与职业的内在属性相关，强调利用专门的知识和技能。

第三，与社会伦理相关，强调创造物质财富和精神财富，并获得合理报酬。

第四，与个人生活相关，强调物质生活来源，并涉及满足精神生活。

（三）职业的要素

职业的要素包括以下五种。

（1）职业名称——该种职业的社会通用称谓，有俗名，有标准名称。

（2）职业主体——从事该项职业活动的劳动者。

（3）职业客体——职业活动的工作对象、内容、劳动方式和场所等。

（4）职业报酬——劳动者通过职业活动所获取的工资及其他各种报酬。

（5）职业技术——劳动者在职业活动中所运用的与所从事职业有关的各种专门技术的总和。

（四）职业的特征

职业特征的归纳总结对职业认知和选择有着积极的促进意义。和职业的要素相联系，职业具有以下几个方面特征。

（1）同一性，即同一类别职业的劳动条件、工作对象等要素都是相同或相近的。

（2）差异性，即不同职业在工作内容、个人行为模式等方面都有着巨大的差异。

（3）广泛性，即职业涉及众多的人员和社会的各个领域。

（4）层次性，基于体力和脑力付出、工作复杂程度等的不同，职业可区分为不同的层次。

（5）经济性，即人们通过从事一定的职业可以获取相应的报酬。

（6）技术性，即不同的职业岗位都有相应的职责规定和专业技术要求。

（7）社会性，即人们通过在职业活动中完成工作任务、履行公民义务，为社会和他人服务。

（8）促进性，即人们的职业劳动符合社会需要，为社会提供有用的服务。

（9）连续性，即人们所从事的职业工作相对稳定，是非中断性的。

（10）规范性，即各种职业活动必须遵守国家的法律规定和社会伦理道德准则。

职业是随着人类社会进步和劳动分工而产生和发展起来的，它是社会生产力发展和科技进步的结果。一个国家的经济体制、产业结构和科技水平，决定着这个社会的职业构成，而社会职业的发展变化又客观地反映着经济、社会和科学等领域的发展和结构变化。

职业特征和要素是我们区别"活动"和"职业"的标准。

❓想一想 做一做

（1）请判断下列哪些不是职业？

农民、政治家、企业家、学生、小偷、公务员、志愿者、家庭主妇、空姐、运动员、企业经理人、家教、义工、保险代理、举报人、婚庆主持。

你的答案是_____

为什么？_____

_____。

（2）下列哪些活动是合法的职业活动？

职业杀手、黑社会、拾垃圾者、讨饭者、募捐者、经纪人、汽车代驾、代写文书、占卜、赌博、炒股票、私人借贷、集资、个人入股投资、向导、钟点工。

_____

_____

_____。

（3）说说你的家族职业树。

在你的家族选择的职业中，重复最多的是_____。

你的家族中对各种职业的评价，是否都有强烈的好恶呢？_____。

他们认为从事_____最好；最好不要从事_____。

你的家族对彼此的职业，感到最满意或羡慕的是什么？_____。

家人希望你将来从事什么工作？_____理由是什么？_____。

你自己最想做的工作是_____为什么？_____。

_____。

（五）职业与产业、行业、岗位的关系

1. 产业

产业是由社会劳动分工而独立出来的、专门从事某一类别生产经营活动的单位总和。国民经济部门按产业结构通常分为三大产业部门，即第一产业、第二产业、第三产业。

第一产业包括农业、林业、牧业、畜业、渔业。

第二产业指广义的工业，包括采掘业、制造业、自来水业、电力、蒸汽、热水、煤气和建筑业等。

第三产业指广义的服务，包括四大部分：①流通部门，如商业、饮食业、交通运输业、邮电通信业、物资供销业和仓储业等；②服务部门，如金融、保险、房地产业、公用事业、居民服务业、旅游业和咨询服务业；③教科文卫部门，如教育、文化、广播电视事业、科学研究事业、卫生、体育和社会福利事业等；④机关团体，如国家、党政机关、社会团体和公安机关。

2. 行业

行业是根据单位所使用的加工原料、所生产的物品或提供的服务不同来表示的社会分工类别。每一个国民经济部门或产业都包括许多行业。

我国国民经济的行业共分 13 个门类：①农、林、牧、渔、水利业；②工业；③地质普查和勘探业；④建筑业；⑤交通运输业、邮电通信业；⑥商业、公共饮食业、物质供销和仓储业；⑦房地产管理、公用事业、居民服务业和咨询服务业；⑧卫生、体育和社会福利事业；⑨教育、文化艺术和广播电视业；⑩科学研究和综合技术服务业；⑪金融、保险业；⑫国家机关、党政机关和社会团体；⑬其他行业。

职业与行业之间相互交叉，一种职业主要存在于某一行业之中，而不同的行业可以含有相同的职业，就是不同行业和组织中具有相似工作内容的人的集合。例如，财务、司机等职业，即存在于交通运输业，也存在于工业、农业、商业、机关团体等行业中。

各种职业之间存在着密切的联系，它们共同推动着一个国家国民经济的正常运转，整个国民经济的分工体系是由产业、行业、职业这三个层次组成的。

3. 岗位

岗位是指某一职业中具有明确的分工及标准的职位。例如，财务工作中的会计、出纳等。

（六）职业的分类

社会分工是职业分类的依据。在分工体系的每一个环节上，劳动对象、劳动工具及劳动的支出形式都有其特殊性，这种特殊性决定了各种职业之间的区别。

世界各国国情不同，其划分职业的标准也有所区别。

1. 国外职业分类

根据西方国家的一些学者提出的理论，西方国家一般将职业分为三种类型。

（1）按脑力劳动和体力劳动的性质、层次进行分类。这种分类方法把工作人员划分为白领和蓝领两大类。白领包括：专业性和技术性的工作，农场以外的经理和行政管理人员、销售人员、办公室人员。蓝领包括：手工艺及类似的工人、非运输性的技工、运输

装置机工人、农场以外的工人、服务性行业工人。这种分类方法明显地表现出职业的等级性。

（2）按心理的个别差异进行分类。这种分类方法是根据美国著名的职业指导专家霍兰德创立的"人格—职业"类型匹配理论，把人格类型划分为6种，即现实型（R）、研究型（I）、艺术型（A）、社会型（S）、企业型（E）和常规型（C）。与其相对应的是6种职业类型。

（3）依据各个职业的主要职责或"从事的工作"进行分类。这种分类方法较为普遍，以两种代表示例。其一是国际标准职业分类。国际标准职业分类把职业由粗至细分为4个层次，即8个大类、83个小类、284个细类、1506个职业项目，总共列出职业1881个。其中8个大类：①专家、技术人员及相关工作者；②政府官员和企业经理；③事务工作者和相关工作者；④销售工作者；⑤服务工作者；⑥农业、牧业、林业工作者及渔民、猎人；⑦生产和相关工作者、运输设备操作者和劳动者；⑧不能按职业分类的劳动者。这种分类方法便于提高国际间职业统计资料的可比性和国际交流。其二是加拿大《职业岗位分类词典》的分类。它把分属于国民经济中主要行业的职业划分为23个主类，主类下分81个子类、489个细类、7200多个职业。此种分类方法对每种职业都有定义，逐一说明了各种职业的内容及从业人员在普通教育程度、职业培训、能力倾向、兴趣、性格及体质等方面的要求，有较大的参考价值。

2. 我国职业分类

根据我国不同部门公布的标准分类，主要有以下两种类型。

第一种，根据《中华人民共和国职业分类大典》，我国将职业归为8大类、66中类、413小类、1838细类。其8大类的排列顺序：一是各类专业、技术人员；二是国家机关、党群组织、企事业单位的负责人；三是办事人员和有关人员；四是商业工作人员；五是服务性工作人员；六是农、林、牧、渔劳动者；七是生产工作、运输工作和部分体力劳动者；八是不便分类的其他劳动者。在8大类中，一、二大类主要是脑力劳动者，三大类包括部分脑力劳动者和部分体力劳动者，四至七大类主要是体力劳动者，八大类是不便分类的其他劳动者。

第二种，由国家发展计划委员会、国家经济委员会、国家统计局、国家标准局批准，于1984年发布，并于1985年实施的《国民经济行业分类和代码》。这项标准主要按企业、事业单位、机关团体和个体从业人员所从事的生产或其他社会经济活动的性质的同一性分类，即按其所属行业分类，将国民经济行业划分为门类、大类、中类、小类四级。门类共13个：①农、林、牧、渔、水利业；②工业；③地质普查和勘探业；④建筑业；⑤交通运输业、邮电通信业；⑥商业、公共饮食业、物资供应和仓储业；⑦房地产管理、公用事业、居民服务和咨询服务业；⑧卫生、体育和社会福利事业；⑨教育、文化艺术和广播电视业；⑩科学研究和综合技术服务业；⑪金融、保险业；⑫国家机关、党政机关和社会团体；⑬其他行业。这两种分类方法符合我国国情，简明扼要，具有实用性，也符合我国的职业现状。

3. 其他分类方式

根据不同标准的职业，可有不同的分类方法。例如，从行业上划分可分为第一、第二、第三产业；从工作特点上划分，可分为务实（使用机器、工具和设备的工种）、社会服务、文教、科研、艺术及创造、计算及数学（钱财管理、资料统计）、自然界职业、管理、一般服务性职业等 10 多种类型的职业。每一种分类方法，对其职业的特定性都有明确的解释，这对我们更好地掌握某一职业的特点，选择适合自身的职业有指导性作用。

（七）与职业相关的几个概念

1. 职业兴趣

职业兴趣是一个人对待工作的态度，对工作的适应能力，表现为有从事相关工作的愿望和兴趣，拥有职业兴趣将增加个人的工作满意度、职业稳定性和职业成就感。根据颇具权威的霍兰德职业兴趣分类法，职业兴趣可分为 6 种类型：常规型、艺术型、实践型、研究型、社会型、管理型。

职业兴趣是以一定的素质为前提，在生涯实践过程中逐渐发生和发展起来的。它的形成与个人的个性、自身能力、实践活动、客观环境和所处的历史条件有着密切的关系，因此，职业规划对兴趣的探讨不能孤立进行，应当结合个人的、家庭的、社会的因素来考虑。大学生了解这些因素，有利于深入认识自己，并进行职业规划。

（1）个人需要和个性。不管人的兴趣是什么，都是以需要为前提和基础的，人们需要什么就会对什么产生兴趣。由于人的需要包括生理需要和社会需要（物质需要和精神需要），因此人的兴趣也同样表现在这两个方面。人的生理需要或物质需要一般来说是暂时的，容易满足。例如，人对某一种食物、衣服感兴趣，吃饱了、穿上了也就满足了；而人的社会需要或精神需要却是持久的、稳定的、不断增长的。例如，人际交往、对文学和艺术的兴趣、对社会生活的参与则是长期的、终生的，并且是不断追求的。兴趣是在需要的基础上产生的，也是在需要的基础上发展的。

有的人兴趣和爱好的品位比较高，有的人兴趣和爱好的品位比较低，兴趣和爱好品位的高低受一个人的个性特征优劣的影响。例如，一个高雅的人，会对公益活动感兴趣，乐于助人，对高雅的音乐、美术有兴趣；反之，一个低俗的人，会对占小便宜感兴趣，对低级、庸俗的文艺作品有兴趣。

（2）个人认识和情感。兴趣不足是和个人的认识和情感密切联系的。如果一个人对某项事物没有认识，也就不会产生情感，因而也就不会对它产生兴趣。同样，如果一个人缺乏某种职业知识，或者根本不了解这种职业，那么他就不可能对这种职业感兴趣。相反，认识越深刻，情感越丰富，兴趣也就越深厚。

例如，有的人对集邮很入迷，认为集邮既有收藏价值，又有观赏价值，既能丰富知识，又能陶冶情操，而且收藏的越多、越丰富，就越投入，情感越专注，越有兴趣，于是就会发展成为一种爱好，并有可能成为他的职业。

（3）家庭环境。家庭作为最基本的社会单元，对每个人的心理发展都有着重要的影响，因此个人职业心理发展具有很强的社会化特征，家庭环境的熏陶对其职业兴趣的形成具有十分明显的导向作用。大多数人从幼年起就在家庭的环境中感受其父母的职业活动，随着年龄的增长，逐步形成自己对职业价值的认识，使得个人在选择职业时，不可避免地带有家庭教育的印迹。家庭因素对职业取向的影响，主要体现在择业趋同性与协商性等方面。

　　一般情况下，个人对于家庭成员特别是长辈的职业比较熟悉，在职业规划和职业选择上受一定的趋同性影响，同时受家庭群体职业活动的影响，个人的职业决策或多或少产生于家庭成员共同协商的基础上。兴趣有时也受遗传的影响，父母的兴趣也会对孩子有直接的影响。

　　（4）受教育程度。个人自身接受教育的程度是影响其职业兴趣的重要因素。任何一种社会职业从客观上对从业人员都有知识与技能等方面的要求，而个人的知识与技能水平的高低在很大程度上取决于其受教育的程度。一般意义上，个人学历越高，接受职业培训的范围越广，其职业取向领域就越宽。

　　（5）社会因素。一方面，社会舆论对个人职业兴趣的影响主要体现在政府政策导向、传统文化、社会时尚等方面。政府就业政策的宣传是主导的影响因素，传统的就业观念和就业模式也往往制约个人的职业选择，而社会时尚职业则始终是个人特别是青年人追求的目标。例如，当前互联网技术和金融业都得到了较大发展，对这两个职业有兴趣的人也增加得很快。

　　另一方面，兴趣和爱好是受社会制约的，不同环境、不同职业、不同文化层次的人，兴趣和爱好是不一样的。

　　（6）职业需求。职业需求是一定时期内用人单位可提供的不同职业岗位对从业人员的总需求量，它是影响个人职业兴趣的客观因素。职业需求越多、类别越广，个人选择职业的余地就越大。职业需求对个人的职业兴趣具有一定的导向性，在一定条件下，它可强化个人的职业选择，或抑制个人不切实际的职业取向，也可引导个人产生新的职业取向。

　　另外，年龄的变化和时代的变化也会对个人的兴趣产生直接影响。就年龄方面来说，少儿时期往往对绘画、歌舞感兴趣，青年时期对文学、艺术感兴趣，成年时期往往对某种职业、某种艺术感兴趣。它反映了个人兴趣的中心随着年龄的增长、知识的积累在转移。就时代来讲，不同的时代、不同的物质和文化条件，也会对个人兴趣的变化产生很大的影响。

2. 职业资格

　　职业资格是对从事某一职业所必备的学识、技术和能力的基本要求。

　　职业资格包括从业资格和执业资格。从业资格是指从事某一专业（职业）学识、技术和能力的起点标准。执业资格是指政府对某些责任较大、社会通用性强、关系公共利益的专业（职业）实行准入控制，是依法独立开业或从事某一特定专业（职业）学识、技术和能力的必备标准。

　　（1）职业资格证书。职业资格证书是劳动就业制度的一项重要内容，也是一种特殊形式的国家考试制度。它是指按照国家制定的职业技能标准或任职资格条件，通过政府认定的考核鉴定机构，对劳动者的技能水平或职业资格进行客观公正、科学规范的评价和鉴定，对合格者授予相应的国家职业资格证书。

　　在我国，职业资格证书根据不同的职业，分为全国统一鉴定和省级劳动部门统一鉴定。

目前全国统一鉴定的时间一般为每年的 5 月和 11 月。现在实行全国统一鉴定的职业有秘书、营销师、物业管理员、电子商务师、项目管理师、心理咨询师、企业人力资源管理师、企业信息管理师、物流师、网络编辑员、理财规划师、广告设计师、职业指导人员、企业文化师、企业培训师共 15 种职业。

（2）职业资格证书等级。我国职业资格证书分为五个等级：初级（五级）、中级（四级）、高级（三级）、技师（二级）和高级技师（一级）。

（3）职业资格证书制的法律依据。《中华人民共和国劳动法》第八章第六十九条规定："国家确定职业分类，对规定的职业制定职业技能标准，实行职业资格证书制度，由经过政府批准的考核鉴定机构负责对劳动者实施职业技能考核鉴定。"《中华人民共和国职业教育法》第一章第八条明确指出："实施职业教育应当根据实际需要，同国家制定的职业分类和职业等级标准相适应，实行学历证书、培训证书和职业资格证书制度。"这些法律条款确定了国家推行职业资格证书制和开展职业技能鉴定的法律依据。

 小 资 料 一

看看你属于哪一个类型 —— 六岛环游

现实型 (R)
有运动或机械操作的能力，喜欢机械、工具、植物或动物。偏好户外运动。

- 喜好户外、机械及体育类的活动。
- 喜欢从事和事物、动物有关的工作，而不喜欢和理念、资料或与成人相关的工作。
- 往往具有机械和运动员的能力。
- 喜欢建筑、塑造、重新建构和修理东西。
- 喜欢使用设备和机器。
- 喜欢看到有形的结果。
- 是个有毅力、勤勉的人。
- 缺乏创造力和原创性。
- 较喜欢用熟悉的方法做事并建立固定模式。
- 以绝对的观点思考。
- 不喜欢模棱两可。
- 较不喜欢处理抽象、理论和哲学的议题。
- 是个唯物论、传统和保守的人。
- 没有很好的人际关系和语言沟通技巧。
- 当焦点汇聚在自己身上时会很不自在。
- 很难表达自己的情感。
- 别人认为你很害羞。

研究型 (I)
喜欢观察、学习、研究、分析。

- 天生好奇且好问。
- 必须了解、解释及预测身边发生的事。

- 具有科学精神。
- 对于非科学、过度简化或超自然的解释，持悲观、批判的态度。
- 对于正在做的事能全神贯注、心无旁骛。
- 独立自主且喜欢单枪匹马地做事。
- 不喜欢管人也不喜欢被管。
- 以理论和解析的观点看事情且勇于解决抽象、含糊的问题及状况。
- 具有创造力和原创性。
- 常难以接受传统的态度及价值观。
- 逃避受到外在规定束缚的高结构化情境。
- 处事按部就班、精确且有条理。
- 对于自己的智力很有信心。
- 在社交场合常觉得困窘。
- 缺乏领导能力和说服技巧。
- 在人际关系方面拘谨与形式化。
- 通常不做情感的表达。
- 可能让人觉得不太友善。

艺术型 (A)

有艺术、直觉、创造的能力，喜欢运用其想象力和创造力，喜欢在自由的环境中工作。

- 是个有创造力、善表达、有原则性、天真及有个性的人。
- 喜欢与众不同并努力做个卓绝出众的人。
- 喜欢以文字、音乐、媒体和身体（如表演和舞蹈）创造新事物来表达自己的人格。
- 希望得到众人的目光和赞赏，对于批评很敏感。
- 在衣着、言行举止上倾向于无拘无束、不循传统。
- 喜欢在无人监督的情况下工作。
- 处事较冲动。
- 非常重视美及审美的品位。
- 较情绪化且心思复杂。
- 喜欢抽象的工作及非结构化的情境。
- 在高度秩序化和系统化的情境中很难表现出色。
- 寻求别人的接纳和赞美。
- 觉得亲密的人际关系有压力而避免之。
- 主要透过艺术间接与别人交流以弥补疏离感。
- 常自我省思。

社会型 (S)

擅长和人相处。喜欢指导、帮助、启发或训练别人。

- 是个友善、热心、外向、合作的人。
- 喜欢与人为伍。
- 能了解及洞察别人的情感和问题。
- 喜欢扮演帮助别人的角色，如教师、调停者、顾问和咨询者。

- 善于表达自己并在人群中具有说服力。
- 喜欢当焦点人物并乐于处在团体的中心位置。
- 对于生活及与人相处都很敏感、理想化和谨慎。
- 喜欢处理哲学问题，如人生、宗教及道德的本质和目的。
- 不喜欢从事与机器或资料有关的工作，或结构严密、反复不变的任务。
- 和别人相处融洽并能自然地表达情感。
- 待人处事很圆滑，别人都认为你很仁慈、乐于助人和贴心。

企业型 (E)

喜欢和人互动。自信，有说服力、领导力。追求政治和经济上的成就。

- 外向、自信、有说服力、乐观。
- 喜欢组织、领导、管理及控制团体活动以达到个人或组织的目标。
- 胸怀雄心壮志且喜欢肩负责任。
- 相当重视地位、权力、金钱及物质财产。
- 喜欢控制局面。
- 在发起和监督活动时充满活力和热忱。
- 喜欢影响别人。
- 爱好冒险、有冲动、行事武断且言语具有说服力。
- 乐于参与社交圈并喜欢与有名、有影响力的人往来。
- 喜欢旅行和探险，并常有新奇、昂贵的嗜好。
- 自认为很受人欢迎。
- 不喜欢需要科学能力的活动及有系统、理论化的思考。
- 避免从事需要注意细节及千篇一律的活动。

常规型 (C)

喜欢从事与资料相关工作的人。有文书或计算的能力，能够听从指示，完成细琐的工作。

- 是个一板一眼、固执、脚踏实地的人。
- 喜欢做抄写、计算等遵行固定程序的活动。
- 是个可依赖、有效率且尽责的人。
- 希望拥有隶属于团体和组织的安全感且做个好成员。
- 具有身份地位的意识，但通常不渴望居于高层领导地位。
- 知道自己该做什么事时，会感到很自在。
- 倾向于保守和遵循传统。
- 遵循别人所期望的标准及你所认同的权威人士的领导。
- 喜欢在令人愉快的室内环境工作。
- 重视物质享受和财物。
- 有自制力并能有节制地表达自己的情感。
- 避免紧张的人际关系，喜欢随兴的人际关系。
- 在熟识的人群中才会自在。
- 喜欢有计划地行事，较不喜欢打破惯例。

加拿大的职业分类

兴趣类型 A：愿意与事物打交道——制图、地质勘探、建筑设计、机械制造、计算机操作、会计、出纳等。

兴趣类型 B：愿意与人接触——推销员、公关人员、记者、咨询人员、教师、导游、服务员等。

兴趣类型 C：愿意干规律性工作——图书管理员、文秘、统计、打字、公务员、邮递员、档案管理等。

兴趣类型 D：喜欢从事帮助人的工作——福利工作、慈善事业、医生、律师、保险业、护士、警察等。

兴趣类型 E：愿意做领导和组织工作——政治家、企业家、社会活动家、行政管理、学校辅导员等。

兴趣类型 F：喜欢研究人的行为——社会学、心理学、人类学、组织行为学、教育学、政治学等方面的研究和调查分析。

兴趣类型 G：喜欢钻研科学技术——气象学、生物学、天文学、物理学、化学、地质学等研究和实验。

兴趣类型 H：喜欢抽象的和有创造性的工作——哲学研究、科技发明、经济分析、文学创作、数理研究等。

兴趣类型 I：喜欢操作机器——飞机、火车、轮船、汽车的驾驶，机械装卸，建筑施工，石油、煤炭的开采等。

兴趣类型 J：喜欢具体的工作——室内装饰、时装设计、摄影师、雕刻家、画家、美容美发、烹饪、机械维修、手工制作、证券经纪人等。

兴趣类型 K：喜欢表现和变化的工作——演员、运动员、作曲家、旅行家、探险家、特技人、海员、职业军人、警察等。

想一想　做一做

你属于哪种类型？ ＿＿＿＿＿＿＿＿＿＿＿ 适合做哪些职业？ ＿＿＿＿＿＿＿＿＿＿＿。
与你原来的想法一致吗？ ＿＿＿＿＿＿＿＿＿＿＿＿＿＿＿＿＿＿＿＿＿＿＿。

二、职业探索及其意义

（一）什么是职业探索？

职业探索是指增加对自我和环境的认识、了解，以促进个体职业发展的活动。是对你喜欢或要从事的职业进行理论分析和实际调研的过程，目的是对目标职业有充分的了解，并在明确和职业的差距中制定求职策略，从而有效地规划大学学习生活。就是通过对职业各个方面信息的收集、分析和处理，来了解我们可能的选择，了解社会。

？想一想　做一做

画出你眼中的职业世界：请你用彩笔在白纸上画出自己眼中的工作世界。

注意：这里不强调画的美术水平，只要能表达自己对工作世界的想法就好。

教师提示：每个学生眼中的职业世界是不同的，之所以存在差异与学生是否能全面地了解社会有很大关系。

（二）大学生为什么要了解职业世界的信息

对职业世界的认识，是大学生正确而合理地进行职业选择的基础。

1. 促进正确的生涯决策

有些同学因为受到社会上一些负面就业信息影响，而对找工作比较悲观，作出了错误的生涯决策。例如，明知自己不一定适合做研究或并不喜欢继续升学读书，但还是作出了"反正也找不到好工作，那就不找了，直接考研吧"的决策。其实如果考研，研究生毕业之后又该怎么办？因为考研对某些学生来说只是一种就业逃避。我们如果能够清晰、全面地了解工作世界，知道尽管每年大学毕业生众多，竞争激励，只要自己仔细了解企业用人要求及工作发展的普遍路径和规律等，就能够结合自己的专业在社会中找到属于自己的工作，从而作出合理的生涯决策，而不是盲目跟风追逐所谓的"好工作"，最后迷失在求职大军中。

2. 进一步认识和了解自己

通过了解职业世界的相关信息，可以使大学生进一步认识和了解自己，知道自己真正需要的、适合的是什么。在对职业信息进行分析、判断时，可增进对自我及职业世界的了解，形成认知或态度上的改变，从而调整自己的行动，走出属于自己的生涯道路。

3. 培养和提升大学生的职业能力

很多学生上了大学，寄希望于学校、职业辅导教师或其他专业的职业辅导工作人员告诉他们"职业世界是什么样的"。但结果常常令人失望，因为每个人（包括专业的职业辅导工作人员）由于个人知识、经验的局限，不可能完全掌握所有工作世界的信息，所以工作世界的探索更多地需要大学生自己来完成。在这个探索的过程中，大学生可以培养和提升自己的很多能力。

4. 预测未来发展

通过职业探索，大学生可以全方位地了解当前整体就业环境和就业趋势、各行各业的现状及发展前景、自己面临的一些就业机会，以及自己应该走什么样的职业发展途径和道路。可以具体了解社会用人单位对某个职业、岗位的要求，提前预知在知识结构、能力结构、职业技能及职业素质等方面，大学生应该如何去积累和准备，才符合用人单位的需要，才能够胜任职业和职位。也就是可以预测未来可能发生的情况，以便预先做准备。

三、大学生探索职业世界的内容

（一）了解职业世界的基本事实

有关职业的基本事实有以下几个方面。

（1）目前社会有超过 20 000 种职业，对于大多数人来说，都有数种职业适合他们。

（2）调查表明，各个经济收入阶层和各种行业领域的人都热爱自己的工作。

（3）没有哪一种工作能够完全满足你所有的需要。所有工作都有其局限性和令人失望之处。

（4）工作市场和经济形势时常发生变化，甚至是急剧的变化。有的行业在目前可能充满机会，但却会在数年内达到饱和状态。

（5）三百六十行，行行出状元。

所以在工作世界中，只要做好心理准备，每个人都能找到属于自己的工作。这是一个过程，对不同的人这个过程可能会有长、有短，变化是其中必然要面对的，一个人的职业可能不会持续一生，也常常伴随着风险，因此需要个人不断调整和变化才能保持满意度，面对工作世界，你需要学会如何应对工作的变动，而不是一味地回避它。

（二）了解宏观职业世界的现状

了解宏观职业世界的现状主要是了解劳动力供求关系、各地区各行业的需求分布、职业生涯的理念等。

教师提示：现代社会，职业世界信息的实时性很强，在应用此段信息时应注意其时效性。

对宏观工作世界的了解可以帮助大学生在求职时，比较从容地接受激烈的竞争，提前做好技能、心理等方面的准备，以积极的心态应对所面临的各种情况。

（三）了解与具体职业岗位相关的信息

主要了解以下几方面信息。

（1）公司文化和规范。

（2）工作内容和职责。

（3）工作要求的知识、技能和素质。

（4）工作要求的资历和资格。

（5）工作时间、地点和环境。

（6）工作的可发展空间。

（7）薪酬待遇和福利。

（8）如果要去应聘还需要了解公司的招聘文化。

（四）了解继续教育和学习方面的选择

在现在这个知识经济的时代，继续教育和学习几乎成了每个人生涯发展中的必然内容，一般而言继续教育和学习的途径包括：考研、在职研究生、保送、出国、研究生学历班、函授、自考、在职培训、实习、成人教育、夜大、其他培训、资格认证、扶贫计划的优先学习政策等。

教师提示：哪种形式更适合自己，则要根据自己的实际情况从时间、经济、能力、针对性等多角度去了解与考虑。

 小 资 料 三

未来职业发展的趋势：

（1）工业或制造业的就业人数减少，而服务业和资讯业的工作机会增多。

（2）人力需求结构以高、低两层人才为主，大量文书工作被电脑取代，形成两极化的现象。

（3）技术及职业变动快速，结构性失业将是一个长久存在的问题。

（4）个人转业的次数增加，未来的工作世界将是一个学习社会。

（5）就业市场需要具有广博知识及技术基础的专业人员。

（6）研发的工作将日趋重要。

未来"十大"热门行业：

（1）IT 业：软件业、网络业、通信业。

（2）广告媒体 / 会展业：电视、报纸、网络、杂志、广播。

（3）金融业：证券、保险、银行。

（4）医疗医药业：处方药、生物制药、化学药、老年医学。

（5）快速消费品业：食品、水、化妆品、纸制品、服装。

（6）制造业：家电、电脑、打（复）印机、照相机、汽车、船舶、飞机。

（7）贸易 / 销售业：机械、电子、纤维、医药、电器。

（8）物流业：制造、运输、仓储。

（9）批发 / 零售业：日用百货、家用电器、快速消费品。

（10）服务 / 咨询业：餐饮、旅游、健身、美容、家教、护理、理财、休闲、家政服务。

中国未来 10 年 20 种热门职业：

（1）IT 人才。

（2）批发零售商。

（3）经纪人。

（4）房地产开发商。

（5）律师。

（6）教师。

（7）保健医师。

（8）出版商。

（9）服装设计师。

（10）公关员及策划师。

（11）旅游管理师。

（12）公务员。

（13）注册会计师。

（14）涉外文秘。

（15）建筑设计师。

（16）农业技师。

（17）心理咨询师。

（18）市场营销员（师）。

（19）新材料、新能源研发师。

（20）培训咨询师。

新兴六大职业群：

（1）"创意族"：设计类职业红红火火。

（2）"顾问类"：分析、评估类职业崭露头角。

（3）"技工族"：技能岗位老树发新芽。

（4）"科技族"：IT、技术职业风华正茂。

（5）"保健族"：营养、健康类职业异军突起。

（6）"时尚族"：现代服务类职业新鲜登场。

与大学生就业密切相关的新职业：

（1）商务秘书。

（2）营销员（师）。

（3）公关员。

（4）物业管理师。

（5）心理咨询师。

（6）电子商务师。

（7）项目管理师。

（8）信息管理师。

（9）职业指导师。

（10）企业培训师。

（11）网络编辑员。

（12）广告设计师。

（13）物流（管理）师。

（14）理财规划师。

（15）人力资源管理师。

（16）国际商业美术设计师。

（17）商务策划师。

（18）会展策划师。

（19）景观设计师。

（20）首饰设计师。

（21）模具设计师。

（22）家具设计师。

（23）陶瓷工艺师。

（24）动画设计师。

（25）珠宝评价师。

（26）钢琴调音师。

（27）计算机乐谱制作师。

（28）宠物健康护理师（员）。

（29）客户服务管理师。

（30）建筑模型设计制作师（员）。

（31）数字视频（DV）策划制作师。

（32）企业文化师。

（33）企业培训师。

（34）品牌规划（管理）师。

（35）企业信息管理师。

（36）形象设计师。

（37）室内装饰设计师。

（38）程序设计师。

（39）文档工程师。

（40）服装设计师。

（41）多媒体设计师。

（42）网络游戏设计师。

（43）房地产评价师。

（44）估价师。

（45）3G 工程师。

？想一想　做一做

（1）头脑风暴出所有可能的职业。

脑海中出现的：＿＿＿＿＿＿＿＿＿＿＿＿＿＿＿＿＿＿＿＿＿。

喜欢的，期待的：＿＿＿＿＿＿＿＿＿＿＿＿＿＿＿＿＿＿＿＿。

曾经的梦想：＿＿＿＿＿＿＿＿＿＿＿＿＿＿＿＿＿＿＿＿＿＿。

来自家人、朋友、兄弟姐妹、老同学：＿＿＿＿＿＿＿＿＿＿＿。

（2）请运用头脑风暴法（无限联想法），以手机为例，3～5人一组进行思考讨论，列出与手机相关的职业，类型要尽可能多，将所联想到的职业全部写出来。看看哪一组写得最多？

＿＿＿＿＿＿＿＿＿＿＿＿＿＿＿＿＿＿＿＿＿＿＿＿＿＿＿＿＿＿＿＿

＿＿＿＿＿＿＿＿＿＿＿＿＿＿＿＿＿＿＿＿＿＿＿＿＿＿＿＿＿＿。

你们小组的成员是＿＿＿＿＿＿＿＿＿＿＿＿＿＿＿＿＿＿＿＿＿。

讨论：你从这个活动中得到了什么启发？

＿＿＿＿＿＿＿＿＿＿＿＿＿＿＿＿＿＿＿＿＿＿＿＿＿＿＿＿＿＿＿＿

＿＿＿＿＿＿＿＿＿＿＿＿＿＿＿＿＿＿＿＿＿＿＿＿＿＿＿＿＿＿＿＿

＿＿＿＿＿＿＿＿＿＿＿＿＿＿＿＿＿＿＿＿＿＿＿＿＿＿＿＿＿＿＿＿

＿＿＿＿＿＿＿＿＿＿＿＿＿＿＿＿＿＿＿＿＿＿＿＿＿＿＿＿＿＿。

教师提示：从这个活动，可以了解到一件物品的制造涉及许多人和职业，如从管理到制造，从研发到市场。说明有很多专业和技能是可以变通的，同一个专业可以从事多种职业。

（3）以你所学的专业为例，调查一下你将来可以在职业世界从事哪些工作？

＿＿＿＿＿＿＿＿＿＿＿＿＿＿＿＿＿＿＿＿＿＿＿＿＿＿＿＿＿＿＿＿

＿＿＿＿＿＿＿＿＿＿＿＿＿＿＿＿＿＿＿＿＿＿＿＿＿＿＿＿＿＿。

四、大学生进行职业探索的方法

归纳起来，大学生进行职业探索通常采用查阅、讨论、参观和实习、访谈的方法。其中对宏观环境的探索主要采用查阅和讨论的方法；而对行业环境、组织环境、岗位环境的探索，除了通过查询资料和讨论外，还可以通过实地参观、实习及对相关从业人士进行访谈等方法。

（一）查阅法（检索法）

查阅法主要是通过浏览和查看互联网、报刊、书籍等途径探索目前的职业环境。查阅法的优点是方便、快捷、信息量大、成本低，而查阅法的不足是得到的信息是间接的、隔离的，可能与现实感受有差距。

1. 查阅法在宏观职业环境探索中的应用

主要是探索政治法律政策、经济发展水平、各地区的文化特点、技术更新速度、人才整体需求状况等环境对自己职业发展的宏观影响。在探索宏观职业环境时，要多浏览政府网站信息，尤其是各省市的毕业生就业信息网，这些网站往往包含职业环境分析所需的信息。例如，人才市场公共信息网每个季度都会公布全国部分人才市场供求情况及分析，通过阅读这些资料可以了解不同职业的需求状况。大学生可以尝试分析这些资料，从中总结出最近几年大学生就业市场的总体状况和特征。

2. 查阅法在其他职业环境探索中的应用

运用查阅法在探索行业环境、组织环境、岗位环境时，一般按照下面的程序进行。

（1）将个人希望了解的职业方向（或职业群），通过网络、书籍、期刊及有关声像资料，进行初步查阅。

（2）选定各种典型的职业，进一步对其入门所需的基本条件如学历、资格证书、身体条件等进行查阅。

（3）通过查阅，自己对做好职业工作所需要的知识、技能、生理条件及个性特征有一个初步的认识，对该职业的生存环境及发展前途，以及个人循此发展可能取得的职业成就等形成初步印象。

（二）讨论法

讨论意味着与别人共享对职业的探索结果。"理越辩越明"，当大学生对职业的特点不能很好地把握时，可以和周围的人一起讨论，如和同学、朋友，甚至老师、父母进行讨论。个人的探索总有局限性，与别人一起讨论感兴趣的职业问题，共享职业探索成果，会互相打消一些不现实的想法或前景暗淡的东西，而共同发现一些更好的东西、更多的前进道路。讨论法的要点是不要把个人已经拿定主意、不会改变的事情进行讨论，也不要把自鸣得意的结果拿出来炫耀，而要把正在探索或是已有结果但仍需进一步证实或充实提高的东西拿出来讨论。

（三）参观和实习法（体验法）

参观和实习法是探索行业环境、组织环境及岗位环境的常用方法。参观是到相关职业现场短时间地观察、了解。通过观察，可以了解职业相应工作的性质、内容、职业环境及氛围，获得实实在在的职业感受。参观法的优点是能得到切身的感受，缺点是无法对职业的实质深入了解，易被营造的氛围迷惑。实习是到职业场所进行一定时间的打工、兼职或教学实习、实践。实习法是一种比较全面地了解职业的方法。实习可以更深入、更真实地对职业的工作任务、工作要求、工作环境及个人的适应情况进行了解、判断，可以了解工作的程序、报酬、奖罚、管理及升迁发展的信息，还可以通过与工作人员的实际接触，感受职业对人的影响及人与职业和谐的情况。大学生的职业生涯规划问题突出表现在两个方面：一是对于专业、兴趣和职业的困惑；二是存在社会参与和适应的问题。大学生的"迷茫"也来自两个方面：一是不了解自己，二是不了解社会。而这些都可以归因于缺乏社会实践。参加社会实践的意义在于能使大学生在认识自我和改造自我两个方面获益。

人们只有在各种不同的环境下，才能真正全面、清晰地了解自我，了解职业。有位同学曾在寒假期间跑到机关去实习，别人都说他疯了，白给别人干活儿不说，还要自己花钱吃饭，但他觉得很有意义。他说："至少我了解了一种职业状态，机关的生活给我留下了深刻的印象，我觉得这种生活不是我想要的。"另外一个例子可以从反面佐证：有一个硕士研究生在进行职业选择的时候，陷入了不会选择的痛苦之中。当时，她需要在中学老师和出版社编辑之间作出选择。她说："我不会选择，因为我对这些职业、对自己不太了解。如果我参加过更多的实习活动，对各种职业都有所了解，再做选择就会好很多。可是，我们现在的实习只是流于形式，大家随便找一个挂名的单位，糊弄一下而已。"社会实践是一种很好的真正了解自己和职业的方式。

大学生应该通过不同的工作环境、不同的工作经历发现清晰的自我形象，同时注意自己的感受和反应；尽可能多地寻找和获得不同的生活经历，并把这些生活、工作经历结合起来，找到价值观、兴趣和技能之间的联系，用更复杂的方式思考自我。改善与生涯决策有关的自我知识也是一个终身的过程，永远不会结束，生活经历不会被浪费。社会实践的另一个作用是帮助大学生不断改造自我，更快地实现社会化。大学与中学的不同在于，大学是进入社会的过渡期，是进入社会的预演；学校与社会的不同在于，衡量人才的参照系不一样。通过社会实践，大学生可以更深刻地认识社会、了解社会，发现认识上的偏差。学校教育以知识积累为主要目的，而职业领域更看重能力和素质。职业在满足现实的生存和发展需要之外，还有一个重要功能就是通过和别人一起共事来克服自我中心的意识。换句话说，职业化的过程就是社会化的过程，而克服以自我为中心、为职业做准备是大学生的重要人生课题。

无论是自我、兴趣的探索，还是职业素质、职业能力的培养，都需要与社会多接触。温家宝同志到北京师范大学视察的时候，曾强调让学生多了解社会。大学生对于社会参与，是渴望和迷茫并存，因此，要引导大学生把自我放在社会的大背景下去认识，只有在与外界接触的过程中得到的自我形象才是清晰、真实的；只有把自我放在社会的大背景下去锻炼，才能造就社会需要的人才。"纸上得来终觉浅，绝知此事要躬行。"实习作为从学生生活到社会生活的一种过渡，是一次介于学习与工作之间的特殊经历，一次没有工作压力的上班体验，一个不曾经历过的生活环境；实习可以让大学生深入了解不同职业的特点，了解自己和目标职业的差距，寻找到适合自己的职业。所以，大学生要尽可能地通过实践参与探索职业环境。

（四）访谈法

访谈法是通过和相关的从业人员特别是成功的人或失败的人的交流，了解职业的知识、技能需求、待遇和发展前景的方法。访谈法的好处是结果比较客观，对职业了解得较多，可以从不同的角度认识职业。其不足是由于访谈对象的不同，结果可能差异很大。有的人对工作比较积极，赞誉较多；有的人对工作比较消极，可能评价较低。大学生在对职业环境进行分析的时候，不要仅仅采用一种方法，应该采用多种方法，多角度、全面地了解自己。

五、大学生探索职业世界的方式与途径

（一）探索职业世界的方式

探索职业世界的方式分为间接探索和直接探索两种。

（1）间接探索方式包括：网络、书籍、访谈等。

（2）直接探索方式包括：见习、实习、兼职等。

（二）探索职业世界的途径

1．利用网络和官方资源，主要有以下两种方式

（1）浏览各种职业论坛、各地高校毕业生就业信息网、高校人才网等网站。

（2）在一些行业网站和招聘网站也可以找到相关信息。

例如，www.51job.com（前程无忧网）

www.chinahr.com（中华英才网）

www.zhaopin.com（智联招聘网）

www.newjobs.com.cn（国家人才网）

www.21cnhr.com（21世纪人才网，上海）

www.fesco.com.cn（中国外企人才网）

www.hr.com.cn（中国人才网）

www.rencaijob.com（人才职业网）

www.jobsoso.com（北森人才网，可查简单职业）

www.mycos.com.cn（中国大学生就业网）

www.cjob.gov.cn（全国招聘信息公告服务网）

www.ncss.org.cn（全国大学生就业公告服务立体化平台）

www.chrm.gov.cn（中国人力资源市场网）

www.chinajob.gov.cn（中国就业网）

www.cpta.com.cn（中国人事考试网）

www.sme.gov.cn（中国中小企业信息网）

www.psytopic.com（时代新青年杂志）

2．与从业人员晤谈——职场人物访谈

这一途径可以直观地获取工作信息并了解工作环境。跟他人谈论他们的工作并不是一件很困难的事，其实大多数人喜欢谈论他们的工作，因为当你向某人征求意见时，对方会感受到被尊重。具体来说，要访问的人员包括几位老总、几位学者、几位HR、几位员工、几位过来人，还可以包括就业指导办的老师、专业课的老师、辅导员等，还可以采访职业顾问。你完全可以与其从网上对话，或与其电话交流；你还可以直接查找业内比较知名的企业或个人，网上搜索或114查询到他们的联系方式，直接与他们进行交流；目前来说电话调查是最好的方式，也是最方便的。

理论上的搜集资料是最基本的间接知识，还要对相关人士进行访谈，这样所整合的材料才比较科学，而真正的与职场中人交流也是我们职业探索所期望的最重要步骤，毕竟网上的运作还是停留在表层，而访谈则是与社会、与职场真正的接触。

3．利用高校就业指导中心

高校就业指导中心能提供包括历年毕业生的就业去向、职前教育课堂（职业礼仪、简历制作等）、职业测评等信息。

4. 通过实习和社会实践

在实习和社会实践过程中获取就业信息、创造就业机会，注意搜集用人单位对人才的要求，有可能的话争取得到实习单位的推荐。

5. 利用非正式就业途径

积极地通过亲戚、朋友等途径来寻求职业信息和就业途径。

教师提示：最好的途径是参加职业劳动和实习；进行专业内的兼职。

六、大学生进行职业探索的步骤

（一）第一步：选择一个职业

根据个人的兴趣、能力和职业价值来选择一个要探索的职业。问自己以下问题：

（1）如果我喜欢某个领域，那么，在这个领域中有我所能胜任的或者擅长的职业吗？这些职业的现状如何？发展前景如何？能满足我的价值需求吗？

（2）如果我希望我的职业是受人尊敬的，那最受人尊敬的十大职业是什么？其中，有适合我的吗？

（3）如果我希望我的职业可以赚很多钱，那最有"钱"途的十大职业是什么？其中，有适合我的吗？

教师提示：对大学新生而言，确定想探索的职业时，其实这个职业是什么，和你的专业到底有多大关系，在对你职业世界所知不多的情况下是可以忽略的。因为，你自己来督促自己做职业探索，就是为了掌握探索职业的方法，所以第一次做职业探索时，千万别在探索什么职业上浪费太多精力，重在做后面的内容！

❓想一想　做一做

我喜欢的领域是_____，我了解到的最受人尊敬的十大职业是_____，适合我的是_____，最有"钱"途的十大职业是_____，适合我的是_____。

（二）第二步：开始十项职业探索

1. 职业描述

定义这个职业的内涵（包括职业名称，各方对其的定义等）。

（1）罗列学习前人对这个职业的看法。

（2）自己给这个职业下一个定义。

教师提示：如果不是最新的职业，一般来说都有固定的对职业的定义。

2. 职业的核心工作内容

每个职业都有核心的工作职责，即这个职业一般都干什么活儿，什么工作是这个职业必须要做的。

获取途径：①参考权威人事部门总结确定的核心工作内容；②参考企业的招聘广告；③请教行业协会，或是这个职业的资深人士；④请教一般企业的人事部门或部门经理。

3. 职业的发展前景及其对社会和生活的影响、作用

职业的发展前景，是国家、社会等对这个职业的需求程度，包括职业在国家阶段发展中的作用；职业对社会和大众的影响；职业对生活领域的影响。

获取途径：①劳动部门的权威预测；②自己调研；③访问本职业的资深人士。

4. 薪资待遇及潜在收入空间

考量职业时要重点调研职业的薪资状况。其实每个职业都有极致，都有天价，起薪都差不多，但能力不断提升的背后就蕴藏着高薪。

获取途径：①访问本职业从业人员；②网络了解。

5. 岗位设置及不同行业、企业间的差别

岗位设置，一般来说是指一个职业是有一系列岗位划分的，如人事工作的岗位就分为招聘、考核等很多具体岗位，不同行业、不同性质、规模的企业对岗位的划分和理解也是有很大不同的，很可能同样都叫一个名字，但干的活儿却完全不一样。

获取途径：①访问人事权威网站；②访问本职业从业人员。

6. 入门岗位及其职业发展通路

哪些岗位面向大学生开放？这个岗位对应的日后职业发展通路是什么？这个岗位有哪些发展途径？最高端岗位是什么？

获取途径：①访问人事权威网站；②访问本职业从业人员。

7. 职业标杆人物

在这个领域谁做得最好？他是怎么做到的？他都取得了什么成绩？遇到了什么困难？他具备什么素质等，每个职业都有一流的人物，无论是国内还是国外的。

获取途径：①访问人事权威网站；②阅读相关人物传记；③访问本职业从业人员。

8. 职业的典型一天

了解相关从业人员的一天是怎样度过的？从早上到回家的时间都是怎么安排的……

获取途径：①访谈；②见习体验。

教师提示：了解职业的典型一天是判断自己是否适合这个职业的重要指标，如果你不想体验职业的一天，就不用再为之而努力学习去准备从事这个职业了，所以这个过程是很关键的。尤其是这个工作对你个人生活的影响，看你能否接受。

9. 职业通用素质要求及入门具体能力

职业通用素质主要是指能把这个工作做好所要具备的能力。通过对职业的外在素质要求的了解，对比自己是否能够胜任，还有哪些要加强和补充的能力，从而可以将之规划到大学生活里。

获取途径：①参考招聘中岗位描述的任职资格介绍；②整理出来，结合访谈结果，列出 N 项最常用的能力；③与自己一一对照，从而促进发现和认识自我。

10. 工作与思维方式及对个人的内在要求

工作和思维方式是你做好做精工作的保障。这些是从你的内在来判断自己是否适合和喜欢一个职业的核心标准。所以对职业的方方面面考量之后，最后一关就是对职业所要求的内在盘点。

获取途径：①参考招聘中岗位描述的任职资格介绍；②参考业内普遍认为的个人素

质；③考虑不同行业、不同类型企业的差异。

教你一招：亲自去做一个甚至多个职场访谈。

（1）选定一个你将来所要从事的职业。

（2）到这个职业的工作场所去看看他们都在干些什么。

（3）从你身边认识的人中找出一个正在从事这项工作的人，去做一个详细的职场人物访谈。

教师提示：很多学生由于没有工作经验，对一些工作岗位很感兴趣，但对于工作的内容和环境等情况不是很了解。这时候可以用生涯人物访谈的办法来了解工作的具体情况。你可以选择一个在职的对象，对他／她进行采访，了解该岗位的实际工作情况，判断你是否真的对该工作感兴趣。

七、大学生怎样做职场人物访谈？

（一）访谈前准备

（1）收集有关信息（岗位、被访谈人）—筛选被访谈人—预约被访谈人（打电话给你要访谈的人，自我介绍，并提及牵线人；说明调研中你感兴趣的工作类型、原因及进行采访所需要的时间；感谢对方能接受采访并确认采访的日期、时间和地点）。

（2）访谈问题设计。

（3）访谈模拟训练。

（二）访谈跟踪

根据与被访谈人约定的访谈时间、地点、按照事先拟定的访谈提纲，对被访谈人进行实地跟踪访谈，做好访谈记录。

（三）访谈后交流与总结

形成访谈总结及结果报告。

 **想一想　做一做**

8～10人一组，进行职场人物访谈模拟训练。

要求：一人扮演职场人物，其余的人扮演访谈者。就职业问题进行生涯人物访谈；交换角色进行访谈训练；撰写访谈报告。

你们小组的成员是＿＿＿＿＿＿＿＿＿＿＿＿＿＿＿＿＿＿＿＿＿＿＿＿＿＿＿＿＿

＿＿＿＿＿＿＿＿＿＿＿＿＿＿＿＿＿＿＿＿＿＿＿＿＿＿＿＿＿＿＿＿＿＿＿＿＿＿。

小资料四

职场人物访谈提纲示例一

（1）在这个工作岗位上，每天都做些什么（包括上、下班时间）？

（2）这项工作需要什么样的人（性格和兴趣）？

（3）到这个领域工作需要的基本前提是什么？

（4）这项工作需要特别的知识、技能和经验吗？如果需要，怎样具备？

（5）这项工作需要什么样的教育或培训背景吗？

（6）什么样的个人品质或能力对这项工作的成功来讲是最重要的？

（7）最近，这项工作有没有因为科技、市场、竞争等因素发生变化？

（8）你怎么看待这个领域工作将来的变化趋势？

（9）你认为将来这个领域潜在的不利因素是什么？

（10）就你的工作而言，你最喜欢什么？最不喜欢什么？

（11）这项工作的哪部分让你最满意，哪部分最有挑战性？

（12）你是怎么找到这份工作的？

（13）什么样的初级工作最有益于学到尽可能多的知识？

（14）公司对刚进入这个领域的员工提供哪种培训？

（15）这个领域初级职位和略高级别职位的薪水是多少？

（16）这个领域有发展机会吗？

（17）你所在的领域有"职业生涯道路"吗？

（18）这项工作采取工作行动和解决问题的自由度如何？

（19）你的工作是怎样为实现组织的总体目标或使命贡献力量的？

（20）在这个领域工作你遇到了什么样的问题？

（21）对于一个即将进入该领域的人，你愿意提出特别建议吗？

（22）哪个职业杂志或组织能帮助我深入了解这个领域？

（23）你的熟人中有谁能成为我下次采访的对象吗？我打电话给他的时候，可以提到你的名字吗？

（24）根据你对我的教育背景、技能和工作经验的了解，你认为我在作出最终决定之前还应在哪个领域、什么样的工作上进行深入调查研究呢？

职场人物访谈提纲示例二

（1）在这个工作岗位上，每天都做些什么？

（2）你是如何找到这份工作的？

（3）你是如何看待该领域工作将来的变化趋势的？

（4）你的工作是如何为实现总体目标或使命贡献力量的？

（5）你所在的领域有"职业生涯道路"吗？

（6）这个职业需要什么样的人？

（7）到这个领域工作所需的基本前提是什么？

（8）就你的工作而言，最喜欢什么样的工作内容？

（9）最不喜欢什么？

（10）什么样的初级工作最有益于学到尽可能多的知识？

（11）工作中采取行动和解决问题的自由度如何？

（12）这个领域有发展机会吗？

（13）这个工作的哪部分让你最满意，哪部分最有挑战性？

（14）什么样的个人品质或能力对本工作成功是重要的？

（15）你认为将来这个工作领域潜在的不利因素是什么？

（16）你在这个领域工作遇到过的最大问题是什么？

（17）这个工作有需要特别的知识、技能和经验吗？

（18）这个工作需要什么样的教育和培训背景？

（19）单位对刚进入该工作领域的员工提供哪些培训？

（20）还有哪些方法能帮助我深入了解该工作领域？

（21）对于即将进入该工作领域的人，请您提出特别建议！

（22）你的熟人中有谁能做我下次的采访对象吗？当我打电话时，可以提到你的名字吗？

职场人物访谈提纲示例三

（1）你是如何找到这份工作的？

（2）就你的工作而言，你最喜欢什么？最不喜欢什么？

（3）你的职位是什么？你的主要职责是什么？

（4）从事此行业的人做些什么？

（5）工作地点一般在哪里？

（6）在行业内，先从什么样的工作岗位做起能学到最多的知识，最有益于发展？

（7）工作场所有哪些特征？

（8）在工作方面，你每天都做些什么？

（9）你在做这份工作时，日常面临的问题是什么，什么最有挑战性？

（10）个人的主要成就是什么？最成功的是什么？

（11）这个职位，若想获得成功必须拥有并保持怎样的能力？

（12）目前还缺乏的必须改进的能力有哪些？怎么改善它们？

（13）在你的组织中，能够在同样一个岗位上把成功和不成功区别开来的行为是什么？

（14）你认为做好这份工作应该具备哪些知识、技能和经验？

（15）目前，行业内要求从事这份工作的人应该具备什么样的教育和培训背景？

（16）你认为什么样的个人品质、性格和能力对做好这份工作来讲是重要的？

（17）这项工作需要的个人品质、性格和能力同别的工作要求有什么不同吗？

（18）学校中的哪些课程对这个行业比较有帮助？

（19）行业内，单位对刚进入该领域工作的员工一般会提供哪些培训？

（20）在你的工作领域里初级职位和略高级别职位的薪水一般是什么水平？

（21）男女工作者在这份工作上机会均等吗？

（22）这个行业的人们，对于他们所从事的工作有什么满意与不满意之处？

（23）从事这份工作实现了你的人生价值吗？家人对你现在的工作满意吗？

（24）这个行业的人才供求关系怎样？据你所知，从事此类工作的人在单位或者行业内发展的前景怎样？

（25）最近这个行业和工作因为科技进步、经济的全球化发生变化了吗？

（26）你如何看待该单位的组织文化和该领域的工作方式在将来的变化趋势？

（27）这个行业是否有季节性或地理位置的限制？

（28）这个行业存在的困难及前景如何？

（29）据你所知，有什么职业杂志、行业网站或其他渠道能帮助我深入了解这个领域？

（30）你的熟人中有谁能够成为我下次采访的对象吗？可以说是你介绍的吗？

沙场练兵

专项实践作业：根据此主题所学职业认知探索的知识及方法，结合《职业与专业认知见习》课程的要求，选取一个目标企业及职业按要求进行见习，利用课余时间及假期完成以下实践作业。

（1）形成职业调查报告一份。

（2）撰写职业人物访谈报告一篇。

（3）综合填写《大学生职业认知见习手册》，完成调研总结演讲一场。

教师提示：不管是网上也好，图书馆也好，还是你要请教的人也好，他们都不会也没有义务为你提供现成的资料供你拼装；所以需要你亲身的见习体验，访谈了解，大量地浏览、搜集、整理资料。按部就班地逐项完成，遵循先搜集、再整理、接着写自己看法的原则，且要保存好你整理前与整理后的材料，以便在对比中再次完善。

主题二：职业生涯——了解职业发展历程

一、职业生涯的含义

职业生涯又称事业生涯，是指个体职业发展的历程，一般是指一个人终生经历的所有职业发展的整个历程。

职业生涯是一个人一生中所有与职业相联系的行为与活动，以及相关的态度、价值观、愿望等的连续性经历的过程，也是一个人一生中职业、职位的变迁及工作理想的实现过程。简单地说，职业生涯就是一个人终生的工作经历。

一般可以认为，我们的职业生涯开始于任职前的职业学习和培训，终止于退休。选择什么职业作为我们的工作，这对于我们的重要性都是不言而喻的。

职业生涯就是一个人的职业经历，是一个动态的过程，它并不包含在职业上成功与否，每个工作着的人都有自己的职业生涯。每个人的职业生涯都是独一无二的。

人的职业生活是人生全部生活的主体，在其生涯中占据核心与关键的位置。人们一生的职业历程，有着种种不同的可能：有的人从事这种职业，有的人从事那种职业；有的人一生变换多种职业，有的人终生位于一个岗位上；有的人不断追求、事业成功，有的人穷困潦倒、无所作为。造成人们职业生涯的差异因素，有个人能力、心理、机遇方面的问题，也有社会环境的影响。

生涯，英语是"career"，"生"即"活着"；"涯"即"边界"。从广义上理解，"生"自然是与一个人的生命相联系；"涯"则有边际的含义，即指人生经历、生活道路和职业、专业、事业。人的一生，包含少年、成年、老年三个阶段，成年阶段是最重要的时期。这一时期之所以重要，是因为这是人们从事职业生活的时期。

职业生涯这个概念的含义曾随着时间的推移发生过很多变化。在20世纪70年代，职业生涯专指个人生活中和工作相关的各个方面。随后，又有很多新的意义被纳入"职业生涯"的概念中，其中甚至包含了生活中关于个人、集体及经济生活的方方面面。

从经济的观点来看，职业生涯就是个人在人生中所经历的一系列职位和角色，它们和个人的职业发展过程相联系，是个人接受培训教育及职业发展所形成的结果。

职业生涯是以心理开发、生理开发、智力开发、技能开发、伦理开发等人的潜能开发为基础，以工作内容为确定和变化，工作业绩的评价，工资待遇、职称、职务的变动为标准，以满足需求为目标的工作经历和内心体验的经历。

职业生涯是人一生中最重要的历程，对人生价值起着决定性作用。

职业生涯就是一个动态的过程，是指一个人一生在职业岗位上所度过的、与工作活动相关的连续经历，并不包含在职业上成功与失败或进步快与慢的含义。也就是说，不论职位高低，不论成功与否，每个工作着的人都有自己的职业生涯。

❓想一想　做一做

选择一个你认识的职业人，调查并记录他／她的职业生涯历程：＿＿＿＿＿＿＿＿
＿＿＿＿＿＿＿＿＿＿＿＿＿＿＿＿＿＿＿＿＿＿＿＿＿＿＿＿＿＿＿＿＿＿
＿＿＿＿＿＿＿＿＿＿＿＿＿＿＿＿＿＿＿＿＿＿＿＿＿＿＿＿＿＿＿＿＿＿
＿＿＿＿＿＿＿＿＿＿＿＿＿＿＿＿＿＿＿＿＿＿＿＿＿＿＿＿＿＿＿＿＿＿
＿＿＿＿＿＿＿＿＿＿＿＿＿＿＿＿＿＿＿＿＿＿＿＿＿＿＿＿＿＿＿＿＿＿
＿＿＿＿＿＿＿＿＿＿＿＿＿＿＿＿＿＿＿＿＿＿＿＿＿＿＿＿＿＿＿＿＿＿
＿＿＿＿＿＿＿＿＿＿＿＿＿＿＿＿＿＿＿＿＿＿＿＿＿＿＿＿＿＿＿＿＿＿
＿＿＿＿＿＿＿＿＿＿＿＿＿＿＿＿＿＿＿＿＿＿＿＿＿＿＿＿＿＿＿＿＿＿
＿＿＿＿＿＿＿＿＿＿＿＿＿＿＿＿＿＿＿＿＿＿＿＿＿＿＿＿＿＿＿＿＿＿。

对你有什么启示？＿＿＿＿＿＿＿＿＿＿＿＿＿＿＿＿＿＿＿＿＿＿＿＿＿
＿＿＿＿＿＿＿＿＿＿＿＿＿＿＿＿＿＿＿＿＿＿＿＿＿＿＿＿＿＿＿＿＿＿
＿＿＿＿＿＿＿＿＿＿＿＿＿＿＿＿＿＿＿＿＿＿＿＿＿＿＿＿＿＿＿＿＿＿
＿＿＿＿＿＿＿＿＿＿＿＿＿＿＿＿＿＿＿＿＿＿＿＿＿＿＿＿＿＿＿＿＿＿
＿＿＿＿＿＿＿＿＿＿＿＿＿＿＿＿＿＿＿＿＿＿＿＿＿＿＿＿＿＿＿＿＿＿。

二、职业生涯的元素

职业生涯的定义角度或方式虽然不同，但这其中都包含以下几个元素。

（1）这是一个个体的行为经历，与组织或群体关系较小，它随主体的不同有很大的变化。

（2）职业生涯是以职业为核心的，是一个人一生之中的工作任职经历。

（3）这是一个发展的过程，这个过程随着时间的延续而改变。当今世界，很少有人能够终生从事某一职业，每个人都是在工作的过程中慢慢寻找最适合自己的职业，即使在同一职业中，个人的职位也在不断发展和变化着。

三、职业生涯的分类

职业生涯可分为内职业生涯与外职业生涯。

（一）内职业生涯

内职业生涯是指个体从事一种职业时的知识、观念、经验、能力、心理素质、内心感受等因素的组合及其变化过程。它是别人无法替代和窃取的人生财富。

（二）外职业生涯

外职业生涯是指个体从事职业时的工作单位、工作时间、工作地点、工作内容、工作职务与职称、工作环境、工资待遇等因素的组合及其变化过程。它是依赖于内职业生涯的发展而增长的。

（三）二者的关系

（1）内职业生涯发展是外职业生涯发展的前提，内职业生涯带动外职业生涯的发展。

（2）外职业生涯的因素通常由别人决定、给予，也容易被别人否定、剥夺；内职业生涯的因素由自己探索、获得，并且不随外职业生涯因素的改变而丧失。

（3）外职业生涯略超前时有动力，超前较多时有压力，超前太大时有毁灭力；内职业生涯略超前时舒心，超前较多时烦心，超前太大时要变心。

四、职业生涯的过程形式

职业生涯的过程有以下两种形式。

（1）职务的升迁与下降，是在同一职业甚至同一单位中，一个人职位的发展变化。

（2）职业的改变，是指一个人所从事工作内容的改变。这种改变，并不一定是工作或者单位的变动，也可以是在一个单位中从事不同的工作，这都属于职业生涯的良性发展。

五、职业生涯的发展阶段

职业生涯是一个漫长的过程，它与每个人的成长发展紧密地结合在一起，因此它在每个特定的时期都具有不同的特征。我们了解职业生涯发展不同阶段的特征，可以更好地促进自己的职业生涯发展，知道自己某一阶段在职业生涯发展方面的目标及要达到的程度。

职业生涯发展一般分为以下五个阶段。

（一）成长阶段

18岁以前，即职业的幻想期。认同并建立起自我概念，对职业的好奇逐步占据主导地位，有意识地思索职业能力培养与未来职业的结合。

（二）探索阶段（18～24岁）

这个阶段主要通过学校学习来进行自我考察、角色鉴定和职业探索，完成第一份工作的选择，并实现初步就业。

（三）确立阶段（25～45岁）

获取一个适合自己的工作领域，并谋求发展，这是大多数人职业生涯中的核心阶段，是人适应职业需要逐步走向职业成熟和职业成功的重要阶段。

（四）维持阶段（46～55岁）

维护已获得的成就和社会地位，维持家庭和工作两者之间的和谐关系，开发新的技能，将职业强化或转化为职业理想。

（五）退出阶段（56岁至退休）

逐步退出和结束职业生涯，开发更广泛的社会角色，减少权利和责任，做好适应退休后生活的准备。

六、大学生职业生涯的发展阶段

依据大学生的成长发展特点，可以把大学生的职业发展分为以下阶段。

（一）职业准备与选择阶段（18～28岁）

这一阶段的角色就是学生，主要任务就是学习。具体包括：完成专业知识和技能的学习，注重职业能力的开发和培养；提高个人的素质和修养，除了良好的公共道德素质外，重要的是要培养职业素质，要掌握求职的知识和技巧，完成职业选择，顺利就业。为了更好地应对就业市场的挑战，还要培养开发自己的特长，以便拓展自己的就业空间。具体讲就是要取得至少一个专业的学历证书、一个或两个职业岗位的资格证书（技术等级证书）；要养成良好的学习和生活习惯；培养自己至少一项特长或爱好，如唱歌、书法、体育等，这些都会为你的成长加分，有的甚至会成为你的职业；最后就是经过双向选择顺利就业。对于选择考研、出国的大学生则要通过相应考试进入更高一级的学校继续学习。

（二）职业生涯初期（22～35岁）

在这个阶段，大学生的角色发生了变化，要成为新学员、实习或见习人员、试用期人员或某个组织的新员工。这一时期的主要任务是适应新的工作环境，尽快掌握岗位要求，能够完成岗位的工作任务；同时要适应组织的文化，不只是在外在形式上成为组织成员，而是要真正融入到新的组织中去。面对具有针对性的岗位培训和岗前教育，要善于寻找自己工作中的良师益友。

这一阶段需要注意的是处理好两组关系。一是工作和学习的关系，有的大学生新到一个工作单位，不是积极主动地去熟悉岗位职责，而是要求单位提供学历进修保障。我们可以想象既然岗位招聘的是大学本科生，那么作为用人单位肯定认为你就应该能胜任工作，没有必要再去培养你去攻读更高的学历。当然，你在做好本职工作的同时，利用业余时间进修学习是应该鼓励的。二是工作报酬与发展机会的关系。刚参加工作，有的大学生觉得工资待遇低，待遇低是很正常的，关键是我们该如何看待工资报酬，作为一个职场新人，千万不能忽略工资以外的价值。

案例 >>>

某公司的一名职员，在公司工作了10年，却从来没有涨过工资。有一天，他终于忍不住了，问老板为什么？老板回答："虽然你在公司干了10年，但你的工作经验却不到1年，你的能力与新手没有什么区别。"

这个案例虽然有些夸张，大家可能认为这个老板的判断有失公正，但这个人居然10年未被加薪，足以说明他的工作能力不出色。其实，薪水只是工作的一种回报形式，刚参加工作的人，更应该看重和珍惜工作本身带来的工资以外的东西。比如，艰难的任务能锻炼我们的意志，新的工作能拓展我们的才能，与同事合作能培养我们的人格等，公司付给你的是金钱，但工作赋予你的是可以让你终身受益的能力。这一时期，我们不能将自己困在工资卡上，要明白，我们不能为了现在的薪水而工作，还要为将来的薪水而工作，为自己的成长和未来而工作。如果我们能够领悟到这一点，就不会抱怨自己的薪水低而去应付工作了。

（三）职业生涯中期（28～50岁）

这一阶段从业者应成为组织中的重要一员，成为工作骨干。一些出色者应成为管理者或者技术能手，甚至是专家。这个阶段是人生的黄金阶段，也是最容易出成绩、创造价值的阶段，可以说这一阶段的成绩有可能就是你人生的价值。所以，我们要充分发挥自己的才能，将自己的理想与组织目标很好地融为一体，同他人保持良好的关系，特别是要建立自己的工作网络。要继续深入专业知识的学习和技术的研究，为进一步晋升做好充分准备。

（四）职业生涯后期（45岁至退休）

这一阶段不同的人开始的时间有所不同，但是共同的特点是精力和体力开始衰退，接受新任务、新职责的愿望开始淡化，普遍开始总结、审视自己的职业生涯，工作的重点向帮助、培养新人方面转移，角色成为师傅、专家、顾问。

以上四个阶段，每个阶段都处在不同的职业状态，都要面临不同的职业发展任务，所以作为从业者，我们要时刻明确自己的发展目标，这样才能实现我们的职业理想。

 想一想　做一做

你现在处于职业生涯的哪个阶段？_____在这个阶段你要实现的目标是什么？_____

_____

_____

_____

_____。

小　资　料　五

国外有研究者认为一个人一生所从事的职业按先后顺序可分为早期生涯、中期生涯和晚期生涯三个发展阶段。在这三个阶段中，又可以将一个人的职业生涯分为四个阶段：探索阶段、创立阶段、维持阶段和衰退阶段。这两种阶段模型可以用图1加以描述。

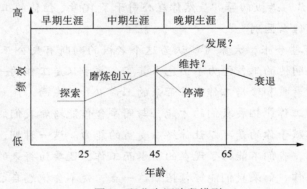

图1　职业生涯阶段模型

从图1中可以看出，职业的选择是一个发展的过程。在这个过程中，每一个步骤都与前后步骤有着密切的联系，共同决定着未来职业的发展趋向。同时人是作为一种生物存在着的，他有着自己独特的生命特征，因此职业选择的趋向必须依赖于个人的年龄和发展，不同年龄和发展阶段的特征都与职业生涯的选择和发展是一种相互依赖、相互作用的过程。每个人都是作为不同的个体存在的，不同的个体之间的个性、能力、兴趣不同，当他们即使是面对同一环境时所获得的现实机会也是有很大差异的，因此，当个人在作出职业选择的时候就必须在个体特征和现实机会之间取得平衡。

从职业生涯阶段模型中可以知道，大学生正处在职业生涯的探索阶段。美国职业管理学家萨帕对职业发展研究认为，探索阶段又可以分为三个时期：①尝试期（15～17岁）；②过渡期（18～21岁）；③初步试验承诺期（22～24岁）。依据这一结论，大学时代应该跨越了过渡期和初步试验承诺期两个时期。在这两个时期，大学生的个体能力迅速提高，职业兴趣趋于稳定，逐步形成了对未来职业生涯的预期；事实上在初步试验承诺期，

许多大学生往往需要就自己的未来职业生涯作出关键性的决策。因此，大学生就业指导的主要工作在于学生职业兴趣的培养和职业生涯教育，引导学生了解和尝试现实社会中的各种职业，积累一定的社会工作经验，帮助学生在未来较短时间内实现个体人力资本、兴趣和职业的匹配。

　　从国外职业教育的经验和对职业发展研究可以知道，职业兴趣培养和职业生涯教育是一个长期实践的过程。依据萨帕的研究，早期职业生涯发展阶段——成长阶段（0～14岁）又可以进一步分为三个时期，每个时期个体的表现都不相同。①幻想期（4～10岁）：需要占统治地位，在幻想中扮演自己喜爱的角色；②兴趣期（11～12岁）：喜好成为职业期望和活动的主要决定因素；③能力期（13～14岁）：开始更多地考虑自己的能力及工作要求。在西方许多国家，职业教育从小学便开始了，而且教育的形式多样化。例如，职业日、职业兴趣测试、社会实习等，他们非常注重学生对社会工作经验的积累，每隔一段时间都会邀请社会上各种职业的人士到学校介绍各自的工作；学校还定期组织一系列的模拟实践活动，年满14岁的则可以利用业余时间到校外打工，积累宝贵的工作资本。

第二讲　职业素质与职业教育

🖥 案例 1 >>>

　　一个民营企业老总对新毕业的大学生的看法："很多大学毕业生找不到工作，觉得社会骗了他，书本骗了他，每天怨天怨地的。但在我看来，这样的大学生被社会抛弃是有原因的，而且我的公司坚决不用应届毕业生，为什么呢？因为我怕了。大事做不来，小事做不好。"

　　"我的公司招聘过许多大学生，这其中的经历和公司所受的苦只有自己才知道。实话实说，这帮才毕业的小孩儿懂什么？一踏进社会开价就要三千五千的。请你想想你会做什么，制作个表格都不成，上网打游戏倒是高手。"

🖥 案例 2 >>>

　　一头山猪在大树旁勤奋地磨獠牙。狐狸看到了，好奇地问它："既没有猎人来追赶，也没有任何危险，为什么要这般用心地磨牙。"山猪答道："您想想看，一旦危险来临，就没时间磨牙了。现在磨尖利，等到要用的时候就不会慌张了。"

　　在竞争日益激烈的知识经济时代，社会的竞争就是人才的竞争，人才的竞争取决于素质的竞争。社会的快速发展需要的是有理想、有抱负的高素质现代职业人。本讲将告诉你，作为高等职业教育本科的一名大学新生，必须清楚你接受职业教育的主要目的就是培养自身具有良好的职业素质，以适应未来社会的需求及挑战。

主题：了解职业教育，培养职业素质

一、什么是职业教育？

职业教育是指为了适应经济建设和社会发展的需要，在不同水平普通教育的基础上，培养人们能够从事某种职业的一种专门教育，是国家教育事业的重要组成部分。

我国现代职业教育起源于 20 世纪初，创始人是黄炎培先生。1917 年他领导创办了中国近现代史上一个以研究、提倡、实验、推行职业教育为宗旨的全国性机构——中华职业教育社。

黄炎培先生认为，教育就其本质而言就是具有"职业性"的，就是与生活、生计和社会联系在一起的。职业教育并不是一种特殊的教育，而是教育的实质立足于职业。职业教育就是使无业者有业，使有业者乐业。

黄炎培先生给职业教育下的定义是用教育的方法使人人依其个性，获得生活的供给和乐趣，同时尽其对群之义务。

二、职业教育的属性

职业教育是一种教育类型，包含以下几个层次。

（一）初等职业教育

指招收小学毕业生，相当于初中阶段的职业教育。主要指具有初步职业基础知识和一定职业技能的劳动者。

（二）中等职业教育

指招收初中毕业生，相当于高中阶段的职业教育。例如，三年制中等专业学校、职业高中、技工学校等。主要培养初级技能人才。

（三）高等职业教育

高等职业教育指招收高中毕业生学制为 2～4 年或初中毕业生学制为 5 年的相当于高等教育阶段的职业教育。高等职业教育是国民教育体系中高等教育的一种类型，是职业教育的高等层次。它按照职业分类，根据一定职业岗位（群）实际业务活动范围的要求，培养生产、建设、管理与社会服务第一线实用型（技术应用或职业）人才。这种教育更强调对职业的针对性和职业技能的培养，是以社会人才市场需求为导向的就业教育。作为我国高等教育发展中的"一个类型"，肩负着培养面向生产、建设、服务和管理第一线需要的高技能人才的使命，在我国加快推进社会主义现代化建设进程中具有不可替代的作用。目前包括三种学历教育：①专科，培养高级技能人才；②本科，培养技术开发应用型人才；③研究生，培养知识技术开发应用型人才。

我们可从以下四方面来理解高等职业教育：①高等职业教育是高等教育；②高等职业教育是职业教育；③高等职业教育是职业技术教育的高级阶段；④高等职业教育还包含终身教育。

总之，高等职业教育是高等教育的一个重要类型，它和普通高等教育并存于各层次的教育中，具有高等教育的共性，更有其个性。高等职业教育的培养目标定位在培养"技术应用型人才"，按照不同职业岗位对技术应用型人才要求的水平可在专科、本科、硕士不同层次上培养。

三、我国高等职业教育的办学指导思想

2006年，教育部颁发了《关于全面提高高等职业教育教学质量的若干意见》（教高〔2006〕16号文件），进一步明确高等职业教育的办学指导思想："全面贯彻党的教育方针，以服务为宗旨，以就业为导向，走产学结合发展道路，为社会主义现代化建设培养千百万高素质技能型专门人才，为全面建设小康社会、构建社会主义和谐社会作出应有的贡献。"

这是一份指导高等职业院校努力加强自身建设，全面提升办学质量的纲领性文件。在新的历史时期，只有不断更新高等职业教育理念、明确办学思路、勇于探索、大胆创新、狠抓内涵建设，才能切实提高教育教学质量，逐步形成高等职业院校自身的办学特色。

四、我国高等职业教育的发展

新中国成立60多年来，我国各级各类教育事业都不断地在改革中发展、在曲折中奋进。在不同历史时期的教育发展历程中，往往会有某一类教育独领风骚、率先改革、引领发展。而最近10年教育改革创新的排头兵就是"高等职业教育"。这是我国高等教育发展的一个辉煌成就：确立了高等职业教育的地位，密切了教育与经济发展尤其是生产劳动的结合；建成了学术型人才与高素质技能型专门人才培养的通道，实现了高等教育大众化的健康发展。作为我国高等教育的一种新类型，高等职业教育正迸发着前所未有的改革热情和发展冲劲儿，到处都是改革的动力，到处都是发展的机会，这是在其他各级各类教育中都未曾有过的景象。

2013年9月10日，国家教育体制改革领导小组审议并原则通过《国务院关于加快发展现代职业教育的决定》和《现代职业教育体系建设规划》。这两个文件共同构成今后一个时期指导职业教育改革创新的基本文件，提出了发展中国现代职业教育的总目标，即"到2020年，形成适应发展需求、产教深度融合、中职高职衔接、职普相互沟通，体现终身教育理念，具有中国特色、世界水平的现代职业教育体系"。2013年11月，中国共产党召开了十八届三中全会，发表了《关于全面深化改革若干重大问题的决定》，对全面深化教育领域的综合改革提出了明确要求。十八届三中全会印发的"决定"提出，要"加快现代职业教育体系建设，深化产教融合、校企合作，培养高素质劳动者和技能型人才"，这指明了今后一个时期职业教育改革创新发展的目标、途径和任务。2014年2月26日，国务院总理李克强主持召开国务院常务会议，部署加快发展现代职业教育。会议认为，发展

职业教育是促进转方式、调结构和民生改善的战略举措。以改革的思路办好职业教育，对提升劳动大军就业创业能力、产业素质和综合国力，意义重大。必须坚持以提高质量、促进就业、服务发展为导向，发挥好政府的引导、规范和督导作用，充分调动社会力量，吸引更多资源向职业教育汇聚，加快发展与技术进步和生产方式变革及社会公共服务相适应、产教深度融合的现代职业教育，培养数以亿计的工程师、高级技工和高素质职业人才，为广大年轻人打开通向成功成才的大门，提高中国制造和中国装备的市场竞争力，促进经济提质增效升级，满足人民群众生产生活多样化的需求。会议确定了加快发展现代职业教育的任务措施：一是牢固确立职业教育在国家人才培养体系中的重要位置，促进形成"崇尚一技之长、不唯学历凭能力"的社会氛围，激发年轻人学习职业技能的积极性。二是创新职业教育模式，扩大职业院校在专业设置和调整、人事管理、教师评聘、收入分配等方面的办学自主权。建立学分积累和转换制度，打通从中职、专科、本科到研究生的上升通道。引导一批普通本科高校向应用技术型高校转型。三是提升人才培养质量。大力推动专业设置与产业需求、课程内容与职业标准、教学过程与生产过程"三对接"，积极推进学历证书和职业资格证书"双证书"制度，做到学以致用。开展校企联合招生、联合培养的现代学徒制试点，鼓励中外合作。完善企业工程技术人员、高技能人才到职业院校担任专兼职教师的政策。四是引导支持社会力量兴办职业教育。积极支持各类办学主体通过独资、合资、合作等形式举办民办职业教育；探索发展股份制、混合所有制职业院校，允许以资本、知识、技术、管理等要素参与办学并享有相应权利。探索公办和社会力量举办的职业院校相互委托管理和购买服务的机制。社会力量举办的职业院校与公办职业院校具有同等法律地位。推动公办和民办职业教育共同发展。五是强化政策支持和监管保障。各级政府要完善财政投入机制，分类制定和落实职业院校办学标准，加强督导评估。加大对农村和贫困地区职业教育支持力度，完善资助政策，积极推行直补个人的资助办法。健全就业和用人政策，让职业教育为国家和社会源源不断地创造人才红利。2014年6月22日，国务院印发了《关于加快发展现代职业教育的决定》，全面部署、加快发展现代职业教育，明确了今后一个时期加快发展现代职业教育的指导思想、基本原则、目标任务和政策措施，提出"到2020年，形成适应发展需求、产教深度融合、中职高职衔接、职业教育与普通教育相互沟通，体现终身教育理念具有中国特色、世界水平的现代职业教育体系"。

站在新的历史起点上展望未来，可以清晰地感受到具有中国特色的高等职业教育模式正在逐步形成。与国际上的先进教育模式相比较，我国高等职业教育已经形成自己的特色与优势，这就是在高等学校教育框架下，融入产业、行业、企业、职业和实践等要素，并使这些要素在办学模式、运行机制和教学过程中占有较大的比重。一方面，我国高等职业教育在层次上属于高中后的高等学校学历教育。高度重视育人功能，重视专业知识学习，以增强学生的发展"后劲儿"，在应对知识经济的挑战上，与单一强化技能培训的德国双元制和澳大利亚职业技术教育学院（Technical And Further Education，TAFE）相比，可以更胜一筹；另一方面，我国高等职业教育坚持以服务为宗旨，以就业为导向的办学方针，与兼顾升学准备等多种功能的美国社区学院和日本短期大学相比，在培养目标上更加清晰。由此可见，一条符合中国国情的充满生机和活力的高等职业教育发展之路已经基本形成。

党的十八大对加快高等职业教育改革与发展做了重要战略部署。我们认为，只要进一步强化高等职业教育发展的政策引导，深入探索中国特色高等职业教育之路，高等职业教育的改革发展将有可能成为我国整个教育改革发展的战略突破口。

　　由此可见，高等职业教育已经成为我国普通高等教育的一个重要组成部分，是高等学校教育框架下的一类职业教育，是高等教育发展中的一种新的类型，得到党和国家的高度重视。因此，高等职业教育必须摆脱传统学术教育的影响，创新人才培养模式、明确培养目标，从办学模式到教学模式等各方面进行全方位的改革，努力打造出中国特色的高等职业教育，满足我国经济社会发展对高技能人才的需要。

五、世界各国职业教育改革发展的现状与展望

　　世界各主要国际组织、区域性机构和各国均认识到发展职业技术教育对推动社会经济发展及促进就业增长的重要作用，积极推动 21 世纪教育和培训体系的发展和改革。

　　联合国第二届国际技术和职业教育大会（1999 年）通过了《技术和职业教育与培训：21 世纪展望——致联合国教科文组织总干事的建议书》，呼吁各国改革职业教育，以终生教育思想为指导进一步推动和发展职业教育，建立全纳性职业教育制度，建立和完善职业教育与高一级教育相衔接、沟通的有效机制，建立开放的、灵活的和面向学习者的新型职业教育制度。

　　2010 年 9 月，经济合作与发展组织发布题为《为职业而学：职业教育与培训》的报告，提出：在政府、企业与个人之间根据收益合理分担投入；职业教育应培养符合劳动力市场需求的技能组合，培养学生可迁移的能力与专门技能，注重学生的终身发展；确保职业教育教师与技能指导教师具有充分的行业企业的经历；建设机制体制促进相关利益者的参与；开发信息服务工具，促进职业教育与劳动力市场的信息透明。

（一）世界各国把职业教育作为提高国家竞争力的重要措施

　　各国采取措施积极发展职业教育。过去的 10 年，美国劳动者队伍扩大了 15%，其中需要各种相关的专门培训的岗位数量占总就业岗位的 70% 以上。美国政府通过《帕金斯职业和应用技术教育法案》和《由学校到就业法案》等法案加大了对职业教育专项拨款力度。劳工部提出了"21 世纪劳动力计划"，加强对新生劳动力的教育和就业的指导。德国把职业教育作为其经济社会发展的秘密武器，大力发展"双元制"职业教育，制定了"职业教育改革计划"，强调修改和完善职业培训条例，开发新的职业培训领域，鼓励企业积极参与，大力培养年轻人的就业能力和适应能力，等值承认职教、普教学历资格，增强职教的吸引力。澳大利亚制定了《通向未来的桥梁——1998—2003 年国家职业教育和培训战略》，强调加强产教结合，建立适应学生和就业者需要的，为终身技能培训打基础的职业教育和培训制度。2002 年，英国未进入大学学习的 85% 的 19 岁年轻人达到具有二级职业资格证书的水平，61% 的 21 岁年轻人达到具有三级职业资格证书的水平；现有的 50% 的劳动力达到具有三级职业资格证书的水平，28% 的劳动力达到具有四级职业资格证书的水平。

（二）世界各国以终身教育思想为指导，建立开放的职业教育体系，使中等职业教育与各级各类教育相互衔接、沟通

各国普遍以终身教育思想为指导，确立职业教育是终身教育的重要组成部分，使中等职业教育与高等职业教育相衔接，打通中等职业教育通向普通高等教育的路径。

荷兰形成了职高、普高与高职、大学相互衔接与沟通的局面。30年来，荷兰中等职业教育学生人数出现了巨大增长，占16～19岁年龄组学生的一半左右，学生升入高等职业教育院校的比例亦接近一半。芬兰实施初中后和高中后两级分流，注重职高和高职的相互衔接。综合学校毕业生有1/3的学生进入职业教育机构。高中后再进行分流，职高学生可进入高等职业技术学院（芬兰称AMK机构），个别的职高学生也可报考大学，普高学生既可升入大学也可进入高等职业院校。

韩国中等职业教育学生约占高中阶段学生人数的40%。为加强中等职业教育与高等职业教育的衔接，韩国大力举办高等职业教育。具有高中学历或具有同等学力的学生可报考初级职业学院。每年为对口专业的职高毕业生保留30%～50%的入学配额。通过国家资格认证考试的手艺人及具有规定工作年限的工人也可报考初级职业学院。韩国允许初级职业学院毕业生报考大学。

各国还制定了一些措施，给予职业教育和普通教育资格同等的地位，为职高学生提供接受普通高等教育的机会。英国承认高级普通国家职业资格和高级国家职业资格与普通教育高级水平考试（A-level）具有同等地位，使这三类学生都有资格报考大学，促进了横向和垂直流动。法国设立了一种新的学制，以增强职业教育的吸引力，使中等职业教育与普通高等教育相沟通。中等职业教育毕业生再学习两年，获得职业高中会考证书，同时取得报考普通高等院校的资格。德国规定具有中等职业教育和继续职业培训资格的学生可报考大学，承认中等职业教育与普通高中毕业生具有报考大学的同等学力和资格，还规定实施双元制的职业学校的毕业生在某些情况下相当于具有普通高中第一阶段的教育学力。

（三）各国积极推进职业教育改革，拓宽专业面、培养创业能力，不断提高教育质量

创业能力是普通教育和技术职业教育应培养的核心能力之一。欧盟委员会发布《就业指导纲要》指出，大力提倡培养学生的就业能力、创业能力和适应能力。特别是要大力培养就业能力，鼓励自主就业，为青年创办企业提供宽松的政策环境。通过开设有关的创业理论和实践课程，培养创业意识和精神，增强就业能力，密切职业教育与就业的关系，增强职业教育的吸引力。各国还拓宽专业面，增强适应性，把能力培养摆在突出位置。波兰、匈牙利调整中等职业教育专业目录，大幅削减专业数，对电力、冶金、建筑、金融、保险、商业等专业设置进行调整，进一步优化专业结构，更好地适应经济社会发展的需要。

（四）各国建立体制机制，加强职业教育与行业企业的合作，发展现代学徒制度

许多国家在吸取借鉴传统学徒制优点的基础上，积极发展现代化学徒制度，进一步密切职业教育与劳动力市场的关系。欧盟委员会发表《教与学：迈向学习化社会》白皮书（1996年），强调大力加强企校结合，发展各种形式的学徒制培训，增强学生的就业能力，在欧盟各成员国建立学徒制培训网络中心。加拿大阿尔伯塔省制定了《学徒制与产业培训法》规范举办学徒制培训，成立了学徒制与产业培训委员会，各行业还成立了学徒制培训委员会，大多数行业还成立了地方学徒制培训委员会。英国政府通过中介组织——工业培训组织，发展现代学徒制项目。澳大利亚在完善现有学徒制的基础上，实施了"新学徒制"，学生在校时就可参加学徒制。政府向接受学徒的企业提供补助，企业对学徒培训的内容、方法及时间享有很大的自主权，结业后学徒资格可在全国范围内得到承认。韩国实施了"2+1制"，即学生头两年在学校接受职业教育，第三年则在企业接受为期一年的现场实习培训，从1999年起"2+1制"在技术高中推广。德国实行"双元制"职业教育体制，政府对职业教育进行宏观管理，学校、行业主管部门和生产单位组织三重负责。德国3/4以上的初中毕业生直接进入企业中的培训机构接受职业技术培训，同时进入各类相应的职业学校学习基础知识。在德国的"双元制"教育中，企业培训起着主导作用，职业学校起着配合与服务的作用。

想一想　做一做

你所就读的学院是＿＿＿＿＿＿＿＿，属于职业教育的哪个层次？＿＿＿＿＿＿＿＿。学院的人才培养目标定位是＿＿＿＿＿＿＿＿＿＿＿＿＿＿＿＿＿＿＿＿＿＿＿＿＿＿＿＿＿＿

＿＿

＿＿＿＿＿＿＿＿＿＿＿＿＿＿＿＿＿＿＿＿＿＿＿＿＿＿＿＿＿＿＿＿＿＿＿＿＿。

你有何感想？＿＿＿＿＿＿＿＿＿＿＿＿＿＿＿＿＿＿＿＿＿＿＿＿＿＿＿＿＿＿＿＿

＿＿

＿＿

＿＿

＿＿＿＿＿＿＿＿＿＿＿＿＿＿＿＿＿＿＿＿＿＿＿＿＿＿＿＿＿＿＿＿＿＿＿＿＿＿＿。

六、何谓职业素质？

职业素质是劳动者对社会职业了解与适应能力的一种综合体现，是指从业者在一定生理和心理条件的基础上，通过教育培训、职业实践、自我修炼等途径形成和发展起来的，在职业活动中起决定性作用的、内在的、相对稳定的基本品质。

影响和制约个体职业素质的因素主要包括：受教育程度、实践经验、社会环境、工作经历及自身的情况（如身体状况等）。

一般来说，劳动者能否顺利就业并取得成就，在很大程度上取决于本人的职业素质，职业素质越高的人，获得成功的机会就越多。职业素质是人才选用的第一标准；职业素质是职场制胜、事业成功的第一法宝。

素质包括先天素质和后天素质。先天素质是通过父母遗传因素而获得的素质，主要包括感觉器官、神经系统和身体其他方面的一些生理特点。

后天素质是通过环境影响和教育而获得的。因此，可以说素质是在人的先天生理基础上，受后天的教育训练和社会环境的影响，通过自身的认识和社会实践逐步养成的比较稳定的身心发展的基本品质。

对素质的这种理解，主要包括以下三方面的内容。

（1）素质首先是教化的结果。它是在先天素质的基础上，通过教育和社会环境影响逐步形成和发展起来的。

（2）素质是自身努力的结果。一个人素质的高低，是通过自己的努力学习、实践，获得一定知识并把它变成自觉行为的结果。

（3）素质是一种比较稳定的身心发展的基本品质。这种品质一旦形成，就比较稳定。比如，一个品质好的学生，由于品质稳定，他总是能正确地对待别人，对待自己。

由于职业是人生意义和价值的根本所在，因此，职业素质是素质的主体和核心，它囊括了素质的各个类型，只是侧重点不同而已。

（一）职业素质的四个内涵

（1）职业化的工作技能，也就是"像个做事的样子"。

（2）职业化的工作形象，也就是"看起来像那一行的人"。

（3）职业化的工作态度，即"用心把事情做好"。

（4）职业化的工作道德，也就是"对一个品牌信誉的坚持"。

什么是职业化呢？职业化就是工作状态的标准化、规范化、制度化，即在合适的时间、合适的地点用合适的方式说合适的话、做合适的事，使知识、技能、观念、思维、态度、心理等符合职业规范和标准。"在每个行业里，都有很多出色的人才，他们之所以出色，是因为比别人更努力、更智慧、更成熟。但是，最重要的是，他们比一般人更加职业化！这就是为什么他们现在能当你的老板的原因。一个人仅仅专业化是不够的，只有职业化的人才能飞在别人前面，让人难以超越！"不要以为我们现在已经生存得很安稳了。

（二）职业素质的主要特征

1. 职业性

不同的职业，职业素质是不同的。对建筑工人的素质要求，不同于对护士职业的素质要求；对商业服务人员的素质要求，不同于对教师职业的素质要求。

2. 稳定性

一个人的职业素质是在长期执业时期内日积月累形成的。它一旦形成，便产生相对的稳定性。比如，一位教师，经过三年五载的教学生涯，就逐渐形成了怎样备课、怎样讲课、怎样热爱自己的学生、怎样为人师表等一系列教师的职业素质。当然，随着他继续学习、工作和环境的影响，这种职业素质还可继续提高。

3. 内在性

职业从业人员在长期的职业活动中，经过自己学习、认识和亲身体验，得出怎样做是对的，怎样做是不对的结论。这样，有意识地内化、积淀和升华的这一心理品质，就是职业素质的内在性。我们常说："把这件事交给小张去做，有把握，请放心。"人们之所以对小张放心，就是因为他的内在性好。

4. 整体性

一个从业人员的职业素质是和他的整体素质有关的。我们说某某职业素质好，不仅指他的思想政治素质、职业道德素质好，还包括他的科学文化素质、专业技能素质好，甚至还包括身体心理素质好。一个从业人员，虽然思想道德素质好，但科学文化素质、专业技能素质差，就不能说这个人整体素质好。相反，一个从业人员的科学文化素质、专业技能素质都不错，但思想道德素质比较差，同样，我们也不能说这个人整体素质好。所以，职业素质一个很重要的特点就是整体性。

5. 发展性

一个人的素质是通过教育、自身社会实践和社会影响逐步形成的，它具有相对性和稳定性。但是，随着社会发展对人们不断提出的新要求，人们为了更好地适应、满足、促进社会发展的需要，总是在不断地提高自己的素质，所以，素质具有发展性。

（三）大学生职业素质的分类

1. 身体素质

身体素质指体质和健康（主要指生理）方面的素质。

2. 心理素质

心理素质指认知、感知、记忆、想象、情感、意志、态度、个性特征（兴趣、能力、气质、性格、习惯）等方面的素质。

3. 政治素质

政治素质指政治立场、政治观点、政治信念与信仰等方面的素质。

4. 思想素质

思想素质指思想认识、思想觉悟、思想方法、价值观念等方面的素质。思想素质受客观环境等因素影响，如家庭、社会、环境等。

5. 道德素质

道德素质指道德认识、道德情感、道德意志、道德行为、道德修养、组织纪律观念方面的素质。

6. 科技文化素质

科技文化素质指科学知识、技术知识、文化知识、文化修养方面的素质。

7. 审美素质

审美素质指美感、审美意识、审美观、审美情趣、审美能力方面的素质。

8. 专业素质

专业素质指专业知识、专业理论、专业技能、必要的组织管理能力等。

9. 社会交往和适应素质

社会交往和适应素质主要指语言表达能力、社交活动能力、社会适应能力等。社会交往和适应素质是后天培养的个人能力，是职业素质的核心之一，可从侧面反映个人能力。

10. 学习和创新方面的素质

学习和创新方面的素质主要指学习能力、信息能力、创新意识、创新精神、创新能力、创业意识与创业能力等。学习和创新是个人价值的另一种形式，能体现个人的发展潜力及对企业的价值。

（四）大学生职业素质的构成

"素质冰山"理论认为，个体的素质就像水中漂浮的一座冰山，水上部分的知识、技能仅仅代表表层的特征，不能区分绩效优劣；水下部分的动机、特质、态度、责任心才是决定人的行为的关键因素，能鉴别绩效优秀者和一般者。

大学生的职业素质也可以看成是一座冰山：冰山浮在水面以上的只有1/8，它代表大学生的形象、资质、知识、职业行为和职业技能等方面，是人们看得见的、显性的职业素质，这些可以通过各种学历证书、职业证书来证明，或者通过专业考试来验证。而冰山隐藏在水面以下的部分占整体的7/8，它代表大学生的职业意识、职业道德、职业作风和职业态度等方面，是人们看不见的、隐性的职业素质。显性职业素质和隐性职业素质共同构成了所应具备的全部职业素质。由此可见，大部分的职业素质是人们看不见的，但正是这7/8的隐性职业素质决定、支撑着外在的显性职业素质，显性职业素质是隐性职业素质的外在表现。

因此，大学生职业素质的培养应着眼于整座"冰山"，并以培养显性职业素质为基础，重点培养隐性职业素质。当然，这个培养过程不是学校、学生、企业哪一方能够单独完成的，而应该由三方共同协作，实现"三方共赢"。

（五）大学生职业素质培养的重要性、必要性及意义

《教育部关于全面提高高等职业教育教学质量的若干意见》中提出：要"加强素质教育，强化职业道德，明确培养目标"。因此，我们在注重培养学生职业技能的同时，更要强化学生职业素质的培养。

职业素质是指从业者在一定生理和心理条件的基础上，通过教育培训、职业实践、自我修炼等途径形成和发展起来的，在职业活动中起决定性作用的、内在的、相对稳定的基本品质。职业素质是后天学习实践培训得来的，其重要性表现在：它是决定职场成败的重要因素，是职场制胜、事业成功的第一法宝；它可以改变人生；它是人才选用的第一标准。在校大学生，实际是"半个社会人"，是"准职业人"，一只脚在校园，另一只脚已踏入了社会。因为他的心从进入大学校园那刻起已经被将来欲从事的职业分了一半，从内心深处已在为未来做打算，但遗憾的是，这种打算仅仅局限于专业知识的渗透，离职业素质培养的方向还差得很远，或者可以说根本就没树立好或建立起职业素质的目标，更别提培养。由于对社会职业需求及就业信息的了解不够，有的大学生仅限于课堂老师所讲，以及即将毕业时才主动关心职业及就业信息，导致错失了职业素质在校培养的良好契机。近年来国

家招生政策显示，普通本科院校招生人数每年的比例有所下降或与往年持平，高等职业院校的招生规模在扩大。也就是说国家在一定程度上限制了普通本科生人数，增大了高等职业院校的大学生人数。从某种程度上加大了高等职业院校大学毕业生的就业压力。随着我国大学毕业生就业人数的增加，以及用人单位对人才的需求标准越来越高，加大了高等职业院校大学毕业生的就业难度，同时又使他们有难得的机遇和挑战。高等职业院校大学生要想在竞争中取胜，必须在校时就加紧职业素质的培养。职业素质培养的意义在于，它是职业成功的主要条件；它决定个人获得的职业岗位；它决定个人的职业成长。因此，高等职业院校大学生必须及时有效地加紧职业素质培养，使自己成为社会合格及优秀的人才。为自己的职业生涯铺平道路。

（六）大学生职业素质培养的内容

职业素质培养的内容涉及面很广，要提炼出一个具有代表性的内容并非易事。职业素质培养的目的是让大学生身心健康、明荣知耻、坚持原则、遵纪守法、诚信为先、高效工作、团结合作、顾全大局、勤奋钻研、言行有责、与时俱进。因此，职业素质的培养应主要体现在以下几个方面。

1. 道德品质的培养

不可否认的一个事实是，许多单位在与大学生签订就业协议时首先考察的是人品，其次才是个人能力。因此，学校必须对大学生进行社会公德、职业道德、家庭美德教育，这也正是贯彻育人为本、德育为先的教育思想。以"八荣八耻"为主要内容的社会主义荣辱观是社会主义核心价值体系的重要内容，深刻揭示了社会主义道德规范的本质要求，它为我们进行道德教育提供了参考。引导大学生从身边小事做起，从一点一滴做起，形成优秀的品质，既要立足现实，又要胸怀抱负。道德是人生的第一道防线，要靠个人的自律来遵守。事实证明，道德品质的培养仅有教育是不够的，还必须进行法纪教育。法纪教育有利于大学生规范自己的言行，也有利于他们形成优秀的道德品质。

2. 团队合作精神的培养

团结合作是人的生存方式，具有团结合作意识是现代人的重要素质。现代社会大生产和快节奏的社会生活方式要求人们有高度的合作意识和团队精神。团结就是力量，合作就是能力。从篮球比赛到载人航天工程的成功都是最好的例子。增强团结合作意识就要从日常学习生活的点滴做起。例如，学生社团、兴趣小组经常交流思想，在教学、课程设计、社会实践活动、专业技能训练、实习训练中应有意识增加模拟团队工作的场景，鼓励学生"团队学、竞赛学"，教师扮演指导角色，引导各成员分工协作。通过集体活动，学会正确的"争"，可敬的"让"，在共事中增强合作的迫切感和团队的凝聚力，培养团队协作精神。

3. 敬业精神的培养

美国心理学家经过调查研究发现，致使一些聪明人事业告败的重要原因是尽管他们个人才华、学识出色，然而无法弥补他们态度中更为致命的缺陷——缺乏敬业的投入、缺乏对他所在单位的忠诚及在责任感中激发出来的主动性。许多成功人士的体会可以进一步验证，勤奋、敬业对个人发展的重要性。对待任何工作都要有一个认真的态度，都要积极主动地去完成每一项工作。学生敬业精神的培养一定要融入其学习生活的方方面面，从第一课堂到第二课堂，从基础课到专业课，从校内实验实训到校外社会实践，构建学院全员培养、全程培养、全方位培养的局面。

4. 市场观念培养

市场经济是竞争的机制，是优胜劣汰的筛子，面对越来越大的就业压力，大学生要经受市场经济这只看不见的大手的拨拉，学校就必须培养他们一些市场观念，如信息观念、质量观念、服务观念、法纪观念、效益观念、创新观念。

5. 职业技能培训

职业教育的培养目标决定了我们的一切工作都必须服务于学生的职业能力提高。课程建设、专业建设、师资队伍建设、实验实训基地建设、培养方案的优化都要紧紧围绕学生职业技能的不断提高来进行，都要为提高学生的职业能力打基础。

（七）社会对大学生职业素质的要求

据调查，当前社会用人单位对大学生职业素质的要求在不断提高，对其重要性的排名依次为：工作态度、团队精神、理解与学习能力、表达与社交能力、管理能力和科学思维能力。总的来讲，用人单位希望大学生遵守企业规章制度、工作认真、踏实、能自律、有全局意识、善于团结协作、不猜测和评价自己不了解或不需要了解的事情、能与自己性格迥然不同的人友好相处、尊重他人、不回避自己的错误、面对挫折不气馁、诚实守信。

具体来说，用人单位希望大学生能从六个层面去塑造自我：以实用为导向的职业知识；以专业为导向的职业技能；以价值为导向的职业观念；以敬业为导向的职业态度；以结果为导向的职业思维；以生存为导向的职业心理素质。具体内容有以下几方面。

1. 职业形象

包括职业着装、商务礼仪等。这将最直接地体现一个人的职业素质，简要概括为举止得体、仪表大方、谈吐温文尔雅。

2. 时间观念

一个没有时间观念的人会让人没有信任感。新入职的大学生应做到：遵守上班时间、会议时间、同外公司的人约定的时间。上班应比公司所规定的时间早到 5 分钟左右，利用这短短的 5 分钟，使自己的心情稳定下来，准备迎接一天工作的挑战。工作时间避免闲谈。闲谈只能让人感觉你很懒散或很不重视工作。另外，闲谈也会影响别人的工作，引起别人的反感。下班前注意整理桌面、重要文件归档、确认第二天的工作。另外，如果最后一个离开办公室时，应检查电灯、空调、电源后方可离开。无法准时上班时，应事先向上司说明，以取得谅解；若遇不可预知的意外情况，最好在上班之前就打电话给上司或同事。因为工作的需要，可能需要你延长工作时间，如为了完成一个计划而在公司加班；为了理清工作思路而在周末看书和思考；为了获取信息而在业余时间与同事联络。总之，你所做的这一切，可以使你在公司更加称职，从而巩固你的地位。

3. 角色认知

对上司的决策不应盲从。如有不同意见，应坦诚申明自己的观点、见解。即使不被采纳，也不可指责和抵触，而是适应与合作，不折不扣地执行。

4. 沟通有效、回复及时

懂得面对不同的沟通对象，选择合适的沟通方式，并懂得沟通的基本要素：表述、倾听、反馈。在与主管沟通方面，应主动与主管就下一步工作打算进行沟通，尤其是工作思路，以便统一思路，提高效率。另外，懂得复命——完成主管部署的工作任务后应向上级反馈工作结果，而不应被动地等待主管过问。在内部沟通方面，在推进一些工作的时候，和企业内部相关部门的人员保持沟通，以便取得支持。在外部沟通方面，主动与客户联系，并将反馈情况及时传达给主管或相关同事。对工作部署和工作交流，特别是以非面对面的方式，如利用电子邮件进行交流时，应尽快给予答复，表示收到信息，并告知下一步打算。如有必要，同时抄送相关人员。这是效率的体现，也是对合作伙伴的一种尊重。

5. 注重原则，避免情绪化

处理工作中的冲突时应控制情绪，运用对事不对人的原则。

6. 同事交往、团队合作

简化关系，避免是非。将同事关系定位为工作伙伴，不以私人感情影响工作关系。能够在团队中找到合适自己的角色定位，与其他成员一起为团队发展作出自己最大的贡献，实现团队的目标。

7. 全局观念

公司的每个部门和每个岗位都有自己的部门及岗位职责，但总有一些突发事件无法明确地划分到部门或个人，而这些事情往往还是比较紧急或重要的。作为职业人就应该从维护公司利益的角度出发，积极地去处理这些事情。无论成败与否，这种迎难而上的精神也会让大家对你产生认可。另外，承担艰巨的任务是锻炼个人能力的难得机会。在完成任务的过程中你可能会感到痛苦，但痛苦会让你更成熟。

8. 成本意识

为了公司利益，做事考虑工作效率和降低成本。比如，运用"8/2"法则，抓住重点事件投入资源。

9. 心理素质

面对工作中的挫折、差距、失败、否定，能够自我调整，并保持平衡心态，"不卑不亢，宠辱不惊"。

10. 职业技能

这些技能既能体现职业的态度，又能在具体的思考问题的方式和工作行为中体现出专业、职业形象，继而提高每个人的工作效率（绩效）。这些技能包括：时间管理能力、有效沟通能力、客户满意与服务能力、分析问题与解决问题的能力，等等。

11. 适应能力

理解个人与公司价值观的不一致，并能找到平衡点。能够迅速适应环境和变化，不断创新和提高自己。未雨绸缪，防患于未然，有强烈的危机意识。

12. 职业道德

正直诚信，注重职业形象、行业声誉。"规规矩矩做事，堂堂正正做人。"避免"职业腐败"——采购员索要回扣，无视产品质量；销售员私自跑单，中饱私囊；仓管员顺手牵羊；行政管理人员谋取小恩小惠……

13. 工作与生活

善于将工作与生活分开，不将生活中的负面情绪带到工作中，也不能因工作压力影响了生活质量。

（八）大学生职业素质培养的途径和对策

1. 对大学生进行职业素质培养的途径

（1）在日常学习生活的点滴中培养职业理想。人的素质能在日常的生活习性中得以展现和流露，习惯也是个人素质的真实写照。所以，培养自己的职业素质就必须从日常的生活细节及点滴做起，看过汪中求先生的《细节决定成败》一书的人都知道细节的重要性。

（2）在专业学习和实习中培养职业兴趣。这是一个职业素质锻炼的平台，为在校大学生提高专业素质及其他素质提供了良好的实践机会。大学生要把握好这样的机会，不要害羞，不要胆怯，不要怕丢面子，在训练中要做到"胆大、心细、脸皮厚"。

（3）在社会实践中体验和改进职业价值观。大学生可以利用每个假期去社会实践，无论是否从事与专业相关的工作，都是培养职业素质的机会。只要你树立"职业神圣"的观念，你就会从从事的每项工作中得到自己想要的职业素质并加以培养。同时，你也能从实践中改进自己以前不足的职业素质理念，不断地培养自己、提高自己，使自己的职业素质得到不断的升华。

以上都是从大学生自身角度来说的。我们知道大学生毕竟是从小在学校度过的，对社会了解不多，对就业信息了解太少，刚入社会对他们来说面临着很多压力，所以大学生职业素质的培养不是仅仅靠自身就能完成的，还需要学校和社会的积极支持和辅助指导。

（1）建立学生－学校支持系统。积极开展大学生择业的心理指导和咨询活动，帮助大学生客观认识自己，做到正视现实、敢于竞争、不怕挫折、放眼未来。对大学生进行就业教育和择业指导，开展创业教育，增强其创业、竞争、挑战意识。坚持开展自主创业教育，树立正确的职业思想和择业观念，开发创造性思维，提高综合素质和实践能力，积极参与社会竞争，走"艰苦创业科技创业、自主创业"之路。

（2）建立学生－社会支持系统。加强就业市场和就业法规的建设，完善市场机制，为大学生就业提供公开、公正、公平的就业环境。

2. 对大学生进行职业素质培养的对策

（1）构建培养职业素质的教学体系。围绕培养大学生职业素质这一主题，高等职业院校应有意识地将课程设置与培养目标、专业能力有机地结合起来，根据培养目标的能力因素和岗位要求，筛选出学科中与培养职业素质有关、使用率高的专业知识内容，并根据职业的不断变化和新的要求，逐步建立起以培养综合职业素质为目的、岗位实用性和专业针对性强的课程体系，不断推进高等职业学生的知识能力和职业素质的拓展。

（2）构建培养职业素质的考核评价体系。改革考试管理模式，学习领域课程的成绩评价主要分为成果评定、学生自我评价、教师评价三个部分。学习领域课程的实施有赖于学生的学习主动性及较高的自我认同感。因而，学生自我评价表现出的是学生对自己工作成果的判断，而实质是学生通过这个环节对自己的思维方式、工作方法、工作能力进行反思，从而不断改进，获得提高。

（3）提倡团队协作，培养全局意识。在进行案例讨论、专题调研或社会实践时，将学生分成小组，他们根据各自的素质和能力选出组长，并在组内进行合理分工，然后制定可行的行动方案，在充分讨论或调研的基础上做成PPT，再派出代表进行小组交流，并由其他同学进行补充或评价。通过这种方法提高大学生的沟通能力和团队合作意识。

（4）通过校企合作，开展定单培养。高等职业院校应准确把握社会、企业对人才各方面的直接而实际的需求，以企业协议培养等方式实行定单培养，根据人才市场的需求来开设专业、设置课程，确定人才培养模式，最大化地实现高校人才产出结构与人才市场需求之间的自动平衡。

（5）以职场实践促进职业素质的提高。现代企业对员工培训早已不再局限于职业技能上，很多企业都成立了企业文化部或类似部门专门负责对员工职业精神的培养。当前高等职业学生中所存在随意跳槽、标榜个性、崇尚个人奋斗等现象与现代企业所要求的爱岗敬业、团队精神相去甚远，都需要对此加强教育力度。

大学生通过在企业实训基地实训，充分融入到企业氛围之中，可以受到优秀员工良好的职业精神的熏陶，感受企业独特的企业文化，传递企业的效率意识、竞争意识、服务意识、团队精神等，从而达到对学生实施有效的职业教育和规范管理，全方位地提高大学生的职业素质，使其能更好地适应未来的工作环境。

 小 资 料 六

企业最看重大学生哪些职业素质？

道德品质、文化认同、敬业精神、团队意识、创新思想、应变能力、学习能力、工作经验。

企业认为大学生最缺乏的职业素质。

大多数被调查企业认为，大学生最缺乏的职业素质排序情况如下：吃苦能力→积极心态→有效沟通→诚信素质→团队精神→人际关系→学习能力→时间管理→创新素质→人格魅力→个人自信→其他。

职业人的核心素质。

1. 做人（人品）

德商培养＋意志品质修炼。

2. 做事（思路方法）

想干事、能干事、干成事、不出事。

做事行为模式：发现问题；分析问题；解决问题。

创新思维结构：主动思维；辩证思维；创造性思维；发散性思维；开放性动态思维。

3. 专业素质

专业基础原理＋专业技能＋专业视野＋专业知识应用能力。

4. 职业技能

自我管理能力：高效沟通能力；情商修炼；压力管理／冲突管理。

高效工作技能：目标管理；时间管理；高效会议管理；高效工作汇报管理。

想一想　做一做

你有过假期打工或兼职的经验吗？若有，谈谈自己的切身体会，并列出几条关键的职业素质要求：＿＿＿＿＿＿＿＿＿＿＿＿＿＿＿＿＿＿＿＿＿＿＿＿＿＿＿＿
＿＿＿
＿＿＿
＿＿。

若没有，作为一名在校大学生，你认为应该从哪些方面培养自己的职业素质？＿＿＿＿＿＿
＿＿＿
＿＿＿
＿＿＿
＿＿＿
＿＿＿
＿＿＿
＿＿。

沙场练兵

专项实践作业：结合《职业与专业认知见习》的要求，利用假期分组进行社会调查，了解社会对大学生职业素质的要求，并撰写调研报告。

拓展阅读

黄炎培职业教育思想理论体系[①]

黄炎培是我国现代职业教育的先驱，他毕生致力于倡导、研究、试验和推广职业教育，他于1917年在上海发起成立了中华职业教育社，他在长期的职业教育理论探索和职业教育实践中，形成了比较完整的中国现代职业教育思想理论体系。

一、论职业教育的本质：职业性、社会性

黄炎培认为职业起源于社会分工，"凡有生命者，第一要求也可以说唯一要求，就是它的生存"。为了生存就要有供给，"因从事于生活需求之供给，本于分工的自然趋势，养成专门工作，而职业以兴"。职业就是"用劳力或劳心换取生活需求的日常工作"，"自社会生活方式采分工制，求工作交通的增进与工作者天性、天才的认识与浚发，进而与其工作适合，于是乎有职业教育"。

在黄炎培亲自撰写的《教育大辞典》中明确规定职业教育的定义是"用教育方法，使

---

① 汤大莎：《教育与职业》2013年第13期。

人人一方获得生活之供给与乐趣，一方尽其对群之义务，名曰职业教育"。"余向论教育之旨，归本人生。其义惟何？曰治生，二曰乐生。"从广义上讲，"凡教育皆含职业之意味。盖教育云者，固授人以学识、技能而使之能生存于世界也"。职业教育不是一种特殊的教育，而且教育的实质本应是职业的，职业教育反映着教育的一般规律。

在黄炎培看来，职业教育的本质具有鲜明的职业性和社会性。他在《职业教育机关惟一的生命是什么》一文中，非常形象地指出："就吾最近几年间的经验，用吾最近几个月的思考，觉得职业教育学校，最紧要的一点，譬如人身中的灵魂，得之则生，弗得则死。""职业教育从其本质说来，就是社会性，从其作用来说，就是社会化。""人力是一切的中心"，要充分动员起人力就必须沟通教育与职业。所谓充分动员人力就是"对全群的人，用启发方式，在每一个人长日劳力或劳心，换取他的生活需求时，帮助增进他的知和能，使他了解到我与群的关系，尽量贡献他的力量，来开发地力和物力，凝结而成整个的群力"。他还在《职业教育之理论与实际》一书中提出："世界一切问题的中心是人类，人类一切问题的中心是生活，要是这个中心在若干世纪内，一时没法改变，那么有生活，必有需要，有供给；那么人类必定有各个的特征，各个的特长，而人与人之间亦必是彼此相感的精神和相结的方式，在人群递嬗间，更必定有老辈根据的经验，来供给后辈的仿效，从仿效中获得改进的门径，吾们敢说职业教育这套理论，虽措辞容有不同，而这理论的主干，是不易磨灭的。"这段话包含两种含义：其一，阐明了职业教育是传递生活经验、生产经验和培养人的社会活动，"前人所得的知识和经验，乐于传给后人，后人从仿效中获得改进，或进而有所发明"，职业教育已担负起独立的社会职能；其二，职业教育应主动适应社会需要，应促进人的个性发展和社会进步，阐明了职业教育与人类生活的关系、教育与社会发展、人的发展的关系，深刻地揭示了职业教育的本质。

二、论职业教育的目的：使无业者有业，使有业者乐业

黄炎培职业教育目的论的核心，是为个人谋生之准备。中华职业教育社成立不久，黄炎培即提出职业教育的目的，后来经过不断修正，确定为四条："一、谋个性之发展；二、为个人谋生之准备；三、为个人服务社会之准备；四、为国家及世界增进生产力之准备。"而其最终目标是"使无业者有业，有业者乐业"。

"有言治莫古于《尚书》，禹漠三事，曰正德、曰利用、曰厚生。为个人谋生，厚生之说也；为世界、国家增进生产力，利用之说也；有群而后有道德，服务社会，德莫大焉，职业教育为之准备，非正德而何？"

"吾们所以主张职业教育，基本的出发点是想消灭贫穷。吾们深切地感觉贫穷是我们中国人一种严重的胁迫，一种根本的苦痛。"可见，"谋生"是其现代职业教育思想的基本出发点，人们只有通过职业教育获得谋生的知识和技能，才能立足社会，成为促进社会发展的有用人才，另外，通过职业教育使每个从业者爱岗敬业，以职业为荣，从而"一个社会人人有职业，有与其个性相适合之职业则人人得事，事事得人，社会无有不发达者"。

黄炎培的现代职业教育目的理论，是从对于人与社会的双重意义阐述的，即对个人来说，职业教育具有求生存、求发展的意义，对社会来说，职业教育具有利国富民的意义。

三、论职业教育办学方针：社会化、平民化

所谓"社会化"，就是"办职业教育，并须注意时代趋势与应走之途径，社会需要某

种人才，即办某种职业学校"；"必须同时与社会经济结构相配合，与社会生活相配合，才能兴旺发达"；"必须和一切教育界、职业界，努力沟通和联络"；"同时须分一部分精神，参加全社会的运动"；"社会化是职业教育机关唯一生命"。而"社会是整个的，不和别部联络，这部分休想办好，这部分很难办的"。深刻阐明了"离开社会无教育"，办"职业教育是绝对不许关了门干"的道理，他如此强调职业教育的社会化，显然是认识到了职业教育比普通教育更与社会生活有着紧密的社会联系，更为严格地受到社会经济发展的制约。因此，他积极主张教育与职业沟通，学校与社会沟通，办职业教育须以完全适应社会为原则，须与社会各界多接触，取得社会各界的信任与支持。

所谓"平民化"，就是指办职业教育不能仅从发展资本主义商业着眼，必须顾及劳动人民的利益、需要和可能。黄炎培提出，教育的重心应在下，真正"为大多数劳苦民众服务"，他认为，办职业教育需下三大决心，即"必须下决心为大多数平民谋幸福"；"脚踏实地、用极辟实的工夫去做"；"精切研究人情，必须努力与民众合作。""要推广平民教育，主要从他们生计问题上着手"，"要解决一切平民问题，主要从职业教育着手"。"以前所办教育，总限于中等以上人家子女，实则此等青年，其数不及中等以下之多，其需要职业教育，亦不及中等以下之切，乃悉其精神财力，用之于此等青年，而中等以下反不及焉，良心殊感不安。……十步之内必有芳草，此中不少人才，徒为境遇所限，无由发展，为培养人才计，为尊重人才计，似宜注意及此。"

"如果办职业教育，而不知着眼在大多数平民身上，他们的教育无有是处。即办职业教育，亦无有是处。"黄炎培的这种职业教育思想，一方面体现了他爱国爱民的民主主义思想，另一方面说明他把职业教育的对象关注到广大平民的身上，已认识到职业教育是大众教育，只有提高全民的职业素质，社会才能进步和发展。

四、论职业教育的教学原则：手脑并用，做学合一

黄炎培主张手脑并用，做学合一的教学原则。他在《职业教育该怎么样办》中说："中国读书人顶怕用手，除掉写字和吃饭、穿衣、上茅厕以外，简直像天没有给他生两手似的。在糊里糊涂中，把社会分做两下：一是号称士大夫，是死读书老不用手的；一是劳动者，是死用手老不读书的，好罢！吾们来矫正一下。要使动手的读书，读书的动手，把读书和做工两下并起家来。要使人们明了，世界文明是人类手和脑两部分联合产生出来的，做工自养，是人们最高尚、最光明的生活。吾们亲身做工，同时还要用书本来阐发做工的原理和方法。"他还进一步指出："职业教育应做学合一，理论与实习并行，知识与技能并重。如果只注重书本知识，而不去实地参加工作，是知而不能行，不知真知。职业教育目的乃在养成实际的、有效的生产能力，欲达此种境地，需手脑并用。"

"今科学之昌明，皆人类手与脑二者联络发达之成绩"，"故手、脑二者联络训练，一方增进世界之文明，一方发展个人天赋之能力，而生活之事寓其中焉。"

"手脑联合训练，确是人类生活教育上最基本的工夫"；"手脑联合训练，适合青年期身心发展的自然要求"。因此，黄炎培亲自确定上海中华职业学校的教育方针是"双手万能""手脑并用"，也体现出了黄炎培现代职业教育理论的最基本的教学原则。

五、论职业教育的课程：科学性、适应性

黄炎培提出的课程理论，把科学确定为职业教育的发展方向，因为办职业学校，在设

科、课程、解决谋生等的问题上，皆需要科学。他认为"职业教育，直接求百业的进步，间接关系民生国计大问题，并不在科学以外，另有解决的方法"。且"社会日趋进步，职业日趋分化，职业学校的设科，各系科的课程、教材，尤需赶上科学的发展，使学生不至于落后于社会形势、科学发展之后"。

黄炎培认为，办职业教育"须绝对因地制宜，因材施教"。职业教育的专业和课程应以适应需要为原则。"职业学校程度和年限，是完全根据社会需要和该科修习上的需要。"在设置上不可"拘系统而忽供求"。"如果问到什么科目较相宜，则须问设立学校的方针在哪里，你所认识的将来社会需要又在哪里。""职业学校设哪一科，乃至一科之中办哪一种，完全须根据那时候当地的状况。""凡职业学校之设科，须十分注重当地社会状况。乡村与城市不同。即同是乡村，同是城市，其他方面状况，亦不尽同。万一设科不合需要，必至影响他日学生出路。"

"人各有特别之才能，本之天赋，苟一一用之于适当之途，与因学之不当、用非所长，或竟学成不用再一一废弃之，两者之一出一人，其影响于国家、社会前途，岂复可以数量计？"

黄炎培不仅提出他的主张，并且还身体力行地去做。例如，中华职业学校的创办，之所以选址上海陆家浜，便是经过充分调查得知那里是平民区，最多者为铁工，次为木工，故学校即以铁、木工为主科设场建校。

六、论职业道德教育：敬业乐群、劳工神圣

职业道德的教育规范理论是黄炎培现代职业教育思想的重要组成部分。他认为，"主张职业教育者，同时必须注重职业道德"，应包括职业技能的训练、职业知识的传授和职业道德的培养，即所谓"治业"与"乐业"两个方面，离开了职业道德培养，就不是真正意义的职业教育了。

黄炎培主张的职业教育的道德规范，一是"敬业乐群"，一是"劳工神圣"。所谓"敬业"指"对所习之职业具有嗜好心，所会之事业具责任心"，即敬重其所从事的职业，充分理解其社会价值和社会意义，树立正确的职业观。所谓"乐群"指"具优美和乐之情操及共同协作之精神"，要有"理必求真，事必求是，言必守信，行必踏实"，"利居众后，责在人先"的高尚情操。

黄炎培把"敬业乐群"作为基本的职业道德规范加以要求，提出职业教育"一方授予学生以谋生的知能，一方仍注意社会服务的道德……谋生与做人，二者本应同时并重，不具谋生能力，人固无从做起，具有谋生能力，而不知做人之道，必将成为自私自利之徒，更违教育之本旨矣"。"既得应用之知识，纯熟之技能，而无善良之品行，仍不足以立身社会。故本校特重学生自治，提倡公共作业，养成其共同心，责任心，及勤勉诚实克己公正诸美德，俾将来成为善良之公民。"

"养成守规则、有礼貌、耐劳苦的习惯，如果真能做到，吾敢说没有一处不欢迎的。"以后，中华职业教育社又根据黄炎培的意见，制定和完善了职业道德标准，主要内容：为职业之真义在服务社会中养成责任心，养成勤劳习惯，养成互助合作精神；养成理性的服从美德，具有稳健的改革精神，养成对所从事职业的乐趣；养成经济观念，养成科学态度。

长期以来，社会上以"读书做官"为荣，以"读书谋事"为耻，重士而轻农工商。黄炎培视这种"以职业为贱"，"以职业为苦"的思想为"职业教育之礁"，针对性地提出了"劳工神圣"的主张。认为劳力与劳心都是神圣的，"做工自养，是人们最高尚最光明的生活"，号召青年应"对于职业抱有最高之信仰"，"人生须服务，求学非以自娱。无论受教育至何等高度，总以其所学能应用社会，造福人群为贵"，"职业平等，无高下，无贵贱。苟有益于人群，皆是无上上品"。他试图从职业道德教育入手，培养学生的劳动观念和劳动习惯，改变轻视生产劳动，蔑视职业教育的传统观念。

　　黄炎培以其实事求是的科学精神，结合中国国情，在长期的职业教育实践中，形成了具有中国气息和特色的现代职业教育思想及理论体系。今天我们系统地研究他的职业教育思想，继承和发掘其理论中的精华，对建设和完善有中国特色的职业教育理论体系，推动我国职业教育的改革、发展，具有重要价值和现实意义。

让职业教育变得生动有趣[①]

——专访职业教育分级制度提出者、北京市教委委员孙善学

　　2011年下半年，北京市正式推出职业教育分级制改革的首批试点工作。试点悄然进行，但在业内早已轰动，曾有院校负责人将它称为具有里程碑意义的制度性改革，一旦成功，职业教育将有属于自己独特的教育目标、标准及相应的教学体系。

　　面对这样一项颇受业内好评的改革，其改革创新的理念是什么？改革的背景及内容又是什么？对此，记者近日专访了这项改革的提出者、北京市教委委员孙善学。

职业是职业教育的逻辑起点

　　记者：目前，北京市开展的职业教育分级制度改革引起了各方的关注。我在采访中发现大家对这项职业教育改革抱有浓厚兴趣和热切期待，但对于职业教育分级制度的理解还有不少差异。作为这项制度的提出者和改革实践的推动者，你是如何理解它的意义和作用的？

　　孙善学：《国家中长期教育改革和发展规划纲要（2010—2020年）》提出了现代职业教育体系的建设任务，建体系关键是建制度。北京市尝试职业教育分级制度是为我国现代职业教育体系建设探索一种可能的实现路径，重点回答用什么思想和理念指导体系建设、需要建立和完善哪些制度、由谁来办职业教育和如何办职业教育等基本问题。

　　记者：那么，职业教育分级制度设计都体现了哪些重要的理念和认识？

　　孙善学：如终身教育、面向人人的教育、公益性教育、民主和平等理念，以及教育对现代社会体系、产业体系的重要作用的认识，都是设计职业教育制度的重要理念和认识。当然，这些理念并非职业教育专有，其他类型的教育也要体现这些理念。

　　职业教育活动的特殊性和职业教育功能的不可替代性构成了职业教育的独特社会价值。正是沿着这条线索深入探究，我们在认识层面提出了职业教育的"逻辑起点论"和"需求导向论"，认为职业教育是从职业出发的教育，职业是职业教育的逻辑起点，这与普通

① 邱晨辉：《中国青年报》2012年2月29日。

教育或其他类型教育有着显著的不同。同时认为职业需求是职业教育发展的根本动力，职业教育发展和改革必须时时响应社会职业要求和人的职业发展需求。这两个理念或观点所指向的一致目标就是就业和乐业。就业是人的生活基础，乐业是人的职业生涯追求，都是职业教育的社会使命。

分级是职业教育制度突破的关键点

记者：这些新认识、新理论具体体现在职业教育制度的哪些方面？

孙善学：现代职业教育制度应该是由一系列法律、规定、政策组成的体现现代职业教育思想和理念的科学的制度体系。北京市在职业教育分级制度改革方案中主要涉及职业教育分级、职业教育标准、职业教育机构、职业教育对象、职业教育教学、职业教育评价等方面的制度创新。

其中职业教育分级是关于职业教育层次结构的全新构建，也是制度突破的关键点。目前，将我国职业教育简单地划分为中等、高等两个层次，已不能满足现代化建设对于职业技能型人才的层次性、专业性和发展性的要求，也不符合社会分工理论和人才结构理论的一般原理。职业教育应当从职业出发，按照职业活动规律、职业人才成长规律和职业能力要求建立层次结构和教育标准，而不再沿用普通学历教育层次结构和相应标准。

为此，我们提出：在初中后教育分流的基础上，采用5级为基础，纵向上可以发展的职业教育5+x分级结构模型，形成我国的职业教育分级框架。职业教育分级促进了人才培养模式多样化，使社会成员进入职业教育体系学习更为便捷，终身学习路径更为畅通。

分级制架起了学历学位体系与职业体系之间的桥梁

记者：职业教育分级制度同我国现行学历学位制度和国家职业资格制度是什么关系？

孙善学：我国在完成9年义务教育之后实行中专、大专、本科、硕士研究生、博士研究生5种学历，学士、硕士、博士3种学位，在国家职业资格制度中将职业资格分为五级（自低到高依次为五级、四级、三级、二级、一级），建立职业教育分级制度既不是重复现行学历学位制度，又不是取代国家职业资格制度，而是在学历学位体系和国家职业资格体系之间建立起人力资源的"导流渠"，将有学历有学位的人培养成能够胜任职业的人。

需要说明的是，职业教育分级制度同国际上流行的"国家资格框架"有明显区别。很多国家建立国家资格框架的目的，一是整合名目类型繁多、水平参差不齐、管理各自为政的资格证书，建立可以对照的标准，成为有权威的新的国家资格标准，如德国、英国、捷克采取8级框架，澳大利亚采取6级框架等。二是协调国家间资格标准，增强国际认可度，服务于人员跨国流动和企业全球战略，如欧盟哥本哈根议程提出的8级框架方案。这类国家资格标准有取代各国现有职业资格的趋向和可能。而职业教育分级制度是以国家职业资格制度为依据，以学历学位体系的教育成果为基础，架起了学历学位体系与职业体系之间的桥梁，是对现有教育制度和职业资格制度的补充和完善。

职业教育不是培养中低级劳动者的教育

记者：我们知道普通高校也在深入开展教育教学改革，探索新的人才培养模式，采取措施加大工程型、应用型、技术型人才培养的力度，比如，启动实施卓越工程师培养计划、扩大专业学位研究生培养规模等。这些是否属于高层次的职业教育呢？

孙善学：普通高校进行的教育改革总体上没有改变从系统的学科知识出发设计教学目标、课程体系、教学内容和教学方式，还应该属于普通教育人才培养模式。职业教育是从职业出发设计人才培养目标和标准，以典型工作任务或实际职业活动为教学内容，围绕培养学习者的综合职业能力安排课程和组织教学，是职业人才培养模式。两个模式逻辑起点和所采取的路径、方法不同，因此人才培养目标和规格也会有差别。

有一些高端专业教育具有普通教育和职业教育的叠加复合特征，如医生的培养在大学里以学习系统的学科知识和完整的理论体系为主，在医院则是以实际职业活动为学习载体，提高医疗诊治的综合能力，达到胜任职业的能力标准。后一个阶段就具有明显的职业教育特征。所以，职业教育不是培养中低级劳动者的教育，也应有高端，只不过高端职业教育往往建立在学习者厚实的教育基础或实践基础之上，也不见得一定要职业院校来实施。普通教育和职业教育应互为基础、相得益彰，将来高层次普通教育也应该向职业教育开放。

职业教育本应该充满乐趣

记者：你把职业教育的教学效果归纳为有用、有趣、有效，是否意味着在新的制度下会有更多青年人选择学习职业教育呢？

孙善学：构建体系和创新制度最终需要落实到具体教学环节。我认为学习是丰富多彩的活动，不是课本和试卷。职业教育本来应该充满乐趣，但现实中往往摆不正理论教学与实践教学的关系和比重，教学安排上患得患失，效果不好。我们总结归纳了职业教育教学原理和课程理论，强调教学内容要围绕实际职业活动或典型工作任务展开、教学目标以能力目标为核心、教学过程以学习者为中心、教与学要体现团队化特征、教学活动要在复合化环境中实施等要求，开发出了新的课程模式，使教育直接与实际应用对接，用什么、学什么、会什么，让职业教育变得生动、有趣。目前我们距离这个目标还有一定差距，已经启动的 14 个专业改革试点试图要解决这个问题。

为了"人人成才"的梦想——我国职业教育发展综述[①]

在全国职业教育工作会议召开之际，《国务院关于加快发展现代职业教育的决定》2014 年 6 月 22 日发布，标志着新时期推动职业教育改革发展的顶层设计已经完成，也开启了我国职业教育发展的又一新起点。

回首过往，硕果累累。我国已建成世界上规模最大的职业教育体系，不仅为我国培养输送了大批高素质劳动者和技术技能人才，为千万家庭送去解决就业、增加收入的民生福音，更为"人人成才"的教育梦想筑就基石。

培养高素质劳动者：做经济社会发展的有力引擎

2012 年春天，河南省灵宝市焦村镇南上村村民朱赞平成了灵宝市职业中等专业学校"进乡入村"的第一期学员。他和 200 多名同乡一道，利用农闲时间学习苹果和食用菌种植知识。几个月后，朱赞平凭着学到的技术，投资 20 余万元建立制菌种站，一年后便顺利收回成本。

在我国广袤的农村地区，把课堂搬到田间地头的职业教育，正在为朱赞平这样的农民

---

① 施雨岑、吴晶、刘奕湛：www.jyb.cn.2014-6-22。

开通致富路。

据统计，"十一五"以来，近 500 万农村劳动力接受了职业院校的送教下乡和实用技术培训，迅速成为国家发展现代农业的重要生力军。

同期，我国职业院校年均培训进城农民工 2000 多万人，累计有 4000 多万农村新生劳动力在接受职业教育后进入城镇工作，促进了农村劳动力带技能转移。

"职业教育是经济社会发展的有力引擎。"教育部职业教育与成人教育司司长葛道凯说，在国家加快转方式、调结构、促升级的过程中，职业教育还应发挥更大作用。

"十一五"以来，职业院校累计为国家输送近 8000 万名毕业生，成为我国中高级技术技能人才的主要来源。以加工制造、高速铁路、城市轨道交通、民航、现代物流、电子商务、旅游服务、信息服务等行业为例，近年来一线新增从业人员，职业院校毕业生占七成以上。

打造高技能人才：做教育民生的助推力量

"我已经顺利通过 1 年的顶岗实习，并且晋升为工艺组组长，每月工资 5000 元左右，还有很多进修机会。"谈起自己的工作，冉光华尚显稚嫩的脸上写满自信。

冉光华出生在贵州省开阳县宅吉乡保星村冉家寨，父母务农一年的收入只有 1 万多元，大半都给大姐交了大学学费。初三毕业时，他决定入读当地职业技术学校的电子专业。

"事实证明，人生并不只有考高中、上大学这一条路，只要拥有一技之长，就能自食其力、成长成才。"冉光华说。

葛道凯指出，教育连着就业、牵系民生、关乎公平。职业教育每培养一名学生，就缓解了一个家庭的就业压力，这也是教育为改善民生作出的独特贡献。

教育部数据显示：近年来职业院校毕业生就业持续向好，中等职业学校毕业生就业率始终保持在 95% 以上，高等职业院校毕业生半年后就业率高于 90%，自主创业比例和就业对口率均有不俗表现。

为了进一步发挥职业教育在促进公平、保障民生方面的作用，从 2007 年起，国家建立健全家庭经济困难学生资助政策体系，目前中职免学费政策已覆盖全部农村学生、城市涉农专业和家庭经济困难学生，19 个省区市全部免除学费。

"中职国家资助体系不仅帮助寒门学子上学成才，也为西部地区增强了教育扶贫的造血功能。"葛道凯说，近两年来，中职毕业生的本地就业率持续上升，每年约有 500 万农村学生通过接受职业教育实现到城镇就业，而且西部地区正有越来越多的技术技能人才留在本地，直接带动了当地经济社会发展。

搭建人人成才"立交桥"：做改革创新的开路先锋

进入六月以来，一场场热火朝天的"职业技能大比拼"正在全国各地上演。从 2008 年起，各地职业院校都要派优秀学生参加全国职业院校技能大赛的比拼，不少佼佼者还未等比赛结束就接到了企业伸来的"橄榄枝"。

"大赛是职业教育改革创新的一个缩影。"葛道凯说，校企合作、产学结合、订单培养等职业教育倡导的理念，正在让职业教育的面貌焕然一新。

据了解，教育部联合有关行业组建了 59 个行业教学指导委员会，基本覆盖国民经济所有门类；2010 年以来，教育部与有关部门、行业组织联合举办 30 多次产教对话活动，分行业召开行业职业教育工作会议，分类制定相关政策；目前全国已组建职教集团约700个，覆盖100多个行业部门、近2万家企业、700多个科研机构以及逾七成中职校和九成多高职校。

职业技术教育学会副会长余祖光指出，近年来职业教育在调动多元办学主体积极性，特别是在行业企业参与职业教育办学、管理等方面进行了深入的探索和大胆试验，已经取得较大范围的成功经验。例如，初步形成协调用人方、学习者、办学者等职业教育多元利益相关者的制度框架，初步形成行业企业、社会力量对于职业教育的公共参与制度，这些都为涉入"深水区"的改革积累了足够的"正能量"。

根据《国务院关于加快发展现代职业教育的决定》，到2020年，中等职业教育在校生达到2350万人，专科层次职业教育在校生达到1480万人，接受本科层次职业教育的学生达到一定规模。一个学生多样化选择、多路径成才的"立交桥"终将建成。

透过这样一幅蓝图，人们可以想见：改革创新的活力将不断迸发，人人成才的教育梦想将不再遥远。

掌握职场生存法则，培养职业素质

初涉职场对大学生来说是一个新的挑战，对待第一份工作的态度，很大程度上决定着他们能否顺利完成从校园人到职业人、社会人的转变。从事人力资源工作多年的专业人士提出，刚入社会的大学生应该学习12种动物精神，树立正确的工作观，培养良好的职业素质。

1. 尽职的牧羊犬

"90后"大学生马上步入社会，新新人类较为彰显个性、容易产生自我中心思想，最为人诟病的就是缺乏责任感，作为一个新职员，学习建立负责任的观念，会让主管、同事觉得孺子可教，能够成长为一个敢于担当的人。

2. 团结合作的蜜蜂

新人刚进公司，对公司环境的不适应和职场法则的不清楚，往往不知道如何利用团队力量去完成工作。现在的企业很讲究团队工作，这不但包括依靠团队去寻求资源，同时也包含主动帮助别人，以团体为荣。

3. 坚忍执着的鲑鱼

新人往往对自己的人生还不确定，常常三心二意，对凡事都是三分钟热度，不知自己将来要做什么。所以在这个前提下，设定目标是首先要做的功课，然后就是坚忍执着地前行。同时在途中当然应该不时地停下来检查一下自己的实践成果，并且向着目标不断前行，那些变来变去的人多半是一事无成的人。

4. 目标远大的鸿雁

太多年轻人因为贪图一时的轻松快乐，而放弃未来可能创造前景的挑战。要时时鼓励自己将目标放远，但这里的目标放远是对你的一个鼓励，目标放远不等于好高骛远，有了远大的目标，我们缺少的就应该是不断前进的执行力。不想当元帅的士兵不是好士兵，但首先必须是非常好的士兵才能实现自己的理想。

5. 目光锐利的老鹰

新人首先要学会分辨是非，懂得细心观察时势。一味接受指示、不分对错，将是事倍功半，得不到赞赏和鼓励。有思想的人才是真正的人才，那些只会听从指示的人，最终只能做一只默默付出的老黄牛。

6. 脚踏实地的大象

大象最突出的特点就是走得慢，但却是一步一个脚印，累积雄厚的实力。新人切忌说得天花乱坠，却无法一一落实。脚踏实地的实际意义就是执行力，有执行力别人会觉得你踏实，所以也愿意将更多的责任赋予你。

7. 忍辱负重的骆驼

步入社会之后，工作压力、人际关系，往往是新人无法承受之重。人生的路很漫长，学习骆驼负重的精神，才能一点点化解各种困惑和压力，安全地抵达终点。

8. 严格守时的公鸡

职场中很多人没有时间观念，上班迟到、无法如期交件等，都是没有时间观念导致的后果。时间就是成本，新人时期养成时间成本的观念，有助于日后晋升时提升工作效率。

9. 知恩图报的山羊

你可以像海绵一样吸取别人的经验，但是职场不是补习班，没有人有义务教导你如何完成工作。学习羊羔跪乳的精神，有感恩图报的心，工作会更愉快。

10. 勇于挑战的狮子

对于重大责任、新任务要用于承接，这对于新职员是最好的磨炼。既是机遇又是挑战，若有机会应该勇敢挑战不可能的任务，借此累积别人得不到的经验。人的潜力有时候是被逼出来的，骨干是折腾出来的。骨干是"平时工作看出来，关键时刻站出来，危难时刻豁出来，名利面前让出来"的。

11. 机智应变的猴子

工作的流程有时往往是一成不变的，新人的优势在于不了解既有的做法，而能创造出新的创意与点子。一味地接受工作的交付，只能学到工作方法的皮毛，能思考应变的人，才能学到方法的精髓。

12. 善解人意的海豚

常常问自己，我若是主管该怎么办才能有助于更好地处理事情。在工作上善解人意，会减轻主管、共事者的负担，也让你更有人缘。

本篇推荐阅读书目

[1] 李开复：《做最好的自己》，人民出版社，2005 年。

[2] 李开复：《与未来同行》，人民出版社，2006 年。

[3] 徐小平：《骑驴找马》，光明日报出版社，2003 年。

[4] 徐小平：《仙人指路》，陕西师范大学出版社，2006 年。

[5] 邢群麟，程晓芬：《人一生必须具备的 30 种关键能力》，万卷出版公司，2008 年。

[6] 王伯庆：《2009—2011 年中国大学生就业报告》，社科文献出版社，2012 年。

[7] 曾湘泉：《"双转型"背景下的就业能力提升战略研究》，中国人民大学出版社，

2010 年。

[8] 方伟：《大学职业生涯规划咨询案例教程》，北京大学出版社，2008 年。

[9] 牟丕志：《小故事 大职场》，凤凰出版社，2010 年。

[10] 陈正侠：《职场管理寓言 200 则》，湖南科学技术出版社，2011 年。

[11] 黄明涛：《16 节职业素质课》，中国致公出版社，2007 年。

[12]〔美〕爱德华·斯坎奈尔·吉晓倩：《游戏比你会说话》，企业管理出版社，2011 年。

[13] YK：《职场软实力 人生硬道理》，凤凰出版社，2010 年。

[14] 石咏琦：《放开自己——有效时间管理法则》，北京大学出版社，2006 年。

[15] 余世维：《有效沟通》，北京大学出版社，2009 年。

[16] 凌志军：《成长比成功更重要》，陕西师大出版社，2006 年。

[17] 阚雅玲、吴强：《职业规划与成功素质训练》，机械工业出版社，2009 年。

[18] 洁岛：《世界 500 强员工的 15 种品格》，中国工人出版社，2006 年。

[19] 洁岛：《从普通员工到卓越领导》，机械工业出版社，2006 年。

[20] 袁文龙、谭春虹：《成为企业最受欢迎的人》，中华工商联合出版社，2006 年。

[21] 肖冉：《比能力更重要的 12 种品格》，北京出版社，2007 年。

[22] 张超：《职场潜伏心理学》，北京妇女儿童出版社，2010 年。

[23]〔日〕门仓贵史：《穷忙族：忙碌阶层的哀与愁》，中信出版社，2009 年。

第二篇

社会职业需求
与专业人才培养

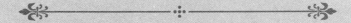

以社会需求为导向，培养实践能力强、综合素质高、发展潜力大的应用型专门人才。

——云南财经大学中华职业学院人才培养目标

教育必须与社会发展相适应。高等教育的目的是培养人才，培养人才的结构必须和社会发展对人才需求的结构相同。为什么必须相同？因为经济社会发展对人才的需求是多层次、多类型的，只有这样，高等教育才能更好地发展。教高〔2006〕16 号《教育部关于全面提高高等职业教育教学质量的若干意见》中指出，高等职业教育要"服务区域经济和社会发展，以就业为导向，加快专业改革与建设"。针对区域经济发展的要求，灵活调整和设置专业，是高等职业教育的一个重要特色。各级教育行政部门要及时发布各专业人才培养规模变化、就业状况和供求情况，调控与优化专业结构布局。高等职业院校要及时跟踪市场需求的变化，主动适应区域、行业经济和社会发展的需要，根据学校的办学条件，有针对性地调整和设置专业，培养社会需要的应用型专门人才。

高等职业教育的本质属性之一是职业性。与职业密切相关的概念是岗位或工种，一个职业往往有一个或几个岗位或工种。高等职业院校专业设置要瞄准职业岗位需求变化，使所设置的专业及专业在校生规模与职业岗位及人群规模变化趋势相一致。高等职业院校培养适应社会发展所需要的应用型专门人才，必须坚持以"能力为本位"的人才培养观念，通过各种系统、规范、有效、丰富的教育教学活动，使毕业生具有从事专业所对应的职业岗位能力，以满足用人单位对人才的需求。

第三讲　专业与社会职业需求分析

案例 >>>

小敏是某高等职业院校刚入学的新生，高考时的专业志愿是父母帮着填写的，自己根本没有概念，进入大学后，对自己的专业及今后的发展感到很茫然。我们应该怎样帮助她呢？

主题：我的专业与社会职业需求

一、什么是专业？

一般地讲，专业是高等院校根据社会专业分工需要和学科体系的内在逻辑而划分的学科门类，是高校人才培养的基本单元，同时也是高校与社会接轨的接口。按专业设置组织教学，进行专业训练，培养专门人才是现代高校的特点之一。

高等教育是专业性教育，是按照不同的学科门类设置不同的专业。大学中"专业"的界定，通常指高等院校根据社会分工需要所分成的学科门类，编有独立的人才培养方案及教学计划，体现本专业的培养目标和规格。

二、高等职业院校专业设置的要求及原则

高等职业院校的专业设置要有行业、社会背景和人才需求调查预测，适应经济、社会发展需要和人才市场需求。

专业是高等职业院校人才培养的载体，是高等职业院校与社会需求的结合点，是体现学校办学内涵、办学特色、人才培养工作水平的标志，也是高等职业院校师资队伍建设、软硬件设施建设和实习实训基地建设的基本依据。专业设置是否合理、结构是否优化，直接影响着高等职业院校的生存和发展。高等职业院校专业设置应坚持以下原则。

（一）市场导向原则

高等职业教育是社会主义市场经济发展的产物。高等职业院校必须面向市场，融入到市场经济中去，围绕市场需求设置专业。职业性是高等职业院校的基本属性。近代工业化社会及其社会职能分工所形成的职业、职业知识技能、职业规范进入高等职业教育领域，并成为高等职业院校专业设置的基本依据。按照职业类型、职业人群规模和职业发展趋势设置专业是市场导向原则的首要内涵。高等职业院校以培养高技能人才为己任，需要始终瞄准高技能人才市场需求。目前，在我国 2.7 亿城镇从业人员中，包括高级技师、技师、高级技工在内的"高技能"人才只有 1860 万人。高等职业院校设置的专业与在校生规模只要与高技能人才市场需求对接，还愁毕业生不能就业吗？按照市场导向原则设置专业，当然要考虑生源供给问题，也就是要考虑学生和家长对学校及所学专业的需求。市场高技能人才需求与学生及家长报考专业需求客观上存在不对称。高等职业院校如果不考虑学生报考需求，就会招不到学生，难以维持其生存，实现育人目标就会成为泡影。可见，职业及其发展趋势、高技能人才市场需求及生源供给现状与变化，是高等职业院校专业设置、专业调整及专业结构优化的基本考量。

（二）为地方经济服务原则

国务院批准的教育部《面向 21 世纪教育振兴行动计划》明确指出："高等职业教育必须面向地区经济建设和社会发展，培养生产、服务、管理第一线需要的实用人才，真正办出特色。"《教育部关于全面提高高等职业教育教学质量的若干意见》也指出："针对区域经济发展的要求，灵活调整和设置专业，是高等职业教育的一个重要特色。"要把高等职业教育根植于地方的沃土之中，就必须牢固树立为地方经济服务的思想，深入研究地方的产业结构、产业优势、经济特色、人才需求，据此设置和调整专业。高等职业院校只有贴近区域社会，贴近地方经济，贴近企业特别是骨干龙头企业和点多面广的中小型企业设置和调整专业，为其源源不断地输送高技能人才，以服务求支持，以贡献求发展，才具有持续的发展动力。

（三）科学规划原则

高等职业院校专业设置是一个系统工程，必须统筹兼顾科学规划。专业设置与建设规划要在学校总体发展规划的指导下进行，要与学校办学定位和发展目标相一致，经过认真

调研和充分论证之后，遵循循序渐进的原则，有计划地设置专业，不能想设什么专业就设什么专业，想设多少专业就设多少专业。现在有的高等职业院校成立时间不到3年，却办了涉及文、管、艺、工等多个学科门类的30多个专业。例如，计算机专业热门的时候，大家一哄而上，以致毕业生过剩就业无门；举办文科类专业成本较低，一些院校不论有无自身条件和社会影响，一概上之，结果生源不足；当下工科专业就业看好，机电一体化、电工电子专业成为许多学校追逐的目标。专业设置的盲目性、雷同性和杂乱性既影响了高等职业院校的社会声誉，也影响了高等职业院校持续健康的发展。

（四）特色性原则

特色是高等职业院校办学兴校、竞争制胜的一大法宝。学校的特色是在长期的办学实践中凝练而成的。它体现在办学的指导思想、治校方略、人才培养模式、教育教学过程等各个方面；但专业始终是办学特色最集中的载体，没有专业特色就没有学校的办学特色。高等职业院校专业设置要考虑强化学校办学特色要求，既要与其他高等职业院校"错位"发展，避免与其所设置的专业雷同；更要重视弘扬学校优良办学传统和办学特色，强化体现特色的品牌专业，围绕品牌专业设置新专业，构建结构合理的专业群；还要注意独辟蹊径，大力发展与高新技术产业发展趋势及职业发展趋势相一致的应用性专业，以培植新的特色专业。

（五）集群性原则

唯物辩证法告诉我们，量的积累会产生质变；同样，结构调整也会产生质变。集群性原则就是通过专业设置，构建专业群体，实现结构优化，提高人才培养质量和办学效益。高等职业院校专业群体构建依据主要有两方面：一方面是按照核心产业—相关产业—附加产业的"产业链"的思路，形成主干专业和相关专业互为联系的专业群；另一方面是按照关键岗位—次要岗位—边缘岗位的"岗位群"的思路，形成与岗位群对应的主次分明、相互结合的专业群。这样，有利于把主干专业做大做强，其他专业灵活应变，增强市场适应能力；有利于强化办学特色，形成竞争优势。

（六）可行性原则

高等职业院校坚持以服务为宗旨，包括为经济服务、为社会服务和为学生服务。为学生服务，对学生负责的重要衡量标准就是学校具备学生所学专业人才培养的软硬件条件。一些高等职业院校不顾师资、教学设施设备及实习实训条件，片面理解市场导向观点，提出"市场需要什么人才学校就办什么专业"，专业设置是一件非常严肃的事情，高等职业院校应该按照科学性的原则，进行市场调研和可行性论证，特别是设置专业必须具备的师资队伍、教学的设施设备、实习实训条件及人才培养方案和相应的管理制度，必须进行认真的准备、检查和落实，只有这样，才能确保人才培养质量，办人民满意的高等职业教育。

（七）前瞻性原则

随着科技的进步，改革开放的不断深化，经济社会总是向前发展，新的职业和岗位层出不穷，同时，也有一些职业和岗位退出历史舞台。专业设置如何与时俱进，与经济社会发展同步，就需要坚持前瞻性原则。比如，计算机与互联网在商务领域的运用，催生出电子商务岗位和电子商务专业；建设创新型社会战略的实施，提出了创意专业人才的需要；会展经济的发展，使会展专业应运而生。因此，高等职业院校要始终关注经济社会发展态势，把握职业岗位变化脉搏，准确预测专业发展走向，及时设置适应社会需求的新专业，这样，就能够高瞻远瞩，领先一步，胜人一筹。

（八）效益性原则

高等职业院校从产生的时候起，就是按照市场原则操作的，缴费上学，自主择业。即使是经济发达地区，其办学经费和建设资金也主要来自于学生和市场，国家财政支持只是起辅助作用。因为办学成本的高低与专业密切相关，按照效益性原则，在专业设置时必须重视专业人才的需求量和生源供给量，确保专业有一定的在校生规模；必须重视人才培养成本高的专业与成本低的专业合理配比，做到以收补欠；必须重视有共同专业基础、彼此关联度高的专业群建设，充分有效地发挥教学资源的作用；必须重视专业设置的计划性，使专业的发展速度、规模、结构与提高办学效益相协调。总之，用科学发展观统领高等职业院校专业设置，才能实现高等职业院校持续、健康地发展。

综上所述，高等职业院校在进行专业改革与建设时，应采取以下措施：一是要及时跟踪市场需求的变化，主动适应区域、行业经济和社会发展的需要，根据学校的办学条件，有针对性地调整和设置专业；二是要根据市场需求与专业设置情况，建立以重点专业为龙头、相关专业为支撑的专业群，辐射服务面向的区域、行业、企业和农村，增强学生的就业能力。

三、大学生怎样进行专业人才社会职业需求分析

建议大学生从以下几方面对自己所学专业的社会职业需求进行调研。

（一）××专业（方向）人才需求和就业前景分析

（1）××专业（方向）产业、行业分析。

（2）市场对××专业（方向）人才的需求和市场需求分析（了解近年全国部分人才市场对本专业的供求情况）。

（3）××专业（方向）人才就业前景。

（二）××专业（方向）人才职业目标定位

（1）××专业（方向）工作流程，要求对××专业（方向）职业工作流程进行描述。

（2）××专业（方向）人才职业岗位能力要求（包括典型工作岗位、岗位能力要求、所对应的职业资格要求等）。

（3）××专业（方向）人才就业去向。

参考示例：会计学专业人才社会职业需求分析

一、会计学专业（方向）人才需求和就业前景分析

（一）会计学专业（方向）产业、行业分析

会计是以货币为主要计量单位，以提高经济效益为主要目标，运用专门方法对企业、机关、事业单位和其他组织的经济活动进行全面、综合、连续、系统地核算和监督，并随着社会经济的日益发展，逐步开展预测、决策、控制和分析的一种经济管理活动，是经济管理活动的重要组成部分。并向相关会计信息使用者提供符合会计法律、法规和规章制度要求的会计信息的一项管理工作。

为贯彻落实《国家中长期人才规划纲要（2010—2020 年）》要求，在全面总结我国会计人才建设取得的成就和经验、深入分析当前和今后一个时期会计人才发展面临新形势、新任务和新挑战的基础上，财政部于 2010 年 9 月，制定并印发了《会计行业中长期人才发展规划（2010—2020 年）》（以下简称《会计人才规划》）。这是新中国成立以来制定的第一个全国中长期会计人才发展规划，是未来 10 年我国会计人才发展的宏伟蓝图，是确立我国会计人才竞争优势、建设国际一流会计人才队伍的行动纲领。《会计人才规划》指出，"当前和今后一个时期，我国会计人才发展的指导方针是：服务发展，以用为本；健全制度，创新机制；高端引领，整体开发"。这一指导方针是在全面总结我国会计人才建设取得的成就和成功经验、积极借鉴国外会计人才培养有益做法的基础上提炼升华形成的，同时也是推动我国会计人才发展应当遵循的基本原则。

1. 服务发展，以用为本

经济社会越发展，会计作用越凸显。我国经济社会发展的实践证明，会计人才建设始终是紧紧围绕着经济发展而发展的，这是一条永恒的规律。《会计人才规划》从战略和全局的高度，强调要"把促进经济社会发展作为会计人才队伍建设的根本出发点和落脚点，围绕经济社会发展目标确定会计人才队伍建设任务"。

人才培养重在使用，实践出真知、出人才，这同样是规律。会计属于社会科学范畴，培养会计人才不是最终目的，合理使用、科学使用会计人才，让会计人才产生效益才是关键。会计人才建设强调"以用为本"，就是强调会计人才要重视实践，并在实践中不断成长成才。

2. 健全制度，创新机制

制度建设和机制创新在经济社会发展过程中发挥着重要的基础性作用。我国会计人才建设以会计法和会计从业资格市场准入制度及相关机制为前提，形成了全国上千万会计从业人员队伍，建立了初级、中级、高级（副高级）三级会计专业技术资格考试制度；强化会计人员知识更新，建立了会计人员继续教育体系；加快高端会计人才培养步伐，建立了全国会计领军（后备）人才培养工程；建立了会计人才评选表彰管理制度及相关机制；建立了注册会计师任职资格管理制度，等等。会计从业资格无纸化考试在全国范围内的推进，对无纸化考试情况下会计从业资格考试要求予以明确；总会计师在单位内部管理中的作用

日益增强，进一步明确了总会计师的职能和地位；知识更新步伐的加快，要求完善会计人员继续教育相关规定；全国会计领军（后备）人才培养工程的深入推进，要求我国完善相关制度并建立长效机制；境外会计资格在国内的无序进入，要求我国健全相关制度对其进行管理和规范。

3. 高端引领，整体开发

我国会计人才人数众多，分布广泛，推进会计人才建设，必须突出重点、兼顾一般。目前，高级会计师、总会计师、全国会计领军人才、教授职称以上的会计教育工作者等高层次会计人才，在我国经济社会发展过程中发挥着重要的引领、辐射和带动作用，日益受到社会各界的重视和尊重。追求自初级会计人才成长为中级会计人才，自中级会计人才成长为高级会计人才，已经成为我国会计人才发展奋斗的层级目标。

在会计人才队伍中，高级会计人才不能太多，但也不能太少，而是应当与我国经济社会发展需求相适应。为实现高层次会计人才在会计人员中达到50%的发展目标，《会计人才规划》指出，要"以全国会计领军（后备）人才工程为重要平台，培养造就一批具有国际视野、知识结构优化、实践经验丰富、创新能力突出、职业道德高尚的高层次会计人才，带动会计人才队伍整体发展"。

会计人才又是分层次的，既需要相当数量的高层次会计人才，也需要大量从事日常工作的初中级会计人才。我们在强调会计人才建设"高端引领"作用的同时，也不能忽视初中级会计人才的协调发展。只有这样，才能与经济社会发展和单位内部经营管理需要相匹配。我国的会计人才建设强调"整体开发"，就是要实现会计人才结构的整体开发，实现会计人才素质的整体开发，实现会计人才分布的整体开发。为统筹推进各类别、各层级会计人才队伍建设，促进会计人才队伍整体协调发展，《会计人才规划》指出，要"统筹各类别、各层级会计人才资源开发，培育会计人才爱岗敬业、诚实守信、廉洁自律、客观公正、坚持准则、参与管理的会计职业道德精神，实现会计人才队伍全面协调健康发展"。同时指出，"到2020年，我国会计人才发展的战略目标是：培养和造就一支规模宏大、结构优化、素质较高、富于创新、乐于奉献的会计人才队伍，确立我国会计人才竞争优势，建设国际一流的会计人才队伍，为在21世纪中叶基本实现社会主义现代化奠定会计人才基础"。这一战略发展目标从总量规模、素质结构、国际竞争力、使用效能等多个方面对会计人才建设提出了新的更高的要求。

（二）市场对会计学专业（方向）人才的需求和市场需求量分析

1. 市场对会计学专业（方向）人才的岗位需求

会计人才规模是会计行业实现跨越发展的基础。近年来，随着经济社会的快速发展，我国会计人才队伍不断发展壮大，会计从业人员、会计专业技术人员、注册会计师、会计教育和理论工作者及会计管理工作者等各类会计人才队伍已初具规模，会计人才总量已近千万。然而，随着我国市场经济体制的进一步发展和经济全球化进一步深入，现有的会计人才将难以满足需要。《会计人才规划》要求"会计人才资源总量稳步增长，队伍规模不断壮大"，并进一步提出"会计人才资源总量增长40%"的量化目标，即在现有基础上增加400万人，平均每年增加40万人。

　　这一目标的制定充分考虑了我国市场经济活动不断多样化、经济业务不断复杂化、国际间竞争不断激烈化，以及对各类会计人才的需求不断增长的情况。以企业为例，2009年年底，我国规模较大的国有及国有控股企业有11.1万家，集体企业3万家，外商企业17万家，此外还有千万家中小企业，并且企业规模还在不断壮大、企业数量还在不断增加。如果以平均每家大型企业10名会计人才、每家中小企业1名会计人才计算，全国就需要1300多万会计人才。

　　以经济发达地区的广东东莞为例，据有关统计资料显示，截至2010年年底，东莞实有企业2万多家，比2009年年底增长10.26%。其中主要为外商投资企业、中小企业。从以上资料不难看出，现代企业数量不断增多，规模也在不断扩大。按照一般的企业增长速度分析，东莞私营企业每年将增加几千家左右，按每个企业配备2名会计人员计算，仅私营企业每年至少需要增加4000多名会计从业人员。加上外资企业的需求，原有会计人员的更新、需求量就更大了。同时，新的会计准则和会计制度的全面实施，也为培养新型会计人才的高等职业教育提供了极大的机遇和挑战。

　　在对会计人员的市场需求情况调查中，当企业被问及"贵企业是否对会计专业人才有需求"时，91.6%的企业都作出了肯定回答。这充分说明市场对会计人才需求量大，绝大多数企业都急需招聘会计专业人才，预示着会计专业人才有着良好的就业前景。同时，调查资料显示，企业提供的会计专业岗位主要是出纳、会计、中介代理、报税员、财务管理五类岗位，它们所占比例分别为：22%、27%、16%、12%和23%，这为我院会计人才培养方向提供了重要的依据。岗位需求情况如图2所示。

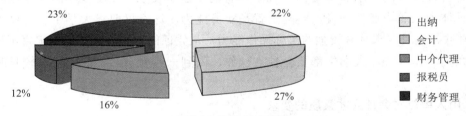

图2　岗位需求情况

　　会计工作是一切社会经济工作运行的基础性工作，会计工作运行质量的好坏直接影响着社会经济工作运行质量的高低，而会计从业人员队伍整体素质的高低又直接影响着会计工作运行质量的好坏。

2. 用人单位对学历不再是唯一的标准，而是更重视求职者的实践经验

　　调查中，当被问及"贵企业对未来毕业生（担任会计工作）的学历要求"时，58%的企业选择大专（高等职业），只有28%左右的企业选择本科学生，很多用人单位以往招聘的很多本科及以上学历的会计人才在工作中动手能力差，不能立即投入到工作岗位中，需要经过较长一段时间培训后才能上岗，并且他们的待遇比高等职业人才要高很多，这样就造成了极大的浪费。现在，用人单位在人才的使用上逐步趋于理智，用人浪费的现象得到了很大的改善。越来越多的企业，尤其是中小企业更喜欢聘用高等职业院校培养的技能型会计人才。

这说明大多数企业在招聘会计人才时，不再唯学历，企业更加注重的是应聘者的实践经验。因此，实践经验对会计人才来说才是关键（图3）。

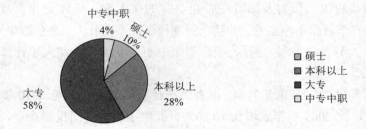

图3 会计人才学历需求

实际上，会计工作包括实务工作和理论工作，各企业需要的会计人员大多是一些核算工作，侧重的是实务，所以对于会计人员，企业更青睐有工作经验的人员，他们一进企业就能立刻投入工作，免去了企业巨大的培训成本，毕竟一些基本的会计核算工作是做出来的，不是"研究"出来的，自然学历在一些初中级会计岗位中就显得不太重要了。这一点在这次的调查问卷中也得到了很好的说明。

目前会计行业处于低端人才不缺，高端人才告急的阶段。那么，什么样的会计人才才能算是市场真正需要的"高端人才"？通过本次调查可以看出，市场所需的"高端人才"并不是指高学历、高职称人才，而是指在相关行业中"滚打"过几年的人才。本科以上文凭并不是必需的，丰富的实践经验才是企业真正需要的任职条件。这一点，从很多企业招聘会计人才的要求就能看出：几乎所有的企业都要求有1～3年的工作经验。工作经验具体到应届毕业生来说，实际上就是实务能力，这不仅要求大学生要有过硬的专业理论功底，而且要求具有较强的实际操作能力，从凭证的填制到账簿的登记直至报表的编制等系列工作任务，大学生都要会独立操作，做到一看就会，不需要经过较长时间的培训。

3．用人单位对会计人才素质的要求

（1）良好的心理素质和职业道德。现代社会生活工作节奏加快，竞争日益激烈，财务人员在面对重重压力之时，不仅要保持一种自信、乐观、积极的心态，还需要时刻保持冷静、细心和谨慎，这样才能胜任自己的工作。职业道德虽不具有强制性，但却是会计人员执业的重要因素。客观、公正、尽职、廉洁的精神，大公无私、诚实可靠、保守机密、严守纪律、坚持原则的基本素质，是做好会计工作的保证。

（2）要有较高的政治素质。① 调查中企业认为会计人员必须坚定正确的政治方向，认真贯彻执行党和国家的财政方针、政策，坚持原则，顾全大局，不徇私情，不谋私利，维护国家和企业的利益，不具备这些起码的职业道德是不可能做好会计工作的，这也是作为会计人员最基本的素质。② 要有实事求是的工作作风，不弄虚作假、营私舞弊，要做到表里如一、言行一致。会计人员是一个单位的经济管家，直接掌握财权，每天都要和钱与数字打交道，应做到秉公办事，保持自身的廉洁，坚决抵制各种错误思潮和倾向，不越雷池半步。③ 要具有高度的责任感和强烈的事业心，会计工作是一项非常细致的工作，而且枯燥繁杂且单调，长期下来，难免工作消沉，思想懒惰，会计人员只有端正思想，拿

出百倍的工作热情，具有主人翁思想、勇于奉献、不怕困难、不计较个人得失，才能克服会计工作所带来的消极不良心理，保持平稳、积极的心境，一丝不苟地处理好每一笔业务。

（3）扎实的业务素质。会计人才是做好会计工作的关键，要成为高素质的会计人才，业务素质的不断深化尤显重要。① 牢固的财务基础知识和专业知识。企业普遍认为会计人员要有牢固的财务基础知识和专业知识，并能理论联系实际，从实践中摸索，从实践中不断提高，要熟悉企业的具体实际，了解财务管理的规章制度和企业有关规定，并从严要求自己，做到记账、算账、报账手续完备，内容真实，账目清楚，这是最基本的财务工作基础，也是最重要的，是做好财务工作的关键。② 广泛的知识面。调查的企业中几乎所有的企业都认为会计专业人才除了努力学好专业知识外，还应广泛涉猎专业以外的知识，如证券、经济法等。仅有财务、会计专业知识已经远远不够，一名合格的会计人员，对于财务会计工作相关的知识、技能和相关的学科，如经济学、税收、营销、管理、法律等也应相当熟悉。因此，会计人员应是综合性的人才。③ 掌握会计电算化，不断提高英语水平。计算机现已广泛地运用到财务系统的账务处理等方面，它将使广大会计人员从单调、繁杂的记账、算账、报账等工作中解脱出来，从而提高工作效率，使会计人员腾出更多的时间开展分析预算、统筹等工作，同时，也避免了许多差错，其优越性不言而喻。要求熟练掌握财务软件和 Excel 等通用软件的企业占被调查者总数的 91.8%。因此，会计人员必须具备掌握计算机应用这一能力。

另外，企业认为会计人才掌握外语知识是企业财会工作与国际财会制度接轨的基础性条件，它可以帮助企业不断吸收国外先进管理经验，探讨一些可行性方法，尽早参与国际经济事务。

4．用人单位对会计人才的能力要求

（1）较强的实践能力。86% 的企业认为较强的实践能力是会计人才的一项重要能力。会计是一项实践性很强的技术性工作。当前，财务人员越来越感到对于会计这样一个实用性管理学科，把理论转化为实践，再从实践中提高理论的学习，是非常重要的。尤其是在当前社会对应用型人才需求量比较大，市场竞争激烈的情况下，相应的，会计专业的大学生应注重对理论学习的同时要结合实践，提高分析和解决问题的能力。

（2）终身学习的能力。现代社会的特点之一就是知识更新换代的速度快，会计知识也不例外。会计的服务对象、核算原则、会计信息内涵都在不断发生变化。要适应这一变化，会计人员必须不断地学习和掌握现代经济学科分析方法和思维方式，改进自己的知识结构，丰富自己的头脑，更新自身思想观念。这要求会计人才必须具备终身学习的能力。

（3）较强的社会活动能力。企业的财会部门掌握着企业的经济命脉，涉及各个部门的利益，会计目标的实现需要各个部门的密切合作，因此会计人员要与企业各部门进行广泛的沟通和协调。同时，会计人员还要与银行、税务、审计等部门进行广泛的联系，为企业的发展营造良好的外部环境。因此，会计人员必须具备较强的社交能力，这种能力直接关系到其工作成果的好坏，直接影响其生存发展的机会和可能。

二、会计专业（方向）人才就业前景

（一）2013 年会计专业的就业形势分析（按会计专业相关职位统计）

1．会计专业人才专业需求地区排行

据统计，会计专业就业前景最好的地区是上海。薪酬最高的地区是深圳。该专业需求地区排行前 10。

（1）上海 15 902 个职位。

（2）北京 15 756 个职位。

（3）广州 12 716 个职位。

（4）深圳 10 744 个职位。

（5）武汉 7927 个职位。

（6）东莞 5599 个职位。

（7）成都 5299 个职位。

（8）杭州 5224 个职位。

（9）重庆 4315 个职位。

（10）南京 3627 个职位。

2．会计专业相关职位薪酬地区排行前 3

（1）深圳 3635 元。

（2）重庆 2999 元。

（3）北京 2000 元。

3．会计专业薪酬待遇分析

面议占了 80%。

2000 ～ 2999 元占了 17%。

4500 ～ 5999 元占了 1%。

1500 ～ 1999 元占了 1%。

4．会计专业招聘经验要求分析

0 ～ 2 年占了 37%。

3 ～ 5 年占了 30%。

不限经验占了 24%。

应届毕业生占了 5%。

8 ～ 10 年占了 2%。

5．会计专业招聘学历分析

大专占了 46%。

本科占了 27%。

不限学历占了 15%。

中专占了 8%。

硕士占了 1%。

6．会计专业就业方向

本专业学生毕业后可在内、外资企业和政府部门及各类中介机构从事会计工作和经济管理工作，也可在学校和科研部门从事教学和科研工作。

以下是相关招聘职位：会计、出纳、财务经理、财务主管、成本会计、会计主管、财务总监、财务会计、财务会计助理、主办会计、收银员。

7．会计专业就业排名

会计学专业在管理学类中排名第5。

（1）项目管理。

（2）工程管理。

（3）市场营销。

（4）人力资源管理。

（5）会计学。

（6）档案学。

（7）电子商务。

（8）商品学。

（9）旅游管理。

（10）行政管理。

（11）物流管理。

（12）财务管理。

（13）审计学。

（14）工业工程。

（15）工程造价。

（16）商务策划管理。

（17）工商管理。

（18）国际商务。

（19）公共管理。

（20）劳动关系。

（21）物业管理。

（22）公共关系学。

（23）信息资源管理。

（24）产品质量工程。

（25）资产评估。

（26）房地产经营管理。

（27）图书馆学。

（28）连锁经营管理。

（29）劳动与社会保障。

（30）电子商务及法律。

（31）信息管理与信息系统。

（32）土地资源管理。

（33）文化产业管理。

（34）管理科学。

（35）航运管理。

（36）公共事业管理。

（37）高等教育管理。

（38）管理科学与工程。

（39）农村区域发展。

（40）公共安全管理。

（41）会展经济与管理。

（42）城市管理。

（43）特许经营管理。

（44）公共政策学。

（45）体育产业管理。

（46）农林经济管理。

（47）国防教育与管理。

说明：会计学属于管理学类，管理学类共 47 个本科专业，其中，会计学专业就业排名第 5。

8. 市场需求量变化曲线，就业形势、就业前景分析（按会计学专业相关职位统计）

说明：图 4 反映近一年市场招聘量变化。曲线越向上代表该段时间招聘量越大，就业情况越好。该数据由各地招聘网站统计而来，可能因抓取系统稳定性等因素而致使数据偏离客观实情，仅供参考。

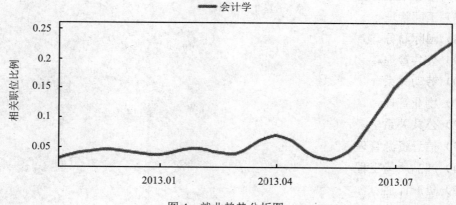

图 4　就业趋势分析图

随着中国加入 WTO 和经济全球化速度的加快及知识经济的到来，尤其是始于 2012 年的全球经济危机的爆发，中国当前的就业形势尤其是大学生的就业形势已显得特别严峻。

（1）高等教育已由"精英教育"转变为"大众教育"。大学生的就业也由"精英"走向"大众化"。大学生不再是计划经济下的"宠儿"，已没有了计划经济下的统包统分，而是一律走向人才市场，公平地参与市场竞争。

（2）大学生毕业初期就业率不高。

（3）综观 21 世纪高等学校毕业生的就业环境，我国就业市场呈现出四种情况：① 就业机会增多，就业难度增大；② 人才地位提高，人才争夺加剧；③ 计划配置减少，市场配置增多；④ 就业岗位增加，岗位的知识和技术含量更高。

（二）会计学专业人才的发展前景及就业面向

1. 内资的中小企业：需求量大，待遇、发展欠佳

职业状况：内资的中小企业对会计人才的需求是最大的，也是目前会计学专业毕业的大学生最大的就业方向。很多中小企业特别是民营企业，对于会计岗位他们需要找的只是"账房先生"，而不是具有财务管理和分析能力的专业人才，在创业初期，他们的会计工作一般都是掌握在自己的亲信（戚）手里。到公司做大，财务复杂到亲信（戚）无法全盘控制时，才会招聘"外人"记账，更多的情况是，你进去的时候是记账，离开时还是只会记账，最多能学到简单的财务监管和避税方法。

薪资情况：新员工月薪绝大部分集中在 1500 元左右。

2. 内资的大中型企业

职业状况：工作任务少、压力小，特别是国企。这就给你很多的学习时间，给你的鲤鱼跳龙门梦想提供了舞台。如果你的学校不是很好，会计专业在国内不是很牛，建议你选择这些企业，因为可以利用时间，参考注册会计师或 ACCA，既能积攒经验，又能继续努力拿证书。

薪资情况：新员工月薪一般在 2000 元左右。

3. 外资企业：待遇好，发展好

职业状况：大部分外资企业的同等岗位待遇都远在内资企业之上。更重要的是，外资企业财务管理体系和方法都很成熟，对新员工一般都会进行一段时间的专业培训。

外资企业工作效率高的一个重要原因是分工细致，而分工的细致使大学生在所负责岗位上只能学到某一方面的知识，尽管这种技能非常专业，但对整个职业发展过程不利，因为你难以获得全面的财务控制、分析等经验。

后续培训机会多是外资企业极具诱惑力的另一个原因。财务管理也是一个经验与知识越多越值钱的职业，而企业提供的培训机会不同于在学校听老师讲课，它更贴近实际工作，也更适用。

薪资情况：新员工的合理月薪在 3000 元以上，绝大部分外资企业能解决员工的各种保险及住房公积金。

要进外资企业，英语好是前提。如果能通过 CPA（注册会计师）或 ACCA 特许公认会计师（The Asseciaton of Chartered Certified Accountants，ACCA）考试的几门课程，也能增加一些砝码。

ACCA 成立于 1904 年，是目前世界上最大及最有影响力的专业会计师组织之一，也

是在运作上通向国际化及发展最快的会计师专业团体。目前已在世界 160 多个国家设有 300 多个考点，拥有学生和会员超过 25 万人。ACCA 课程全面、完善及先进兼备，现已被联合国采用作为全球会计课程的蓝本。

ACCA 会员可以自称为"特许公认会计师"，可以在他们的姓名之后加上"ACCA"作为标志。ACCA 会员可以在工业、商业、公用事业和专业执业等领域内从事财务或财务管理工作，现时有很多 ACCA 的会员在这些领域内担任着高层职位。

ACCA 在全球拥有大量"认可雇主企业"，在中国地区有超过 400 家的国际国内知名企业是 ACCA 的"认可雇主企业"。其参加考试的学员及会员无论是在 ACCA 认可雇主企业或是其他国际企业中，如 BP 石油、联合利华、可口可乐、空客公司、GE 等世界性大企业中拥有无与伦比的职业发展机遇及优势！

ACCA 是进军国际人才高地的"职场黄金文凭"。预计到 2015 年，中国尚需要超过 20 万的拥有 ACCA 或其他国际资质的国际会计师和金融人才，缺口极大，职业前景广阔。

最近，法律＋财会的法务会计也是很受上市公司和外资企业欢迎的人才。选修了法律专业并有所成就或拿到法学第二学位的同学，其发展前途也很光明。

4. 会计师事务所

在国际上，四大国际会计师事务所是指（2010 年数据）：德勤（Deloitte Touche Tohrnatsu，DTT），收入 265.78 亿美元，从业人员 124 000 人。普华永道（Price Waterhouse Coopers，PWC），收入 265.69 亿美元，从业人员 116 935 人。安永（Ernst & Young），收入 213 亿美元，从业人员 99 203 人。毕马威（Klyhveld Peat Marwick Goerdeler，KPMG），收入 206 亿美元，从业人员 93 000 人。

职业状况：会计师事务所的待遇虽低、杂事多，但是在这里能学到很多东西，也能充分锻炼能力。

5. 理财咨询

职业状况：理财咨询是一个方兴未艾的阳光职业，更何况，现在对个人理财咨询职位的招聘需求量正在慢慢放大，并且，随着社会经济结构调整和社会竞争的加剧，以及社会投资渠道的增多和保障制度的改革，社会对这类专业人才的需求量将会越来越大。

薪资情况：个人理财咨询师的待遇会因区域的不同而有所不同，但月薪至少也会在 2000 元以上。并且收入也必将随着经验的增长而增长。

6. 公务员

职业状况：国家机关每年都要招考公务员，对那些从小就有治国理想的大学生是一个很好的机会。如果你喜欢在政府机关工作，并且对公务员这个职业有较浓厚的兴趣，可以在每年毕业前参加公务员招考考试。

薪资情况：待遇好，工作稳定，福利好。

7. 高校教师

职业状况：教师每年有至少 3 个月的带薪假期，还可以享受稳定的福利待遇。如果你从小就有教书育人的志向那就更合适不过了。在选择高校的时候要综合考虑学校的前景，而不要只看重暂时提供的某些条件。建议选择那些在学术上对自己发展有帮助的学校，即使待遇稍微差一点也无妨。考研教育网也认为，女孩子做教师其实是一个不错的选择。

薪资情况：待遇好，工作稳定，福利好。

三、会计学专业（方向）人才职业目标定位

现在会计职业岗位一般有五种：出纳、会计、会计主管、财务经理、财务总监（CFO）。出纳和会计核算岗位是会计职业中的最基本的工作岗位，会计学专业的大学生刚刚毕业时不能好高骛远，一般可以从出纳和会计核算岗位做起。

（一）会计学专业（方向）工作流程

对会计学专业（方向）职业工作流程进行描述。

1. 出纳

出纳工作流程，如图 5 所示。

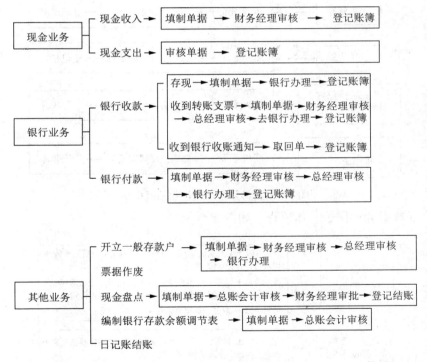

图 5　出纳岗位工作流程图

2. 会计核算岗位

企业根据本单位的规模大小和业务的不同，会计核算岗位一般可以设置为采购核算、销售核算、产品核算、税务核算等会计核算岗位。

（1）采购核算会计岗位工作流程，如图 6 所示。

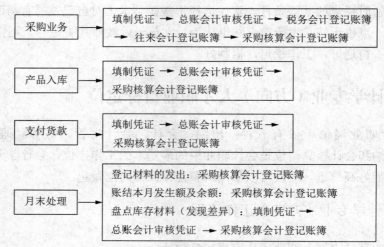

图 6　采购核算会计岗位业务流程图

（2）销售核算会计岗位工作流程，如图 7 所示。

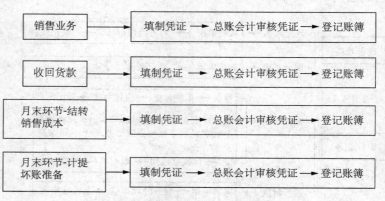

图 7　销售核算会计岗位业务流程图

（3）产品核算会计岗位工作流程，如图 8 所示。

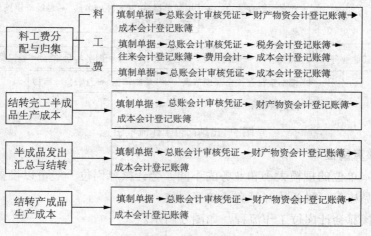

图 8　产品核算会计岗位业务流程图

（4）税务核算会计工作流程，如图 9 所示。

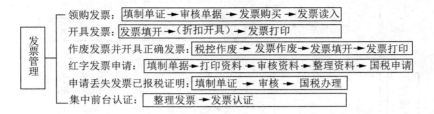

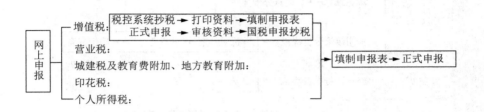

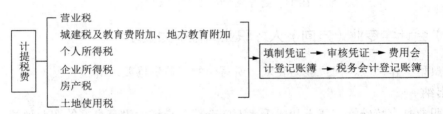

图 9　税务核算会计岗位业务流程图

3. 会计主管（总账会计）岗位

会计主管（总账会计）岗位工作流程，如图 10 所示。

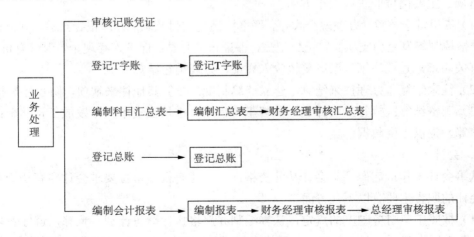

图 10　总账会计岗位业务流程图

4. 财务经理岗位

财务经理岗位工作流程，如图 11 所示。

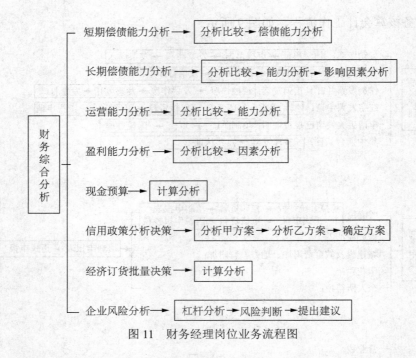

图 11　财务经理岗位业务流程图

（二）会计学专业（方向）人才职业岗位能力要求

包括典型工作岗位、岗位能力要求、所对应的职业资格要求等。

1. 出纳

出纳职业具有特殊性，每天和成千上万的金钱打交道，没有良好的职业道德和政策水平，很难适应市场经济下复杂的社会环境，很难抵制金钱主义的不良影响。此外，如果没有熟悉的专业技能，也不能胜任烦琐细致的出纳工作。并要具有基本的从业资格和良好的职业道德。主要岗位职责有三个方面。

（1）货币资金核算：办理现金收付，严格按规定收付款项；办理银行结算，规范使用支票，严格控制签发空白支票；登记日记账，保证日清月结；保管库存现金，保管有价证券；保管有关印章，登记注销支票；复核收入凭证，办理销售结算。

（2）往来结算：办理往来结算，建立清算制度；核算其他往来款项，防止坏账损失。

（3）工资结算：执行工资计划，监督工资使用；审核工资单据，发放工资奖金；负责工资核算，提供工资数据。

2. 会计

从事会计工作最起码要有会计从业资格证书，还有很多单位要求会计要有初级会计师证，会计的职责主要有以下几方面。

（1）按照国家财务制度的规定，认真编制并严格执行财务计划、预算，遵守各项收入制度、费用开支范围和开支标准，分清资金渠道，合理使用资金，保证完成财政上缴任务。

（2）按照国家会计制度的规定，记账、算账、报账，做到手续完备，内容真实，数字准确，账目清楚，日清月结，按期报账。

（3）按照银行制度的规定，合理使用贷款，加强现金管理，做好结算工作。

（4）按照经济核算原则，定期检查分析财务计划、预算的执行情况，挖掘增收节支的潜力，考核资金使用效果，揭露经济管理中的问题，及时向领导提出建议。

（5）按照国家会计制度的规定，妥善保管会计凭证、账簿、报表等档案资料。

（6）遵守、宣传、维护国家财经制度和财经纪律，与一切违法乱纪行为做斗争。

3．会计主管

会计主管一般要有会计从业资格证并有会计师以上技术资格。要求具备的能力包括以下方面。

（1）贯彻执行国家财税法规政策，参与制定贯彻公司规章制度和有关规定。

（2）组织制订本公司的财务计划，银行借款计划，并组织实施。

（3）负责组织固定资产和资金的核算工作。

（4）负责按国家规定进行严格审查各类有关财务方面的事项，并督促办理解交手续。

（5）负责审查或参与拟订经济合同、协议及其他经济文件。

（6）负责向公司领导和董事会报告财务状况和经营成果，审查对外提供的会计资料。

（7）定期或不定期地向公司领导、董事会，报告各项财务收支和盈亏情况，以便领导进行决策，支持群众参加管理。

（8）负责组织会计人员学习政治理论和业务技术。

（9）负责会计人员考核，参与会计人员的任用和调配。

（10）参加生产经营会议，参与经营决策。

4．财务经理

主要负责以下工作。

（1）负责主持本部门的全面工作，组织并督促部门人员全面完成本部门职责范围内的各项工作任务。

（2）贯彻落实本部门岗位责任制和工作标准，密切与生产、营销、计划等部门的工作联系，加强与有关部门的协作配合工作。

（3）负责组织《会计法》及地方政府有关财务工作法律法规的贯彻落实。

（4）负责组织公司财务管理制度、会计成本核算规程、成本管理会计监督及其有关的财务专项管理制度的拟订、修改、补充和实施。

（5）帮助领导编制公司财务计划、审查财务计划。拟订资金筹措和使用方案，全面平衡资金，开辟财源，加速资金周转，提高资金使用效率。

（6）组织本部门按上级规定和要求编制财务决算工作。

（7）负责组织公司的成本管理工作。进行成本预测、控制、核算、分析和考核，降低消耗、节约费用，提高赢利水平，确保公司利润指标的完成。

（8）负责建立和完善公司财务稽核、审计内部控制制度，监督其执行情况。

（9）审查公司经营计划及各项经济合同，并认真监督其执行，参与公司技术、经营及产品开发、基本建设、技术改造和其他项目的经济效益的审议。

（10）参与审查产品价格、工资、资金及其涉及财务收支的各种方案。

（11）组织考核、分析公司经营成果，提出可行的建议和措施。

（12）负责财会人员的业务培训。规划会计机构、会计专业职务的设置和会计人员的配备，组织会计人员培训和考核，坚持会计人员依法行使职权。

（13）负责向公司总经理、主管汇报财务状况和经营成果。定期或不定期汇报各项财务收支和盈亏情况，以便领导及时进行决策。

（14）有权向主管领导提议下属人选，并对其工作考核评价。

（15）完成公司领导交办的其他工作任务。

❓ 想一想　做一做

（1）高考后填报志愿时，你了解自己现在所学的专业吗？＿＿＿＿＿＿＿＿＿
＿＿＿＿＿＿＿，喜欢吗？＿＿＿＿＿＿＿，你所学的专业是你自己选择的还是调剂的？＿＿＿
＿＿＿＿＿＿＿＿＿＿＿＿＿＿＿＿＿＿＿＿＿＿＿＿＿＿＿＿＿＿＿＿。

（2）学习本主题后，你需要认真思考和调研以下几个问题。

怎么理解专业＿＿＿＿＿＿＿＿＿＿＿＿＿＿＿＿＿＿＿＿＿＿＿＿＿＿＿。

我的专业是什么？＿＿＿＿＿＿＿＿＿＿＿＿＿＿＿＿＿＿＿＿＿＿＿。

我的专业学什么？＿＿＿＿＿＿＿＿＿＿＿＿＿＿＿＿＿＿＿＿＿＿＿。

我的专业的就业出路？＿＿＿＿＿＿＿＿＿＿＿＿＿＿＿＿＿＿＿＿＿。

我的专业要求的通用素质？＿＿＿＿＿＿＿＿＿＿＿＿＿＿＿＿＿＿＿。

我的专业的一流人才都有谁？＿＿＿＿＿＿＿＿＿＿＿＿＿＿＿＿＿＿。

我的专业的相关专业是什么？＿＿＿＿＿＿＿＿＿＿＿＿＿＿＿＿＿＿。

我的专业的学习资源有哪些？＿＿＿＿＿＿＿＿＿＿＿＿＿＿＿＿＿＿。

我的专业发展趋势怎么样？＿＿＿＿＿＿＿＿＿＿＿＿＿＿＿＿＿＿＿。

我能不能采访几个专业的成功人士？＿＿＿＿＿＿＿＿＿＿＿＿＿＿＿。

（3）结合本主题学习及你对以上问题的思考调研，谈谈你对自己所学专业及未来就业前景、职业岗位的认识。

＿＿＿＿＿＿＿＿＿＿＿＿＿＿＿＿＿＿＿＿＿＿＿＿＿＿＿＿＿＿＿＿＿＿＿

＿＿＿＿＿＿＿＿＿＿＿＿＿＿＿＿＿＿＿＿＿＿＿＿＿＿＿＿＿＿＿＿＿＿＿

＿＿＿＿＿＿＿＿＿＿＿＿＿＿＿＿＿＿＿＿＿＿＿＿＿＿＿＿＿＿＿＿＿＿＿

＿＿＿＿＿＿＿＿＿＿＿＿＿＿＿＿＿＿＿＿＿＿＿＿＿＿＿＿＿＿＿＿＿＿＿

＿＿＿＿＿＿＿＿＿＿＿＿＿＿＿＿＿＿＿＿＿＿＿＿＿＿＿＿＿＿＿＿＿＿＿

＿＿＿＿＿＿＿＿＿＿＿＿＿＿＿＿＿＿＿＿＿＿＿＿＿＿＿＿＿＿＿＿＿＿＿

＿＿＿＿＿＿＿＿＿＿＿＿＿＿＿＿＿＿＿＿＿＿＿＿＿＿＿＿＿＿＿＿＿＿。

第四讲　专业（方向）人才培养方案介绍

在明确了你的专业的社会需求后，那么，作为一名新生，在大学经过4年的专业学习，要达到怎样的要求才能顺利毕业呢？大学生需要了解自己所学专业的人才培养方案，明确本专业（方向）的培养目标和培养规格要求。

主题：我的专业人才培养方案

一、关于高等职业教育人才培养的几个基本概念

（一）什么是人才培养方案？

人才培养方案是指在一定的现代教育理论、教育思想指导下，按照特定的培养目标和人才规格，以相对稳定的教学内容和课程体系，教学管理制度和评估方式，实施人才教育的过程的总和。是高校人才培养目标、基本规格及培养过程和方式的总体设计，是学校保证教学质量的基本教学文件，是组织教学过程、安排教学任务、确定教学编制的基本依据。主要内容包括：① 培养目标和规格；② 为实现一定的培养目标和规格的整个教育过程；③ 为实现这一过程的一整套管理和评估制度；④ 与之相匹配的科学的教学方式、方法和手段。如果以简化的公式表示，即目标＋过程与方式（教学内容和课程＋管理和评估制度＋教学方式和方法）。可见，人才培养方案是高等院校实施人才培养工作的根本性指导文件，是组织教学过程、进行教学改革的主要依据。

因此，人才培养方案是高等院校关系到教学质量、人才培养规格、教学过程组织、教学任务安排的校纲领性文件；是学校定位、办学指导思想、办学思路、人才培养模式、办学特色和专业培养方向的重要体现，是组织和管理教学过程的基本依据。

专业人才培养方案是对于学生德智体美全面发展，知识、能力、素质全面培养过程的整体设计，特别是培养方案中的人才培养目标、规格的定位、课程体系的设置与改革和教学过程的安排（突出实践教学）。

每个专业的人才培养方案具有相对稳定性，又要根据经济、科技、文化和社会发展的新情况，适时进行调整和修订。也就是说，各专业人才培养方案的制定应紧密结合社会经济的发展状况、人才需求特点、规格和岗位的要求等进行设计。应经过广泛深入的调研，可聘请一些在本专业长期工作的企事业人员、学校教师和管理干部共同制定，并参与人才培养的全过程。人才培养方案一经确定，必须认真组织实施。

（二）什么是人才培养目标？

人才培养目标指的是人才培养的规格与标准，它是整个教学工作的出发点与归宿。

高等职业教育的培养目标是培养拥护党的基本路线，适应生产、建设、管理、服务一线需要，德智体美等全面发展的高等技术应用性人才（高技能人才）；大学生应在具有必备的基础理论知识和专门知识的基础上，重点掌握从事本专业领域实际工作的基本能力和基本技能，具有良好的职业道德和敬业精神。

（三）什么是专业人才培养规格？

专业人才培养规格是指说明本专业大学生应具备的专业知识、专业能力及基本素质等的定性描述及定量标准。高等职业院校人才培养的主要特征体现在五个方面：一是教育类别的职业性；二是教育层次的高等性；三是职业岗位的基层性；四是人才类型的技术性；

五是社会需要的导向性。

（四）什么是人才培养模式?

人才培养模式是指在一定教育思想、教育理论的指导下,为实现一定的人才培养目标,将人才培养活动的基本要素进行组织运行而产生的样式。根据高等职业教育的特点,高等职业人才培养模式就是以直接满足经济和社会发展需要为目标,以培养学生的社会职业能力为主要内容,以教学与生产实践相结合为主要途径和手段的人才培养模式,是学校和用人单位共同确定的具体培养目标、教学内容、培养方式和保障机制的总和。

（五）什么是专业课程体系?

课程是人才培养活动及其模式的实质性要素,是体现教育思想及人才培养目标的载体。专业课程体系是指一个专业所设置课程的相互间的分工和配合构成的体系。是为了完成各专业人才培养目标把教学内容按一定组织结构搭建的支撑结构,是教学内容和教学进程的总和。而系统化就是通过分析、综合,把体系中的各个部分归入一定的顺序,并使各个部分有机的关联,构成支撑框架下的一个或几个子系统。

二、高等职业教育如何提升人才培养质量

国务院总理李克强 2014 年 2 月 26 日主持召开国务院常务会议,部署加快发展现代职业教育。会上明确提出了提升高等职业教育人才培养质量的要求。

（1）大力推动专业设置与产业需求、课程内容与职业标准、教学过程与生产过程"三对接",积极推进学历证书和职业资格证书"双证书"制度,做到学以致用。

（2）开展校企联合招生、联合培养的现代学徒制试点,鼓励中外合作。

（3）完善企业工程技术人员、高技能人才到职业院校担任专兼职教师的政策。

三、专业（方向）人才培养方案介绍示例（以会计学专业为例）

会计学专业（公司金融与财务信息管理）
本科培养方案

一、培养目标

培养系统掌握管理学、经济学相关理论知识,掌握会计、财务管理方法,具备分析和解决会计、财务和金融问题的专业能力,能够在各类企事业单位、证券和金融机构从事财务会计、财务管理与咨询、财务分析、审计等工作的应用型专门人才。

二、业务培养要求

大学生应获得以下几方面的知识和能力。

（1）掌握会计、财务管理的基本理论和基本方法,了解管理学、经济学及本专业的理论前沿和发展趋势,具备分析和解决会计、财务与金融问题等方面的工作能力。

（2）熟悉国家财经方面的政策法规，国际惯例。

（3）具备较强的语言与文字表达能力和人际沟通能力。

（4）具备较强的英语听、说、读、写、译能力和熟练应用计算机的能力，并能进行业务处理。

（5）掌握文献检索、资料查询的基本方法，具有一定的科学研究能力。

（6）接受实践教学的系统训练，具有良好的职业精神，较强的实践能力和创新能力。

（7）鼓励大学生获得与本专业相应的职业资格证书。

三、主干学科

管理学、经济学。

四、课程结构表

如表 1 所示。

表 1　课程结构表

课程类别		课程性质	课程群	应修学分	课程名称（学分）
通识教育模块	通识教育基础课	必修	语言文化与技能课	12	英语听说（4）、综合英语（4）、大学计算机基础（4）
			思想政治理论课	16	中国近代史纲要（2）、思想道德修养与法律基础（3）、马克思主义基本原理（3）、毛泽东思想和中国特色社会主义理论体系概论（6）、形势与政策（2）
			政治思想实践课	1	军事理论与国防教育（军训）（1）
			体育课	4	体育（4）
			自然科学基础课	4	大学文科数学（4）
			生涯规划课	6	职业认知与学习规划（2）、生涯规划与"三生教育"（2）、人文素质训练（2）
	通识教育主干课	必选	职业基本技能课	10	职业礼义（1）、现代办公软件操作技能（2）、汉语言表达职业技能（3）、应用写作基本技能（2）、职业英语听说基本技能（2）
			文化传承与经典导读	14	2～4 学期按要求从 4 个模块中选修 14 学分，具体课程见《云南财经大学 2013 本科培养方案》中的全校通识教育模块主干课（选修）
			哲学智慧与科学思维		
			科技发展与社会进步		
			艺术审美与体验		

续表

课程类别		课程性质	课程群	应修学分	课程名称（学分）
学科基础课模块	学科基础课	必修		27	微观经济学（3）、宏观经济学（3）、管理学（3）、基础会计（3）、现代企业管理与运营（3）、人力资源管理（3）、市场营销学（3）、经济法通论（3）、初级财务管理（3）
	跨专业仿真实训	必修		13	企业运营沙盘（3）、三维仿真运营行为模拟（3）、创业综合模拟（3）、创业经营对抗模拟（4）
	专业主干课	必修		12	会计基础实务（3）、中级财务管理（3）、财务会计（3）、审计学（3）
	专业方向课	必修		10	成本会计（2）、公司金融（2）、财务信息系统（2）、管理会计（2）、会计信息与资本市场（2）
专业课	专业任选课	任选		8	商业保险（1）、证券投资分析（1）、基础会计（强化训练）（1）、金融企业会计（2）、财经法规与会计职业道德（强化训练）（1）、初级会计电算化（强化训练）（2）、经济法基础（强化训练）（2）、初级会计实务（强化训练）（2）、公共基础（强化训练）（2）、个人理财（强化训练）（0.5）、风险管理（强化训练）（0.5）、公司信贷（强化训练）（0.5）、个人贷款（强化训练）（0.5）
	专业见习课	必修		6	职业与专业认知见习（2）、企业运营管理见习（2）、会计专业岗位见习（2）
	专业综合实训课	必修		9	会计学专业综合实训1（4）、会计学专业综合实训2（5）
专业拓展课（全校性选修课）		任选	经济管理类	4	见《云南财经大学2012本科培养方案》中全校性选修课课程结构表，每学期由学生从选课系统中选择修读课程，选修2类共4学分
			法学类		
			人文艺术类		
			科学技术类		
毕业实习与论文		必修	毕业实习	4	毕业实习（4）
			毕业论文	5	毕业实习报告（5）
累　计				165	

五、主要实践性教学环节

　1．校情教育

组织校情教育活动，了解学校和学院的历史、传统、文化、成就及规章制度。旨在帮助大学生熟悉并融入大学生活，认识专业内涵。

　2．国防教育

在暑假，参加学校统一安排的两周军训。

　3．职业生涯开发与管理

组织完成职业认知见习、职业生涯教育与实践活动，了解自我和社会环境，以学习与成长成才为核心，规划好未来的职业生涯发展历程。

　4．专业见习与毕业实习

组织进行相关课程课内模拟实训与演练，到有关工作单位进行实习，按要求提交实习报告。

　5．专业实训

采取集中实践教学方式，组织完成本专业综合性训练；跨专业训练。

　6．认证培训和考试

组织相关职业资格的学习、培训、考试和认证。

　7．人文素质训练与拓展

组织就业指导、读写议辩等方面的教育与训练，拓展大学生的人文素质，提高大学生的就业与创业能力，为未来的职业发展奠定基础。

　8．其他教学实践活动

（1）社会调查（社会实践）：每学期利用一周时间由学院组织或大学生自主开展社会调查与实践活动，要求提交社会实践报告。

（2）技能竞赛：鼓励大学生参加各类国家级、省级、校级的技能大赛。

（3）科研训练：鼓励大学生参与学校、学院SRTP训练。

（4）勤工助学：鼓励大学生在保证安全的前提下，利用课余时间积极主动地参加校内外各种勤工助学活动。

（5）劳动锻炼：组织生产劳动、公益劳动锻炼。

（6）体育锻炼：组织体育课学习，鼓励参加各级体育比赛，以锻炼身体、增强意志。

（7）业界讲座：邀请业界精英进行不定期的专题讲座。

　六、学制

3～6年。

　七、授予学位

管理学学士。

　八、会计学专业（公司金融与财务信息管理）教学计划

略。

　九、会计学专业职业资格证要求

会计学专业职业资格考试主要分两类：一类为会计从业资格考试，一类为会计专业技术资格考试。会计从业资格证是从事会计工作人员的必备上岗证书；会计专业技术资格是指担任会计专业职务的任职资格，分为初级资格、中级资格和高级资格。

（一）会计从业资格证

会计从业资格证是从事会计工作人员的必备上岗证书，在申报参加考试的时候需要满足怎样的条件呢？

只要是符合《会计法》《会计从业资格管理办法》等有关法律、法规规定，申请取得会计从业资格证的人员，均可报名考试。

（1）坚持原则，具备良好的道德品质。

（2）遵守国家法律、法规。

（3）具备一定的会计专业知识和技能。

（4）热爱会计工作，秉公办事。

被吊销会计从业资格证书的人员，符合重新申请取得会计从业资格条件的，均须参加会计从业资格考试。

（5）本专业应届毕业生可免试《会计基础》《会计电算化》科目。

云南省会计从业资格的考试时间一年分上半年和下半年两次进行，实行的是机考（无纸化考试），上半年的报名时间是每年的 12 月报名，考试时间是次年 3 月；下半年的报名时间是每年的 6 月，考试时间是 9 月。考试科目一共有三科:《基础会计》《会计电算化》《职业道德与会计法规》，如果在学校期间学的是会计专业，在毕业两年之内可以凭毕业证书到财政局免试两科，只考《职业道德与会计法规》，如果在两年内之没有考取会计从业资格证，那么两年之后三科都必须考。

（二）会计专业技术资格

会计专业职务是区别会计人员业务技能的技术等级。会计专业职务分为高级会计师、会计师、助理会计师。高级会计师为高级职务，会计师为中级职务，助理会计师为初级职务。高级会计师资格实行考试与评审相结合制度。

1. 报考条件

会计专业技术资格考试报名条件表，如表 2 所示。

表2　会计专业技术资格考试报名条件对照表

级别	学历 考试科目	高中	中专	大专	本科	双学士学位 研究生班 毕业	硕士 学位	博士 学位
初级	经济法基础	基本 条件	基本 条件	基本条件	基本条件	基本条件	基本条件	基本条件
	初级会计实务							
中级	财务管理			1. 基本条件 2. 从事会计工作满5年	1. 基本条件 2. 从事会计工作满4年	1. 基本条件 2. 从事会计工作满2年	1. 基本条件 2. 从事会计工作满1年	1. 基本条件
	中级会计实务							
	经济法							
基本条件	1. 坚持原则，具备良好的职业道德品质 2. 认真执行《中华人民共和国会计法》和国家统一的会计制度，以及有关财经法律、法规、规章制度，无严重违反财经纪律的行为 3. 履行岗位职责，热爱本职工作 4. 具备会计从业资格，持有会计从业资格证书							

2．报名时间和考试时间

2013 年度全国会计专业技术资格考试网上报名时间定于 2014 年 4 月 8 日至 4 月 27 日，现场资格审核和网上缴费时间定于 2014 年 4 月 22 日至 4 月 29 日。全国会计资格考试网上报名各省考生必须通过全国会计资格评价网（kzp.mof.gov.cn）进行报名。考试分别于 2014 年 9 月 20 ～ 24 日和 27 日举行，《初级会计实务》科目考试时间为 2 小时，《经济法基础》科目考试时间为 1.5 小时，两个科目考试时间共计 3.5 小时。两个科目连续考试，分别计算考试成绩。

（三）大学英语四、六级考试

大学英语四、六级考试作为一项全国性的教学考试，由国家教育部高教司主办，其目的是对大学生的实际英语能力进行客观、准确的测量，为大学英语教学提供测评服务。

四级考试（CET-4）和六级考试（CET-6），每年各举行两次。笔试在每年 6 月和 12 月各一次；从 2005 年 1 月起，成绩满分为 710 分，凡考试成绩在 425 分以上的考生，由国家教育部高教司委托"全国大学英语四六级考试委员会"发给成绩单。

从 2013 年 12 月份的考试起，四、六级考试的试卷结构和测试题型将进行局部调整。调整后，完形填空取消，翻译题由单句翻译变成与考研题相同的整段翻译，分值提升 15 分。

（四）其他相关资格证

除会计专业从业资格证书和会计专业技术资格证书的考试以外，会计学专业学生为了扩大就业的途径，还可以考虑考取银行从业资格证和证券从业资格证。

十、如何学好会计学专业

（一）了解课程之间的联系

会计学专业的很多课程是交叉的，是相互联系的，比如，高等数学，其中的微积分就是学习经济学的基础，如果学不好，恐怕到学习经济学的时候会相当吃力。另外专业基础课《基础会计》是学好财务会计、财务管理、专业外语和审计的基础。总之，会计学专业的课程是一环扣一环，你学的时候也许不经意，但是等都学完了，就发现他们之间的联系了，所以希望大家能提前做好准备，认真学好每一门课，打下牢固的专业基础，为以后的就业做好准备。

（二）增加自己实践的机会

如果有机会，可以利用假期到单位去实习，对会计有一个感性的认识，会计学专业是一门实践性很强的学科，对专业人员的实际操作能力要求十分严格。很多大学生毕业之后，到了单位甚至连最简单的现金日记账或者银行存款日记账都不会登记，甚至连转账支票都填不好，所以希望大家能创造实践的机会，在实践中锻炼自己的业务能力和动手能力。另外，学校课程的中也有会计基础模拟，就是教会大家如何进行手工记账的操作，为大家以后的就业打基础。

很多人有误区，就是认为会计就是账房先生，其实会计发展到今天，它的职能已经超过了这个概念，会计绝不仅仅是记录、核算和监督，而是要为企业内部的管理层或者外部的信息使用者做决策提供必要的数据，因此会计也具备了预测、计划、决策的职能，这就要求大学生还要学习一些有关法律、管理等相关的知识。

会计这个职业最开始是从"出纳"开始做起的，如果你积累了很丰富的经验，就能做到财务经理的位置上，就能统筹代表公司与税务局、银行接触，所以大学生在校期间，应该注重自己在这方面的培养。

十一、如何做好职业生涯规划

（一）从大学生到职业人——前 3 年

刚走出校门，一切都是新鲜的，一切又都是陌生的，学校时的豪情和对美好未来的憧憬与现实社会的差距会使大学生有很大的失落感。毕竟，一个真正的职业人需要更全面的打造，需要重新认识社会、认识职业、认识工作。前 3 年的工作是基础，是认识社会的第一步，正确的心态、务实的学习总结、良好的习惯是这一时期需要注意的。有很多大学生因为第一个职业选择的不恰当，造成心理阴影，从而造成了对工作的偏见和失望，不能以积极的心态面对工作。

很多大学生进入社会都是从出纳做起的，从管理货币资金、票据、有价证券等的进进出出、填制和审核许多原始凭证做起，这些都是会计的基础工作。做好出纳工作并不是一件很容易的事，它要求出纳员要有全面精通的政策水平，熟练高超的业务技能，严谨细致的工作作风，以及良好的职业道德修养。然后，再做到会计的岗位，此时，自己的知识结构就应该及时作出调整，从原先的基础工作调整到会计核算和会计监督的职能上，学习职业素养的完善、人脉关系的理解、团队协作的意识等。一个职业人，最基本的职业素养就是职业化、职业诚信及职业口碑。

前 3 年的工作时间，着重放在基础工作的夯实上。全面、扎实的做好本职工作，认真研究本行业的特点，养成良好的学习、工作、生活习惯，培养自己的人脉意识，学会有效的沟通，培养自己的职业人意识，这些基础知识都是对以后进一步发展具有决定性作用的，这也是实现从一个大学生到职业人的转变的重要条件。

（二）从普通会计到财务经理——第二个 3 年

第一个 3 年过去之后，基础工作已经基本熟悉，基本的职业素养也已养成，就会面临第二次的改变，也是自己职业生涯的第二部分。

第二个 3 年，应该逐步从普通会计的角色转变到管理者的角色。也就是从普通会计到财务经理的转变，第一个 3 年的锻炼，基本的业务知识已经熟练，可以胜任自己的岗位。但是从提升的路线来看，要想获得进一步的发展，必须调整自己的知识结构，补充下一步发展所需的知识。

财务经理是专业性较强的工作，一般会计师事务所都需要这样的人才，但现代企业对财务管理的要求越来越高，财务经理不但要有丰富的专业知识，还要懂得代理记账的业务，熟悉企业全面的经营管理工作，并积极介入企业各项决策之中，这样的角色使很多习惯于传统会计角色的财务人员不太适应。

所以做一个现代的财务经理必须掌握更加全面的知识，基本的理财能力、沟通能力、领导能力、财务决策能力、协作能力、时间管理能力、创新能力、学习总结能力等，构筑出一个优秀的财务经理的能力结构。

首先就是管理意识的培养，站在一个管理者的角度上看财务，角度的不同，侧重点也相应地不同。如何协调上下级的关系，如何打造、培养团队，如何辅助 CEO 做决策、当好参谋，都是这一时期重点要锻炼和培养的。

其次就是在自身的学习总结上，及时地总结成功的经验和失败的教训，不停的改进工作中的问题，不停的进步。第二个3年的时间，专业知识仍然很重要，但是综合素质的提升却是起到决定性因素的原因，一个优秀的财务经理首先是此领域的专家，其次是一个优秀的管理者。

（三）从财务经理到财务总监——第三个3年

财务总监是财务人员在职业生涯上成功的一个象征，不仅意味着高职位、高待遇，而且一直是人才市场上的"抢手货"。许多从事财会的工作人员都将财务总监作为自己的职业发展目标。

国际上通常把企业财务部门一把手称为财务总监。财务总监要全面管理和领导企业财务工作，为企业赢利提供理性的决策依据，对企业的财务工作承担主要责任。财务总监作为财务领域的高层人才，必须具备哪些综合素质呢？管理和领导财务工作的能力、社会资源优势和敬业精神是财务总监必备的综合素质。财务总监必须擅长11种管理能力，即财务组织建设能力、企业内控建设能力、筹措资金能力、投资分析决策和管理能力、税务筹划能力、财务预算能力、成本费用控制能力、分析能力、财务外事能力、财务预警能力和社会资源能力。

在这一时期，综合素质往往对职业生涯的进一步发展起到决定性的作用，一个优秀的财务总监，必须具备较高的综合管理能力及资源整合能力。这也是实现从财务主管到财务总监这一飞跃的必备条件。财务总监担任的不仅仅是企业财务负责人的角色，还是一个企业决策者的角色。

或许9年的时间太短，从一个学生到财务总监，或许是一段遥远的路，但是认清自己的知识结构，制定好适合自己的发展规划和奋斗目标，再加上每一天不懈的努力，每个人都会经历从优秀到卓越的过程，每个人都会收获累累硕果！

十二、对大家的期望

自我认识，也是自己对就业所做的准备。随着就业形势的日益严峻，面对日益激烈的社会竞争，再加上以上对当前形势和周围环境及会计专业就业前景的分析，应深深地认识到：作为当代大学生，必须要有危机感、紧迫感和竞争意识，必须从大一开始，就要努力地为就业做好准备！

（1）坚持课内学习与课外学习相结合，主动参加丰富多彩的职业体验实践活动。

努力学好专业知识，懂应用，能应用；加强计算机运用能力，提高计算机操作水平；把英语学好，尤其是要把会计专业英语学好；并多阅读一些关于介绍会计、审计项目及团队协作的书籍，多上网或听一些有关会计方面的讲座。假期实习，通过各种社会关系寻找实习机会，增加自己实践等方面的经验。

（2）关心国内国外大事和社会经济发展的趋势，保持积极乐观向上的发展观。

把握好国内国外大事和经济发展的趋势，及时了解就业信息和就业形势，有利于比别人早一步、快一步地做好各项准备！

（3）刻苦学习，掌握求职择业中的基本方法和技能，并积极进行心理调适，以良好的心理素质来面对激烈的就业挑战！

（4）个人事业的成功不仅要靠专业知识，更要靠人际关系和处世技巧。因此，大学生在考虑了自己内外兼有的性格之后，还要不断地要求自己去加强个性修养，培养广泛的人际交往能力，搞好同学、朋友等方面的关系。

（5）不断地提高思想道德修养。

大学生要不断地加强思想道德尤其是诚信意识，不断加强团队意识、领先意识、竞争意识和提高自己各方面的创新能力。

十三、结束语

当今社会，竞争越演越烈。作为当代大学生，尤其是作为中华职业学院的一员，你们不仅要提高自己的专业水平、英语水平、计算机操作水平、创新能力、综合素质、团队意识、领先意识和竞争意识，而且更要经常反思自己，经常评估自己的能力，与自己的目标、与周围的同学做纵向和横向的对比，不断地去完善自我。了解自我和社会环境，以学习与成长成才为核心，规划好未来的职业生涯。

❓ 想一想　做一做

（1）你的专业人才培养目标是＿＿＿＿＿＿＿＿＿＿＿＿＿＿＿＿＿＿＿＿

＿＿＿＿＿＿＿＿＿＿＿＿＿＿＿＿＿＿＿＿＿＿＿＿＿＿＿＿＿＿＿＿＿＿

＿＿＿＿＿＿＿＿＿＿＿＿＿＿＿＿＿＿＿＿＿＿＿＿＿＿＿＿＿＿＿＿。

培养的业务规格是＿＿＿＿＿＿＿＿＿＿＿＿＿＿＿＿＿＿＿＿＿＿＿＿＿

＿＿＿＿＿＿＿＿＿＿＿＿＿＿＿＿＿＿＿＿＿＿＿＿＿＿＿＿＿＿＿＿＿＿

＿＿＿＿＿＿＿＿＿＿＿＿＿＿＿＿＿＿＿＿＿＿＿＿＿＿＿＿＿＿＿＿＿＿

＿＿＿＿＿＿＿＿＿＿＿＿＿＿＿＿＿＿＿＿＿＿＿＿＿＿＿＿＿＿＿＿＿＿

＿＿＿＿＿＿＿＿＿＿＿＿＿＿＿＿＿＿＿＿＿＿＿＿＿＿＿＿＿＿＿＿＿＿

＿＿＿＿＿＿＿＿＿＿＿＿＿＿＿＿＿＿＿＿＿＿＿＿＿＿＿＿＿＿＿＿＿。

（2）你的专业属于＿＿＿＿＿＿＿学科，毕业时你最低要取得＿＿＿＿＿个学分，其中必修＿＿＿＿＿＿个，选修＿＿＿＿＿＿个；你要取得哪些职业资格证书？

＿＿＿＿＿＿＿＿＿＿＿＿＿＿＿＿＿＿；要通过哪些职业基本技能测试？＿＿＿＿＿＿

＿＿＿＿＿＿＿＿＿＿＿＿＿＿＿＿＿＿＿＿＿＿＿＿＿＿＿＿＿＿＿＿＿＿

＿＿＿＿＿＿＿＿＿＿＿＿＿＿＿＿＿＿＿＿＿＿＿＿＿＿＿＿＿＿＿＿＿。

要获得哪些实践证书？＿＿＿＿＿＿＿＿＿＿＿＿＿＿＿＿＿＿＿＿＿＿＿＿

＿＿＿＿＿＿＿＿＿＿＿＿＿＿＿＿＿＿＿＿＿＿＿＿＿＿＿＿＿＿＿＿＿＿

＿＿＿＿＿＿＿＿＿＿＿＿＿＿＿＿＿＿＿＿＿＿＿＿＿＿＿＿＿＿＿＿＿。

（3）你的专业主要学科基础课程是＿＿＿＿＿＿＿＿＿＿＿＿＿＿＿＿＿＿

＿＿＿＿＿＿＿＿＿＿＿＿＿＿＿＿＿＿＿＿＿＿＿＿＿＿＿＿＿＿＿＿＿＿

　　　　　　　　　　　　　　　　　　　　　　　　　　　　　　　　　。

　　你的专业主干课程是_____

_____

_____。

　　方向课程是_____

_____

_____。

　　你的专业主要实践教学课程包括_____

_____

_____。

　　（4）中华职业学院的课程特色体现在哪些方面？_____

_____

_____

_____。

🎯 沙场练兵

专项实践作业：

以专业班级为单位，组织举行"我爱我的专业"主题演讲比赛。

📰 拓展阅读

中国空前升级职业教育以适应未来国际竞争[①]

　　美国《未来学家》杂志在 2008 年进行的未来十大预测中，有这样一项：就业市场与职场技能的快速发展要求每一名员工都重新接受职业教育。

　　这种趋势正在今天的中国变成现实。这个世界上人口最多的国家，将目光聚焦到曾长期未获足够重视的职业教育上，进行了一系列的国家顶层设计，对以往教育体系产生颠覆性变革，而这亦是中国为建成一流强国进行的人才储备。

　　中国政府于 2014 年 6 月 23、24 日召开了改革开放以来第三次全国职业教育工作会议。国务院印发了《关于加快发展现代职业教育的决定》，多部委联合发布了《现代职业教育

_____

① 　资料来源：《职业教育观察》2014 年第 18 期。

体系建设规划（2014—2020年）》。

按照规划，2015年，中国应初步形成现代职业教育体系框架；到2020年，中国将形成"具有中国特色、世界水平的现代职业教育体系"。

职业教育关乎国家经济转型和竞争力提升，关乎亿万劳动力就业；不仅是教育问题，更是重大民生问题和经济发展问题。

接受新华社记者采访的教育界人士认为，全面升级职业教育，是中国对市场经济转轨、产业升级、城镇化转型、信息技术进步和国际化竞争环境变化作出的因应与革新，从根本上改变了教育观念和体制，是中国为适应未来世界发展迈出的重要一步。

工业化的发展，让原来的中职、高职毕业生逐渐跟不上时代发展。中国经济面临转型，亟须可以把理论研究转化为生产力的高端应用型职业技术人才。

"从唯学历、唯理论研究，到唯职业、唯实用、唯技术和技能的人才培养要求；从中职到高职到应用本科的现代职业教育体系构建，将直接为国家未来发展储备所需人才。"沈阳市装备制造工程学校党委书记杨克这样认为。

沈阳矿务局中学高三毕业生牛萌萌把第一志愿瞄准了辽宁省交通高等专科学校，尽管她446分的高考分数，比本科三批录取线高出了60多分。

"以往家长往往认为，孩子上本科才有面子，其实学一门过硬的技术反而更好就业。"牛萌萌对当下大学毕业生就业难的形势有所耳闻，她也很清楚自己未来的志向所在——汽车营销和城市轨道交通运营专业。

教育部透露，600多所地方本科高校将向应用技术、职业教育转型。打通中职、专科、本科到研究生的上升通道，是中国现代职业教育体系建设的重要突破。

职业教育与普通教育相通，为职教生提供了更多元的选择，打破了成长"天花板"。牛萌萌对自己的未来充满信心，"如果想进一步发展，还可以报考本科、硕士"。

这也意味着，技能型教育未来将与学术型教育并行发展，中国将形成高中低搭配的科技创新体系。

此举的意义绝不仅是一种教育结构的战略调整。科技是第一生产力，人才是科技的支撑，而青年是创新的重要力量。中国教育改革的背后，是对青少年创新思维开发、创新能力培养前所未有的重视。

辽宁省教育厅职称处处长章雪冬说，未来的学习不应只发生在传统的大学课堂上，而更应反映在学生用自己的双手去解决实际问题的能力，以及是否有各种创造性成果上。

而这正是一直以来中国落后于西方发达国家的一个方面。尽管经济总量已跃居世界第二，但生产力总体水平仍然不高。创新能力、研发能力、产业转化能力等方面与发达国家的差距，直接影响了中国未来经济长远发展、转型升级的成败。

在海外，职业教育并非考不上一流大学退而求其次的"备胎"。从美国雄心勃勃的"学徒计划"，到日本的高技术实践人才培养战略；从瑞士的"双轨模式"，到德国的"学校 – 企业双元制"职教培训体系，各国对职业教育的战略性重视和孜孜不倦的探索，也推动了其经济社会的跨越式发展。

2013年，欧盟各国在柏林召开首次青年就业会议，形成了加强职业教育的重要共识。韩国、新加坡等亚洲国家，以及俄罗斯、巴西等金砖国家，纷纷加大对职业教育的投入和改革力度。

如果说这些是促成中国职教改革的外部竞争压力，那么来自内部的就业结构矛盾等问题则是根本原因。为了实现 13 多亿人的现代化，中国提出走新型工业化、信息化、城镇化、农业现代化"新四化同步"的"并联式"发展道路。未来，更多农民带着知识技能转化为新市民、新型产业工人，都对职业教育提出了很高的要求。

业内人士指出，中国要抓住深化改革的机遇，确保自己的全球竞争力，实现经济从中高速到中高端的成功转型，除了借鉴西方发达国家的先进技术和经验，更应为自己注入血液和活水。

人才，是血液和活水的细胞。获得相应技能的职校学生，在进入生产和服务部门后，将成为支撑实体经济持续发展和战略转型产业大军的主体力量。

全国总工会预测，中国技工缺口至少在 2200 万～3300 万。

在中国深化改革的元年，中央政府意识到了这个问题，从顶层设计着手，将职业教育改革提升为当前教育改革发展的起点和关键。

习近平总书记就加快职业教育发展作出重要指示，他强调，职业教育是国民教育体系和人力资源开发的重要组成部分，是广大青年打开通往成功成才大门的重要途径，肩负着培养多样化人才、传承技术技能、促进就业创业的重要职责，必须高度重视、加快发展。

国务院总理李克强说："让千千万万拥有较强动手和服务能力的人才进入劳动大军，使'中国制造'更多走向'优质制造''精品制造'，使中国服务塑造新优势、迈上新台阶。"

中国正在为职业教育构筑多重制度保障，必将提升职业教育质量，释放"人才红利"，激活发展动力。

不过，中国职业教育改革的路还很长，不仅要从内部重视强化，也需要放眼海外，借鉴世界经验。

美国职业教育的历史可以追溯到 1862 年初步构建的职业教育体系，为了适应新兴和高科技行业的用人需求，至今仍在不断调试的过程中，包括斯坦福大学在内的一些世界顶级研究型高校，开始通过互联网开展高新技术的职业教育。

各国对职业教育也报以支持态度。雇主们更看重的，是学生是否具有能让企业受益的技能，而非身上是否贴着名校标签。

慕贝尔汽车部件（太仓）有限公司东亚区总经理安捷曾经在德国接受职业教育，他说，在德国，上职校只是一种选择，职业教育与普通教育是等值的，两者可以互通，没有高下之分。

而中国传统职业教育以职业学校为主，企业参与度不高，毕业生缺乏较高的职业素养，动手能力不高，在劳动力市场上处于劣势地位；社会对职业学校学生的支持与信任都不足。

2014 年毕业季，中国将有 800 多万学生从中职、高职、技师学院等职业院校毕业。根据规划，到 2015 年，中等职业教育在校生数将达到 2250 万人，专科层次职业教育在校生数达到 1390 万人。

即将走向一线岗位的毕业生冒志敏，在毕业留言上写道："所学即所用，中国职业教育未来可期，相信我们不会和时代脱节。"

职业教育现代学徒制试点的若干思考[①]

一、引言

2014 年 2 月 26 日，国务院常务会议部署了加快发展现代职业教育，并确定了具体的任务措施，其中提出"开展校企联合招生、联合培养的现代学徒制试点"。本文认为，试点是对现代职业教育发展、高素质技能型人才培养模式创新和深化校企合作等提出的重要课题。当今在我国推进现代学徒制试点工作，政行企校学（生）对如何开展现代学徒制工作还没有形成共识，由此引发的政府与行业、行业与企业、企业与学校、学校与学生间的失调，特别是行业、企业、学生参与的积极性不高，导致了现代学徒制试点的困难，基于国务院常务会议对现代学徒制试点的提出，现代学徒制已成为政府、企业和学校重点关注和研究的热门话题和迫切需要解决的问题。

在总结产教融合、校企合作、工学结合、双师育人的基础上，认真研究现代学徒制的定义与内涵，结合我国现代职业教育的实际情况，创新以政府主导、行业指导、校企为主体、学生积极参加的现代学徒制形式的人才培养模式。在明确各职业院校的服务面向与服务域基础上，以建立校企联合招生招工为突破口，以建立稳定的"双师"（教师与师傅）联合传授知识与技能为关键，以工学交替、实岗育人为基础，以加强技术技能型人才培养模式改革创新为重点，以提高专业与行业契合度，以及学生就业岗位与企业需求岗位相适应为核心，推进现代学徒制招生招工、产教结合、校企融合、双师建设、课程体系构建、学徒学籍管理、教学管理和质量监控评价等改革与创新，提升职业院校人才培养质量和专业服务产业的能力，推动现代学徒制试点的不断深入。

二、何谓现代学徒制

（一）现代学徒制定义

现代学徒制是传统学徒培训与现代职业教育相结合，学校与企业联合招生招工，教师与师傅联合传授知识技能，工学交替、实岗育人，校企联合培养行业、企业需要的高素质技能型人才的一种职业教育制度。

（二）现代学徒制内涵

现代学徒制是产教融合的基本制度载体和有效实现形式，也是国际上职业教育发展的基本趋势和主导模式。我国开展现代学徒制试点，就是通过试点旨在解决校企共同育人，培养行业企业需要的高素质技能型人才。

按照企业需求开展校企联合招生，建立现代学徒制体制，对学生进行双重教育与双重管理。学生在校学习时既是学校学生，又是企业的学徒工，形成专业设置与产业需求、课程内容与职业标准、教学过程与生产过程"三对接"，以提高技能型人才培养的针对性与有效性。在学生毕业（学徒结束）时，实行"双证书"制度（学历证书＋职业资格证书），以及现代学徒制技术技能积累制度；着力解决合作企业对高素质技能型人才的缺失问题。

按照企业需求开展校企联合培养，建立校企双元育人的现代学徒制人才培养模式。学

---

① 资料来源：梁幸平，中国高职高专教育网，2014 年 3 月 10 日。

校与企业为学生提供更为宽广的学习与就业选择空间，学生在校学习期间，可根据职业岗位能力目标的不同，选择育人企业不同岗位学习。通过教师与师傅联合传授知识和技能，工学交替、实岗育人，校企建立联合培养的管理体制、运行机制和条件保障等，共同制定校企双元育人的人才培养方案、课程体系、学籍管理办法、各项制度标准、考核评价体系等，创新职业教育人才培养模式。

三、现代学徒制体制及机制构建

（一）现代学徒制体制构建

1. 构建校企双元育人体制

在我国现行的职业教育管理体制下，职业院校与大型企业、成长型企业或用人需求量大的企业联合，成立校企双元育人领导小组与专项工作组，在行业指导下进行人才需求调查研究，把专业设置、专业建设与行业发展对人才的需求紧密结合起来，提高人才培养的针对性和有效性，校企通过工学结合、工作过程教学、顶岗实习及就业实习等方式，共同推进双元育人体制。校企共同制定联合培养高素质技能型人才培养方案，加强专业建设与课程改革，建成一批具有行业企业特色的专门课程，编写相应教材；打造"双师"团队计划，制定和完善师傅聘用和管理办法，职业院校在合作企业中聘用技术骨干、管理精英高技能人才担任行业、企业专门课程教学或岗位技能指导；制定相应的考核与评价体系，按市场运作的规律，建立需求—培养—供给的人力资源平台，为合作企业及行业输送所需要的各类合格人才，为其生产经营服务。

2. 加强校企双元育人的组织制度建设

校企双元育人领导小组，负责现代学徒制试点中制定和修改规章制度，确定试点专业与岗位，对校企联合招生、联合培养进行决策、规划、统筹、协调等。校企双元育人专项工作组，针对试点专业与岗位，联合开展专业建设、人才培养与服务社会。在此基础上，校企合作不断扩大合作范围和领域，做好学历教育与继续教育，满足学生、企业员工学习深造、终身学习的需要，形成现代学徒制的校企联合培养的长效体制。

（二）现代学徒制机制构建

1. 建立行业、企业与院校联合培养的机制

现代学徒制试点涉及的行业、企业根据发展的需要与相关的职业院校联合组建二级学院（系），由行业、企业、院校管理人员组成领导机构，做好二级学院、系的行政管理，针对行业、企业所需的技能型人才设置相应的专业；由行业、企业、院校技术人员（师傅）、教师组成专兼职教学团队，做好现代学徒制试点专业建设与教育教学改革等工作。其二级学院（系）将经常开展行业、企业的调查与研究，与行业、企业在联合招生、联合培养上积极开展工作，校企共享人才培养、职业培训、服务行业等方面的现代学徒制红利。

2. 建立校企联合培养的学徒机制

校企合作建立"校中厂"或"厂中校"，合作双方按照合作办学者资产所有权与职业院校法人财产权分离的原则，将企业用于教育教学的资产有偿提供给职业院校，建立校内外生产性学徒培训基地，由企业负责管理，并承担学徒指导、顶岗实训全面管理责任，职业院校将支付一定的管理费、耗材费、设备维护费等。学生利用学生与学徒双重身份，通过教室与岗位的学习—实践—再学习—再实践，这种螺旋式学习实训实岗育人机制，让学

生经过教师、师傅的联合传授知识与技能，在毕业后更好更快地进入与胜任相应的职业岗位。

3. 信息反馈机制

校企联合招生、联合培养必须建立一个良好的信息交流和沟通机制，对现代学徒制的运行是非常重要的。校企合作双方要时刻注意市场的变化，做好招生招工计划与安排。在联合培养中及时掌握校企内部的管理现状，及时识别、获取相关的信息，并加以沟通，使专业设置的适应性、课程设置教学的针对性、学徒顶岗实训的有效性能够充分的落实。校企合作的信息反馈机制包括校企双方的资源信息系统、管理信息系统，以及现代学徒制试点中各种信息的及时反馈。信息反馈机制要高效，一旦在现代学徒制试点中有非预期的情况发生，能及时处理相关信息，作出相关的反应。

四、现代学徒制试点策略

现代学徒制试点策略的基本思路：在明确我国现代学徒制的定义与内涵的基础上，采取校企双元育人，建立三个主体，实现四个融合，做好四个落实，开展六共同育人等策略，深化产教融合、校企合作，工学交替、实岗育人。

（一）校企双元育人策略

学校通过与企业签署校企联合培养协议，建立双元育人的培养机制。学生的理论知识与基本技能由职业院校的教师完成教授，学生的职业岗位实际操作知识和技能则由企业师傅进行传、帮、带，实现理论与实践的紧密结合、知识与技能的完全融合。其中由职业院校教师完成的理论知识与基本技能教学由职业院校组织考核，由企业完成的实际操作知识和技能培训则由企业与职业院校共同制订考核标准，并由企业师傅完成对学生的考核，从而实现学生与学徒、教育与培训、考试与考核的"双重培养"模式。

（二）建立三个主体策略

建立校企联合招生招工制度，由职业院校与企业签署校企合作协议，再由企业与现代学徒制试点专业学生签署相应的培养协议，形成职业院校教师、企业师傅、在校学生三个主体共同参与的现代学徒制人才培养方式。三方主体的参与都基于自愿原则，三方主体的利益追求是一致的，即职业院校和企业都希望能培养出，而学生则希望能成长为符合企业职业岗位能力要求的合格高素质技能型人才。利益的一致性使得三方在合作过程中都有动力来履行各自在协议中确定的义务，从而推动现代学徒制在试点专业人才培养中的顺利开展。

（三）实现四个融合策略

在现代学徒制试点中，探索新的学时、学制与教学方式方法，实现教室与岗位、教师与师傅、考试与考核、学历与证书的四个融合。现代学徒制的特点之一就是教室与岗位的合二为一（实岗育人），部分课程的完成和学分的取得必须在企业岗位上通过师傅指导与传授获得，同时，职业院校师资与企业师傅的分工与合作是现代学徒制能发挥应有作用的重要保障（"双师"传授）。现代学徒制更注重企业师傅对学生的传、帮、带，以及师傅对徒弟（学生）最终的考核，没有企业师傅的考核，学生即使毕业了，最终也不能直接上岗，同样，现代学徒制将企业对学生的考核作为人才培养是否成功的标准。学生毕业时企业职业资格证书的取得是学生取得职业院校学历的前提，这里的企业职业资格证书不一定是政府有关部门颁发的，但一定是行业内各同类企业所认可的，因而现代学徒制能够有效地实现学生学历证书与职业资格证书的融合。

（四）做好四个落实策略

校企联合招生招工，使学生在校学习期间，以企业学徒工身份，企业将落实其工龄计算、学徒工资、社保费用、奖学金（创业）基金。现代学徒制的这种学生在校学习即到企业入职的模式，对当前就业比较困难的中高职学生来说极具吸引力，一方面学生如果参与到现代学徒制培养模式中来就解决了毕业后的就业问题，另一方面学徒工资一定程度上减轻了学生家庭的负担。因此做好四个落实是实现现代学徒制的重要保证。

（五）建立六共同的校企联合培养策略

校企联合培养过程中，双方共同制定人才培养方案，共同开发理论课与岗位技能课教材，共同组织理论课与岗位技能课教学，共同制订学生评价与考核标准，共同做好双师（教师与师傅）教学与管理，共同做好学生实训与就业工作。做好六共同是实现校企联合培养，成功建立和完善现代学徒制的具体措施，在六共同中要特别注意企业文化的体现，尤其是在人才培养方案制定、学生评价和考核标准等方面，同时也要注意保护好三方的利益。

五、结论与讨论

相对传统学徒培训，现代学徒制在注重技能传授的同时加强了知识的学习与素质的培养，从形式上的岗位与师傅传授到岗位与教室、师傅与教师联合传授，从传统的就业培训到系统的、规范的职业教育，以及在此基础上的终身教育。本文对职业教育现代学徒制试点的若干思考，从探索的角度指出了现代学徒制的定义与内涵，提出了现代学徒制体制与机制构建的初步设想，以及现代学徒制的五种策略，这对现代学徒制试点具有较强的指导意义。本文思考，有利于各职业院校在现代学徒制试点时，有个基本概念与思路，能更好地发挥各职业院校的优势和作用。成功的试点将推动职业教育由简单的校企合作办学向校企联合培养行业、企业所需高素质技能型人才发展。但是需要补充说明的一点是，现代学徒制定义与内涵是基于国务院常务会议"开展校企联合招生、联合培养的现代学徒制试点"这句话进行界定的，这很可能会使其定义与内涵存在一定局限性，能否科学、准确、全面对我国现代学徒制定义与内涵进行界定，还需要在今后的现代学徒制试点中不断总结完善。

常见的职业或职位对专业技能素质的要求[①]

在众多的职业中，每一种职业都有其自己的特点，对欲从事这一职业的人的素质都有特殊要求，即使是同一职业的不同岗位对人的要求也是不同的。例如，医生，对内科医生的要求不同于外科医生；同样是教师，大学教师与小学教师也有不同之处。下面是几种常见职业对一般专业技能素质的要求。

---

① 张丽英：《科技信息》2009 年第 20 期。

一、领导人才

领导人才在部门或组织中起核心作用，属于决策者，对该部门或组织的发展起着至关重要的作用，领导人才必须具备的职业素质包括以下几个方面。

（1）有创造性，适应快速变化的形势要求，与时俱进，富有创新精神。

（2）知识面广，不仅要有哲学、经济学、管理学、其他社会科学如社会学、心理学、人力资源管理学、教育学、法学、运筹学等方面的知识，还要有历史、地理、文学、外语及现代科技知识素养。

（3）才能卓越，具备较高的记忆、观察和判断力。尤其应具备决策能力、组织指挥能力、团队领导能力、预测能力、随机应变、危机应变处置能力、充分表达思维能力和社交能力等。

（4）性格上要具备勇敢、机智、沉着、顽强等特征。

（5）具有良好的身体素质。

二、管理人才

（一）一般经营管理人才

一般经营管理人才的基本素质特征包括以下几个方面。

（1）能深刻理解党和国家的方针政策，能很好地适应改革开放的形势要求。

（2）有高度的责任感和事业心。

（3）有强烈的市场意识，既是本行业生产的技术内行，又有较宽的知识面。

（4）具有比较强的综合分析能力。

（5）具有果断的处事能力，有较好的控制力。

（6）有及时发现问题、善于捕捉信息及信息沟通能力。

（7）具有良好的决策或辅助决策的能力。

（8）具有良好的谈判和社交能力，机动灵活，随机应变。

（二）企业高级管理人才

美国管理学会调查了 4000 名优秀管理人才，又从中选出 1800 名进行研究，得出的结论是优秀的企业高级管理人才主要具备以下素质。

（1）企业家的特征，如工作效率高，主动进取，不满足于现状。

（2）人事关系处理能力，自信，能帮助他人提高水平。

（3）以自己的行为影响别人。

（4）明智地使用自己的权力，不滥用职权，具有心理学上的成熟个性。

（5）自我克制能力，自动作出决定。

（6）客观的态度，善于听取各方面的意见。

（7）自我认识，能正确地了解自己的能力，能依靠自身努力弥补自己的不足。

（8）勤俭，能灵活地适应艰苦的环境。

（三）行政管理人才

行政管理人才的主要素质特征包括以下几个方面。

（1）能深刻理解并很好地执行党和国家的方针、政策。

（2）具有较强的法制观念和群众观念，纪律性强，富有责任心。

（3）办事公道，富有工作经验，对现代学术知识具有一定的修养。

（4）综合分析能力强，处理能力强，信息沟通能力强，善于表达自己的思想。

（5）善于控制自己和别人，具有比较强的辅助决策能力，善于处理人际关系。

三、工程技术人才

工程技术作为科学领域，虽与科研、生产和生活有着密切的联系，但它又有自己的特殊性，这是专业特点所决定的。工程技术工作人员有其特殊的技能素质要求。

（1）要有广博的知识和丰富的实践经验，只有这样才能解决实际工程技术工作中大量复杂的问题。

（2）有较强的实际动手能力，主要是指试验操作和模型制造等实践能力。工程技术是把科学物化为实际生产力，需要有试验过程，工程技术人员必须有这种实践能力，才能真正使科学技术为实际生产服务。

（3）有较强的语言和文字表达能力与组织能力，能够把技术付诸实践，并向有关人员讲清楚，同时组织实施。

（4）有较强的创新精神，努力开发新技术。人类历史的科学实践证明，创新是科学技术的生命，工程技术人员要善于创新，具有开发新技术所具备的能力。

（5）不断学习，掌握现代化研究手段和方法。随着科学的发展，技术的更新，市场需求瞬息万变，对产品要求越来越高，因此，工程技术人才必须不断学习，提高技术水平，才能不断创新，不断前进。

（6）有实事求是的科学态度。工程技术工作的根本是满足社会的某种需要，工作中的任何疏忽都可能给社会生产和人民生活带来无法弥补的损失，因此，工程技术人才必须具备严肃认真、实事求是、一丝不苟的工作态度。

（7）顾全大局，团结协作。工程技术是个庞大的系统，需要相互之间协作配合，取长补短，提高总体技术能力，解决工程技术中各种复杂实际问题。

四、财会人才

财务人员是与金钱、数字打交道的人，其基本的职业道德是诚实和严守机密。我国国家会计学院的宗旨是"不做假账"。

财会人才应具备的专业技能素质包括以下几个方面。

（1）必须做一个慎重细致的人，对于那些即使认为是可靠的数据，也要有重新算一遍的慎重态度。

（2）要成为积极正义的人，要有发展的积极性，具有强烈的正义感，能抵制来自公司（组织）内外的各种诱惑。

（3）要成为有社交能力的人，从和银行、证券公司的交涉开始，财务人员的交际范围越来越广，再也不是坐在桌子后面算一算，需要走出去，将可以利用的资金汇集起来。

（4）要成为具有汇总能力和规划能力的人，用数字表现出经营活动和企业实力，必须有像作家和画家那样的汇总和提炼能力。

（5）财务人才还要有一定的规划能力。

高职教育人才培养模式探析

为进一步落实教育部《关于全面提高高等职业教育教学质量的若干意见》的精神，不断完善高等职业教育的人才培养模式，这是发展高等职业教育的关键，是摆在我们面前的重大课题。

一、树立正确的高等职业教育办学理念

完善高等职业教育人才培养模式，首先要树立现代教育观、人才观和质量观，更新高等职业办学观念。

1. 树立"服务经济社会发展"的观念

坚持为区域经济和社会发展全方位服务的方向，加大职教科研力度，兴办利于职教发展的科技产业，建立职教实训、实习和试验基地。同时，根据高等职业教育的培养目标和培养规格的要求，按照科学技术发展的趋势，结合区域经济发展的优势，拓宽专业口径，淡化专业界限；延伸专业内涵，扩大专业服务范围。

2. 树立"市场需求和市场形象"的观念

坚持以市场需求作为人才培养的导向观念。要树立高等职业院校良好的市场形象，即树立办学思想、教育观念、学校精神、校园文化、教育改革、教学模式、教学态度、校园环境、教学设施、学术氛围、实习基地等各方面的良好形象，具有服务市场的目标定位。

3. 树立"能力本位"的观念

"以能力为中心"由职业岗位能力、基本素质和应变能力三部分组成。其中，岗位能力包括职业岗位所需的理论知识、实践技术和专门技能；应变能力包括自学能力、创业能力、创新能力、生存能力、交际能力等。

4. 树立"实践教学为重"的观念

按照不同能力培养方向，设置相应专业实践教学计划，组合相应的能力模块课程，形成相对独立的实践教学体系，即形成基本实践能力与操作技能、专业技术应用能力与专业技能、综合实践教学与综合技能有机结合的实践教学体系。

5. 树立"零距离上岗"的观念

"零距离上岗"的标准是零适应期，这就要求学生学得准确，学得扎实，学得顶用。它是现代企业发展对人才需求提出的新要求，是衡量现代高等职业教育人才培养的新标准，也是现代企业用人的最佳标准。

二、深刻理解高职人才培养模式的内涵与特征

（一）国内外典型高职人才培养模式评析

1. "职业为本"模式

这是以加拿大、美国为代表的人才培养模式。它认为：能力是基础，职业岗位的需要是核心。以职业能力为目标，设置课程，组织教学与实践，最后考核这些能力是否达到要求。

2. "能力为本"模式

这是以英国、澳大利亚为代表的人才培养模式。它以能力为基础进行教育与培训。这种模式的关键是组织专家确定能力标准，成立国家资格委员会，建立一种能力本位的国家职业资格证书制度。

3．"双元制"模式

这是以德国为代表的人才培养模式。由企业和学校共同担负培养人才的任务，按照企业对人才的要求组织教学和岗位培训。这样，学生能较熟练地掌握岗位所需的技术，毕业就能很快地顶岗工作，受到企业的普遍欢迎。

4．"建教合作"模式

这是学校与企业合作实施教育与训练，共同培养应用型人才的职业技术教育方式。在课程体系建设上，推行学分制，强调以就业市场为导向，加强现场实习与实践的课程；在教学过程中，强调实践教学特色，强调学力重于学历，注重职业证书的获取。

5．"产学结合""校企合作"模式

这种模式强调学校与企业互动，生产与学习结合，培养学生的职业能力，学生毕业后可以直接上岗，受到企业的欢迎。上述五种高职教育人才培养模式中，德国的"双元制"培养模式是世界职业技术教育的最重要的培养模式之一，它充分体现了国家、学校、企业（行业）各方面的通力合作。英国的"证书模式"与"工读交替"课程模式，有利于学生更好地理解知识，掌握生产技术与技能，熟悉生产环境与流程，有利于技术文化和企业员工素质的养成。"以能力为中心"的模式由职业岗位能力、基本素质和应变能力三部分组成。产学研训合作模式，是高等职业教育人才培养最有效最基本的途径。这些办学模式都是值得我们借鉴的。

（二）高等职业教育人才培养模式的主要特征

高等职业教育培养的人才具有特定性、时间性和多样性三大特性，这三大特性是高等职业教育人才培养模式的特色体现，也是高等职业教育人才培养模式的八大主要特征的集中体现。

1．市场导向

这是高等职业教育人才培养模式的主要特征之一。高等职业教育培养的人才要得到社会的认可或企业的欢迎，必须坚持以市场需求为导向。就业率的高低是衡量职业技术教育成败的重要指标之一。

2．能力本位

有三种能力观，一是任务能力观，即将任务的叠加当作能力；二是整体能力观，认为个体的一般素质决定工作的能力；三是整合能力观，认为应将一般素质与个体所属的职业岗位或工作情境相结合。笔者倾向于第三种能力观，高等职业教育培养的人才应具有生存能力、应变能力、技术应用能力、创新和创业能力。

3．职业本位

"职业本位"是高等职业教育区别于普通高等教育"学科本位"的重要特征。职业本位要求学生在校期间就要进行职业意识的培养、职业能力和职业道德的训练、职业习惯的养成，实现从学生到职业人的角色转换。

4．产学合作

"产学合作"是培养高等职业人才的根本途径和必由之路。主要表现在：一是坚持为

经济和社会发展需要服务的方向，根据职业岗位群的需要确定培养目标，与相关行业、企业建立紧密的合作关系，努力做到"双向参与、优势互补、互惠互利、共同发展"；二是建立校内外实践基地，使学生在校期间有机会见习、实习或顶岗工作。

5. 工学交替

一方面，把以课堂传授间接知识为主的教育环境，与直接获取实际能力、经验为主的生产现场环境有机结合，使学生在与社会的广泛接触、交流中获取知识；另一方面，把在校学习与在岗工作有机结合，让学生工学交替，在理论知识指导下参加实践，在实践中验证所学的理论知识，掌握技术，提高技能，成为应用型人才。

6. 实践主导

高等职业教育要办出特色，办出水平，必须放弃学科教学体系，按照生产、建设、经营、管理、服务第一线的职业岗位来制定知识、能力和素质培养方案，设定职业技术和业务课程，设计基础课程，训练和考核职业基本功。这些课程都必须重在实践，体现实践的主导地位。

7. "双师"教员

高等职业院校师资队伍的一大特点是"双师型"，培养"双师型"教师是高等职业院校师资队伍建设的重中之重。主要措施：内培外引，专兼结合，提高教师学历学位和"双师型"素质，完善师资培训、考核、聘用、晋升、奖惩等制度，建设一支高水平的教师队伍。

8. "双证"学生

"双证"指的是学生在校期间除了拿到毕业证书之外，同时要取得至少一张职业资格和技能证书，使学生既具备第一岗位的任职能力，又有转岗适应能力和一定的发展潜力。构建高等职业教育最有效的人才培养模式除了树立先进的办学理念和科学发展观外，还必须探索最有效的人才培养模式。

（1）"订单式"培养模式。

这是一种由用人单位根据其对不同规格的人才需求情况跟院校签订培养协议，然后由院校按照用人单位提出的人才规格和数量要求进行培养，学生毕业后主要面向协议单位就业的教育模式。"订单式"培养的学生，职业导向明确，就业率很高，这种培养模式是高等职业技术教育的生命线。

（2）"工学结合"培养模式。

"工学结合"指的是把整个学习过程分为校内学习和企业实践交替进行的过程，把理论教学和实践教学统一起来。在教学组织上采取分段式教学，第一学年在校内学习文化、基础理论模块课程，第二、三学年学习专业模块课程，实行工学交替制，校企磋商合理地安排学生的实习工作岗位或按学生学习进度轮换岗位。"工学结合"是高等职业教育培养模式改革的切入点。

（3）"校企合作"培养模式。

一是"校企联合式"培养模式。企业（行业）不仅参与研究和制订培养目标、教学计划、教学内容和培养方式，而且参与实施与产业部门结合的培养任务，包括联合开发新产品，指导毕业生搞项目设计等。这种校企合作方式有利于培养高素质、高层次的技术技能人才。

二是"校企股份合作"培养模式。"股份合作"就是企业以设备、场地、技术、师资、资金等多种形式向高等职业学院注入股份，进行合作办学，分享办学效益。这种合作模式既能充分激发企业参与决策、计划、组织、协调、管理的热情，加大企业参与办学的力度，利于解决实践课程的短缺师资、实训实习场所等问题，也能增强学生学习的目的性、方向性和针对性，最大限度地提高学生学习的积极性和主动性。

高等职业教育人才培养模式，随着高等职业教育改革与发展实践的不断深入而深化，逐步完善高等职业教育人才培养模式的构建是实现高等职业教育培养目标的关键。

第三篇

大学学习指导

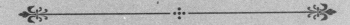

　　大学是人一生中学习能力转变最大的时候，是把"基础学习"和"进入社会"这两个阶段衔接起来的重要时期。因此，在大学 4 年中，大学生要努力培养自己的学习能力，提高自己的学习境界，让自己成为一个擅长终身学习的人。

　　大学不是"职业培训班"，而是一个让大学生适应社会，适应不同工作岗位的平台。在大学期间，学习专业知识固然重要，但更重要的还是要学习思考的方法，培养举一反三的能力，只有这样，大学生毕业后才能适应瞬息万变的未来世界。

第五讲 如何适应大学的学习环境

📀 案例 1 >>>

我的学习怎么了?

大学生小张,来自某重点中学。在中学时是成绩优良的学生,从未有学习吃力的感觉,进入大学后,觉得无所适从……第一学期结束时竟有两门课程考试不及格。

📀 案例 2 >>>

大学生活从学会适应开始

"刚进入大学的时候,面对一个全新的环境,我感到从没有过的不适应:食堂不可口的饭菜,'教无定法'的教学方式,性格各异的室友……围绕我的是陌生的人、陌生的事和陌生的感觉。我苦恼极了,晚上在床上辗转反侧不能入睡。我非常想念父母、过去的老师和我高中阶段那些亲密无间的好朋友,如果他们在我身边,我得到的肯定不仅仅是帮助和安慰,可现在……现在,我只能独自面对这一切。我改变不了环境,唯一能改变的就是我自己:饭菜不合口味,我尽量合理调配;学习不适应,多向师哥师姐们请教;同学不熟悉,鼓起勇气主动打招呼。我的努力很快就有了收获——我已经能够适应大学生活了。是的,我努力了,我战胜了自己,我成长了!"

要适应大学里的学习生活,就必须在新的生活环境中学会独立、学会协调、学会平衡;在新的学习环境中找到方向,探索方法;在新的环境中学学会学习。

中学阶段,学生伏案学习;在大学里,他应该站起来,四处瞭望。

———怀特海

主题:积极适应大学的学习生活环境

一、什么是适应?

心理学家沃尔曼对适应作了定义:"一种与环境融洽和谐的关系,包括满足一个人的绝大多数需要,并且拥有符合要求所必需的行为变化,以便一个人能与环境建立起一种融洽和谐的关系。"适应,就是一个人通过不断调整自身使其个人需要能够在环境中得到满足的过程,适应也是自我与环境和谐统一的一种良好的生存状态。

对环境(自然环境、社会环境和内环境)的适应能力是人赖以生存的最基本条件。人不仅能适应环境,而且可以通过实践和认识去改造环境,这是人与动物的根本区别。人的一生中,各种环境是在不断变化着的,有的变化小些,有的变化很大。由于人们对自身生存环境的变化往往是无能为力的,所以被动地适应和主动的适应都是必要的。

适应，分为主动适应与消极适应两种：积极适应是一种健康的适应，谋求变革，谋求发展。消极适应是一种不健康的适应，它以牺牲个体的发展为代价。甚至会导致某些不同程度的心理问题或疾病。

大一新生消极适应心理表现主要有期望过高引起的失落心理；环境生疏诱发的防范心理；目标失落导致的困惑心理；地位变化产生的自卑心理；怀旧依赖带来的孤独心理；盲目乐观造成的挫折心理。

大一新生在较长一段时间内不能很好地适应学校新的环境，由此引起心理上的焦虑感、罪恶感、疲倦感、烦乱感、无聊感、无用感和行为上的不良症状，被称为"新生适应不良综合征"。也有研究者称之为"心理间歇期"。具体表现为自我定位的摇摆、奋斗目标的迷茫、新生活方式适应困难、社交困惑等。存在自豪与自卑并存；放松与紧张交替；孤独与恋群交织；求知与厌学同在；空虚与恐惧交错；自立与依赖相随；希望与失望相伴等矛盾心理。

二、大学新生面临哪些适应问题？

相对中学而言，大学是一个全新的环境，大一新生要面对一系列适应问题。

（一）适应新的学习环境

学习环境的变化主要表现在大学学习目的的多样性；学习内容的专业性、探索性；学习方式的全方位性；学习态度的自主性、自觉性等方面。

（二）适应新的生活环境

由父母照顾到自我照顾，在学习的同时还要学会处理日常事务。自由支配的时间增多，可以与社会进行广泛接触，对社会现象更加了解，价值观的冲突更加激烈，也面临更多的诱惑和选择。

（三）适应新的人际关系

大学是以集体生活为特征的。来自不同地方、兴趣爱好各异、生活习惯不同的同学共同学习生活，难免产生矛盾，尤其对中学时代没有住读经验的大学生而言，这是不小的变化。大学生交往不再受到父母、老师的限制，交往的范围扩大，但是心理的闭锁性特点使得大学生之间的交往不如中学时融洽，处理人际关系相对困难。同时，恋爱问题也提上了议事日程。身边同学的恋爱及自己面临的恋爱，使人际关系变得更加复杂。

（四）适应新的管理环境

管理环境的变化主要表现在教学管理制度、就业制度、学习管理制度等方面。尤其在管理方法上，大学对学生的管理不像中学严格，尽管有辅导员、班主任，但是他们的职责主要是通过指导、组织开展多种活动来培养大学生的自主、自立和自理能力，不像中学老师那样，管得具体、周到等。这就要求大学生学会自我管理和自我约束。

（五）适应新的参照环境

大一新生都是高考中的优胜者，也都是中学里的优秀者。进入大学后，参照环境发生变化，一方面"比较团队"扩大了，由中学时的几百人、上千人扩大到几千人、几万人，在这样"强手如林"的范围内比较，自身位置肯定会发生变化。另外，"比较范围"也拓展了，不仅仅局限于学习，还包括研究能力、社交能力、艺术修养、个人魅力等。这就带来了自我认知与评价问题，即如何在新的集体中对自己有一个正确的认识和正确的定位。

（六）适应新的校园文化环境

校园的文化环境包括校园内的政治、经济、学习气氛、生活方式、课外活动等。集中体现在校风、班风和学风上。一般来说，大学优越的科研条件、雄厚的师资队伍、周密的教学环节、勤奋的学习风气、丰富的文体活动、多样的社会实践，为大学生的健康成长提供了良好的文化环境。所以，大学生一方面要尽快适应大学的文化环境，另一方面要从自己做起，为良好的校园文化环境添彩。

能否对变动着的环境保持良好的适应性，是判断心理健康水平的重要标志。比如，有的人到了异国他乡，虽然有些紧张，但很快就消除了心理上的紧张状态并对当地的一切感到适应，但也有人对这种适应过程会拖得很久，甚至一直不能适应而出现精神症状，如焦虑不安、哭笑无常、血压改变、失眠或嗜睡等，这些现象就是由心理健康水平过低所致。社会的发展要求现代人必须有较高的适应能力。

大学生的适应能力，是指提高大学生随外界环境条件的改变而改变自身的特性和生活方式的能力，是个体在现实生活环境中维持一种良好有效的生存状态的过程。

大一新生对学习生活的适应是其社会适应的前奏曲，适应能力的提高，不仅对大学生适应大学新的学习生活有重要意义，而且对今后适应社会学习、人际关系和处理好人生道路上的各种问题都有重要价值。

因此，适应是心理健康的一项最基本的标志，是大学生必备的心理素质。良好的适应过程就是一个"适应—转变—发展"的过程。

作为一名大学生，你今天能够很好地适应大学生活，明天就能够更好地适应不断发展的社会！

想一想　做一做

1. 结合自己的实际情况，谈谈你的大学学习生活适应问题：_____
_____
_____
_____。

具体表现：_____
_____
_____
_____。

2. 测一测你的心理适应能力。

下面的问题能帮助你进行心理适应能力的自我判别。请认真阅读，并决定其与你实际情况的符合程度，然后从每个项目下面所附的三种备选答案中选择其中一个。

（1）我最怕转学或转班级，每到一个新环境，我总要经过很长一段时间才能适应。

     A. 是   B. 无法肯定   C. 不是

（2）每到一个新的地方，我很容易同别人接近。

     A. 是   B. 无法肯定   C. 不是

（3）在陌生人面前，我常无话可说，以至感到尴尬。

     A. 是   B. 无法肯定   C. 不是

（4）我最喜欢学习新知识或新学科，它给我一种新鲜感，能调动我的积极性。

     A. 是   B. 无法肯定   C. 不是

（5）每到一个新地方，我第一天总是睡不好，就是在家里，只要换一张床，有时也会失眠。

     A. 是   B. 无法肯定   C. 不是

（6）不管生活条件有多大变化，我也能很快习惯。

     A. 是   B. 无法肯定   C. 不是

（7）越是人多的地方，我越感到紧张。

     A. 是   B. 无法肯定   C. 不是

（8）我的期末成绩多半不会比平时练习差。

     A. 是   B. 无法肯定   C. 不是

（9）全班同学都看着我时，心都快跳出来了。

     A. 是   B. 无法肯定   C. 不是

（10）对他／她有看法，我仍能同他／她交往。

     A. 是   B. 无法肯定   C. 不是

（11）我做事情总有些不自在。

     A. 是   B. 无法肯定   C. 不是

（12）我很少固执己见，常常乐于采纳别人的观点。

     A. 是   B. 无法肯定   C. 不是

（13）同别人争论时，我常常感到语塞，事后才想起该怎样反驳对方，可惜已经太迟了。

     A. 是   B. 无法肯定   C. 不是

（14）我对生活条件要求不高，即使生活条件很艰苦，我也能过得很愉快。

     A. 是   B. 无法肯定   C. 不是

（15）有时自己私下里明明把材料背得滚瓜烂熟，可在当众背的时候，还是会出差错。

     A. 是   B. 无法肯定   C. 不是

（16）在决定胜负成败的关键时刻，我虽然很紧张，但总能很快地使自己镇定下来。

     A. 是   B. 无法肯定   C. 不是

（17）我不喜欢的东西，不管怎么学也学不会。

     A. 是   B. 无法肯定   C. 不是

（18）在嘈杂混乱的环境里，我仍然能集中精力学习，并且效率较高。

　　　A．是　　B．无法肯定　　C．不是

（19）我不喜欢陌生人来家里做客，每逢这种情况，我就有意回避。

　　　A．是　　B．无法肯定　　C．不是

（20）我很喜欢参加社交活动，我感到这是交朋友的好机会。

　　　A．是　　B．无法肯定　　C．不是

[评分规则]

（1）凡是单数号题（1，3，5，7……），选"是"得-2分，选"无法肯定"得0分，选"不是"得2分。

（2）凡是双数号题（2，4，6，8……），选"是"得2分，选"无法肯定"得0分，选"不是"得-2分。

（3）将各题的得分相加，即得总分。

[结果解释]

35～40分：心理适应能力强。能较快地适应新的学习、生活环境，与人交往轻松、大方。给人印象好，无论进入什么样的环境，都能应付自如，左右逢源。

29～34分：心理适应能力良好。

17～28分：心理适应能力一般，当进入一个新的环境，经过一段时间的努力，基本上能适应。

6～16分：心理适应能力较差，依赖于较好的学习、生活环境，一旦遇到困难则易怨天尤人，甚至消沉。

5分以下：心理适应能力很差，在各种新环境中，即使经过一段相当长时间的努力，也不一定能够适应，常常困惑，因与周围事物格格不入而十分苦恼。在与他人的交往中，总是显得拘谨、羞怯、手足无措。

你的测试得分是＿＿＿＿＿＿＿＿＿＿＿；说明你的心理适应能力＿＿＿＿＿＿＿＿＿。

教师提示：如果你在这个测查中得分较高，说明你的心理适应能力较强。但需保持和继续努力。

如果你得分较低，也不必忧心忡忡，因为一个人的心理适应能力是随着年龄的增长、知识经验的丰富、各种能力的提高而不断增强的。只要你充满信心、刻苦学习、虚心求教、加强锻炼，你的心理适应能力一定会增强的。

三、大学生学习适应不良问题及其成因

大学生的学习适应不良一般都发生在大学一年级。刚刚步入大学的新生，面临着从中学到大学学习的急剧转折，心理上必定会不适应。

大学生学习适应不良的主要表现：一是对大学学习的特点不适应。初入大学的新生对于大学教学方法的高度理论性、概括性和教学内容的大容量性，一时很难适应，自己又未掌握适应大学的学习方法，不善于自学，不会安排学习时间，致使心情沉重，思想上颇感有压力。二是对大学的专业学习不适应。由于种种原因，新生入学前对录取的专业了解不多，而自己对大学的专业学习期望又太高，入校后因专业和兴趣的不对口，往往有失落之感。大多数大学生经过一段时间的调适，都能够较快地实现对大学学习生活的适应，而部分大学生在这一过程中会出现学习适应不良的现象。

大学生学习适应不良以情绪障碍为主，表现为焦虑、不安、烦恼、抑郁、害怕、惊慌失措等。起初烦躁不安、坐卧不宁、注意力不能集中，进而对学习丧失兴趣。

由于主客观等方面的原因，大一新生还表现出学习动力不足的问题。具体表现为：①思想上表现为目光短浅，胸无大志，得过且过，随波逐流；②学习上表现为缺乏学习兴趣，视学习为苦差事，逃避学习；③生活上表现为惰性大。

另外，由于相互的比较对象发生变化，从前在中学学习非常突出的同学，可能进入大学后会发现自己不再优秀，甚至变得非常平庸了。很多大学生对此需要一段时间来调整自己失落、失望的心态。

造成大一新生学习适应不良的主要原因：①对大学和中学的学习差异缺乏认识；②生活阅历短浅，社会经验匮乏，对社会、对他人、对自我的认知还不够全面和深刻，认识问题容易偏激、极端，思想片面、主观，心理承受力差，情绪难以控制等冲突影响学习；③中学尤其是高中时期造成的心身过度疲劳，心理机能下降，如注意力分散、记忆力减弱、思维呆滞等心理问题会在大学复发，从而影响学习；④中学时期的优越感在人才济济的大学里相形见绌，如果不能及时调整就会陷入迷茫、失望、怨恨；⑤自身的因素，如恋爱、人际关系、情感脆弱、身体疾病等影响学业；⑥学校、学院（系）、班级和宿舍的学习风气及学习条件会影响学习；⑦社会大环境，如经商、靠父母的权势等会影响学习动机和学习目的。

四、大学学习过程适应曲线

所附大学学习过程适应曲线是通过对大学生学习发展过程进行大量调查研究获得的。图12表明高中生进入大学后处于从中学到大学学习的过渡阶段，一般都有一个成绩略有下降的过程。这说明对大学学习还不适应。

曲线4、3表示大一、大二后留级甚至被淘汰的学生变化情况。其原因一是进大学后学习动力减弱而放松对自己的要求，或者是由于对大学学习生活的不适应，出现恶性循环而一蹶不振。曲线2表示有些学生进入大学后仍具有较强的学习动力和旺盛的学习热情，不过在初始阶段仍沿用中学的学习方法、学习观念未作相应的改变，因而不能适应大学学习生活，学习成绩一度明显下降。但由于其学习勤奋，并能注意总结经验教训、改进学习方法，所以学习成绩逐渐回升和提高。曲线1表示有些学生进入大学后，学习状况稍有不适，成绩水平略有下降，但同时能迅速改变某些方面的观念，注意分析和掌握大学学习的特点，迅速改进学习方法，在经历短期不适应后就越学越主动，在各方面都超过入学时的水平。

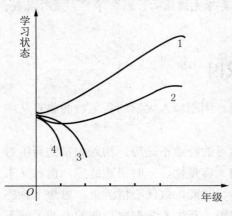

图12　大学学习过程适应曲线

 小 资 料 一

中学与大学的学习差异

（1）学习条件不同。在中学，其他方面主要由家里管理或包办，自己只管学习。上了大学自己要成为管家，什么事都得靠自己。

（2）教学内容不同。中学少而浅，大学多而深，有通识课、学科基础课、专业课等，课程有必修、选修之分，类别要求也不一样。

（3）学习方式不同。中学自学少，要求解题快速准确，中学的学习以教师讲授为主，学生依赖教师和课本，从教师教学中寻找答案。而大学的学习以自主学习为主，其学习方式表现出多样性。

（4）思维方法不同。中学模仿、记忆和一般性理解较多，大学深层次理解和创造性学习较多。

（5）教学形式不同。中学实践教学少，大学实践教学多。

（6）学习要求不同。中学的学习是追求课程分数，大学的学习是专业定向的学习，不仅要求掌握基础理论、基本知识和基本技能，更重视知识的应用及综合素质的提高。

大一不是"高四"

（1）中学教育为了学生考上大学，大学教育为了学生进入社会（培养目标不同）。

（2）中学培养"考"生，大学培养"学生"（培养方式不同）。

（3）中学是封闭式教育，大学是开放式教育（教育模式不同）。

（4）中学老师"逼"着学生走，大学学生"追"着老师走（教学方式不同）。

（5）中学是被控式学习，大学是强调自主性学习（学习状态不同）。

（6）中学学习老师帮你掌控，大学学习需要自己经常"反省"（学习方式不同）。

（7）中学大家忙一样，大学大家不一样忙（学习内容不同）。

（8）中学强调标准，大学鼓励创新（学习要求不同）。

（9）中学学习越学问题越少越好，大学学习越学问题越多越好（思维训练不同）。

（10）中学要求服从，大学倡导个性（管理方式不同）。

（11）中学靠别人管自己，大学靠自己管自己（生活方式不同）。

（12）中学只要伏案学习，大学要站起来四面观望（学习视野不同）。

（13）中学靠别人帮助规划，大学需要自己学会规划（发展道路不同）。

想一想 做一做

测测你的学习动力——学习动力自我诊断

这道题主要帮助你了解自己在学习动机、学习兴趣、学习目标上是否存在困扰。共20个题目，请你实事求是地在与自己情况相符的题目后打"√"，在不相符的题目后打"×"。

（1）如果别人不督促你，你极少主动学习。

（2）你一读书就觉得疲劳与厌烦，直想睡觉。

（3）当你读书时，需要很长时间才能提起精神。

（4）除了老师指定的作业外，你不想再多看书。

（5）如有不懂的，你根本不想设法弄懂它。

（6）你常想自己不用花太多时间成绩也会超过别人。

（7）你迫切希望自己在短时间内就能大幅度提高自己的学习成绩。

（8）你常为短时间内成绩没能提高而烦恼不已。

（9）为了及时完成某项作业，你宁愿废寝忘食、通宵达旦。

（10）为了把功课学好，你放弃了许多感兴趣的活动。

（11）你觉得读书没意思，想去找个工作做。

（12）你常认为课本上的基础知识没什么好学的，只有看高深的理论，读大部头作品才带劲儿。

（13）只在你喜欢的科目上狠下功夫，而对不喜欢的科目放任自流。

（14）你花在课外读物上的时间比花在教材上的时间要多得多。

（15）你把自己的时间平均分配在各科上。

（16）你给自己定下的学习目标，多数因做不到而不得不放弃。

（17）你几乎毫不费力就实现了你的学习目标。

（18）你总是同时为实现几个学习目标忙得焦头烂额。

（19）为了对付每天的学习任务，你已经感到力不从心。

（20）为了实现一个大目标，你不再给自己指定循序渐进的小目标。

[评分规则]

若打"√"，计1分，若打"×"，计0分。

上述20个题目可分成4组，它们分别测查你在4个方面的困扰程度：1~5题测查你的学习动机是否太弱；6~10题测查你的学习动机是否太强；11~15题测查你的学习兴趣是否存在困扰；16~20题测查你在学习目标上是否存在困扰。假如你在某组中的得分在3分以上，则可认为你在相应的学习欲望上存在一些不够正确的认识，或存在一定程度的困扰。

你的测试结果是_____
_____
_____
_____
_____。

对存在的问题，你打算如何改进？_____
_____
_____
_____
_____。

比较大学与中学学习存在的差异变化，对你自己提出了什么样的挑战？_____
_____
_____
_____
_____。

五、如何积极应对大学学习变化?

(一)应对变化

因为学习适应不良是暂时的,是大家都可能遭遇的现象,所以不必惊慌失措。心理学家罗杰斯在《学习多自由》一书中明确指出:"只有学会如何学习和学会如何适应变化的人,只有意识到没有任何可靠的知识,唯有寻找知识的过程才是可靠的人,才是有教养的人。现代世界中,变化是唯一可以作为确立教育目标的依据,这种变化取决于过程而不取决于静止的知识。"

❓想一想 做一做

"套圈游戏"的启示:准备好套圈,设定目标,距离由你自己定。在游戏过程中,你会发现,站得太近,活动失去难度,失去挑战性,你会没有成就感。因此你会自动向后调整。如果站得太远,活动又太难了,失去希望,一样没有成就感,所以你会自动向前移动,在不断调整中,最终找到具有一定挑战性的位置。

从这个游戏中你领悟到什么?_____
_____
_____
_____
_____
_____。

教师提示:没有永恒静止,唯有变化是绝对的。上了大学,环境变了、同学变了、老师变了、要求变了,因此才会促成你的变化,在痛苦的徘徊后,你要学会变方向、变方法、变心态,才能一点一点变得成熟、智慧、能干……

建议:

(1)在认识上接受变化。既然变化是必然的,你就必须接受;拒绝变化只能让自己僵化。

(2)在情绪上承受变化。转变自己的认识可以调节情绪;转移注意可以调节情绪;参加活动可以转移情绪;改变环境可以影响情绪。

(3)在行动上应对变化。读书:读相关的指导书籍;交友:高年级的同学,尤其是品学兼优的同学应该是你学习的榜样;拜师:教师应该是你积极交流以获得帮助的渠道;继承:从自己在学习上的成败经验中获得帮助。

(二)消除不良观念

对自己的学习观念、想法进行检查,防止这些消极、错误的学习心理制约你的学习。例如:

"苦高中,耍大学"——建议你算算账,算一下大学总共的时间及真正的学习时间;再算算在大学里要完成哪些学习任务,你才能比较自信地走向社会?你会觉得大学应该更加忙碌和紧张。

"知识贬值了吗？"——建议你结合前面两篇的学习去了解什么样的大学毕业生最抢手？

❓想一想　做一做

你的头脑中肯定还有许多妨碍你学习的观念或想法。比如，老师教得不好；学非所用，所以不学；大家都不学，自己学显得不合群；聪明人不必多用功；分不在高，及格就行，业不在精，毕业就行……建议你把这些观念或想法都列举出来，然后找老师、学长咨询或交流，对这些观念进行取舍。

你对大学学习的观念或想法有 _____

_____

_____

_____

_____

_____。

咨询或交流后，你的认识及取舍是 _____

_____

_____

_____

_____

_____。

教师提示： 冷静分析学长的说法，也许有些说法可能让你对学业掉以轻心或误入歧途。

（三）了解大学学习特点，处变不惊

1. 低年级大学生（大一新生）学习心理特点

（1）学习愿望强烈但学习动力不足。"想法好行动少"是大一新生普遍存在的心态。可能开始时，还信誓旦旦地对自己说："我要好好学习，力争上游，不虚度光阴……"可转念一想："累了三年，该'喘口气歇歇脚了'，大家都差不多，我何必这么用功呢？"

（2）学习的心理条件具备但心理准备不足。不论是智力因素还是非智力因素都足以胜任大学基础课及专业课的学习。所以，就这一点来说，应该对自己的学习充满信心。而问题主要在于：对大学学习特点和方式不适应，对大学教师授课方式和以自学为主的学习特点感到不知所措。

（3）学习的自觉性较好但情绪波动大，学习上患"冷热病"。虽然自觉性占主导地位，但正处于青春期，生活日趋复杂，除学习外，娱乐、人际关系、恋爱等问题都在他们的生活中占相当的分量，加上青春期的情绪和情感易反复，所以在学习上表现为情绪波动明显。学习的自觉性、坚持性常常受到不良情绪的干扰。

2．中年级大学生（大二、大三学生）的学习心理特点

（1）学习目标和学习态度出现了差异。

（2）学习兴趣和学习热情处于全盛时期。

（3）独立学习能力日益增强，学以致用的意识不断发展。

3．高年级大学生（大四学生）的学习心理特点

（1）学习目标、学习态度、学习兴趣定型化。

（2）学习上普遍存在失落感、缺憾感和紧迫感。

（3）对学有所用、专业对口问题的认识明朗化。

？想一想　做一做

根据以上分析，试着描绘出你将要经历的大学学习历程。可以尽量生动地描绘你遭遇困难时的心境，以及克服困难的信心。

_____

_____

_____

_____

_____

_____。

学习加油站

好的开始等于成功的一半。

往者已矣，来者可追。

一个人绝对不可在遇到危险的威胁时，背过身去试图逃避。若是这样做，只会使危险加倍。但是，如果立即面对它毫不退缩，危险便会减半。绝不要逃避任何事物，绝不！

——丘吉尔

 拓展阅读

大学：转折与成长——一位父亲写给女儿的信

小禾：

这星期接连收到你的 3 封来信，每一封信都透露着你对新生活越来越适应，对学习越来越有信心，我和你妈真高兴啊！

记得你在刚刚接到录取通知书的时候，曾说自己"像在做梦一样"。其实，我们又何尝不是如此呢！你在家时又懒又任性，家务活儿一点儿不沾手，还爱发脾气，那时我曾悲观过，觉得我们对你的教育是有问题的，不能说全失败了，但也不能算成功。现在看来，你是能改变的，现在不仅会自己照顾自己了，还学会了关心父母、关心同学，我们看到了你的成长。这样一个转折，正是从你上大学开始的。

你信中还说，有些教师上课讲得太快，很多内容基本上跟课本不沾边儿，也不给划定重点。听一节课下来，心里一点儿"底"也没有，猜不透将来考什么。你还不了解，大学的教学与中学有本质的不同。中学教师往往对学生耳提面命，时时督促，在很大程度上扮演着家长的角色。而大学更强调培养学生的主动学习精神，这种教学模式，看起来是"不负责任"，其实是对学生的成长有很大好处的。人从高中升入大学，不仅仅是在求学的阶梯上迈上了一级，更重要的是从少年到了成年。成年人对自己的人生道路有了更明确的追求，只要不放弃目标，努力就应该是持久的，不断强化的。

所以，你要尽快适应大学的教学特点，把在中学形成的依赖教师、依赖课本、照着教师划定的重点死记硬背的旧习惯克服掉，养成主动、自觉、灵活的学习习惯。有些课可能还要组织课堂讨论，让大家各抒己见，目的是锻炼思维能力和表达能力，希望你轻易不要放弃。在学校的锻炼，会在将来的社会实践中起作用。在学校锻炼越多，走上社会的起点就越高，成才的速度就越快。为什么有些人一走上工作岗位就如鱼得水、游刃有余，而有些人却迟迟不能进入角色呢？在校期间的准备充足与否，意义太大了。

爸爸

××××年××月××日

第六讲　大学学什么

案例 1 >>>

每个学期的学习科目多则十几门，少则六七门，却未给学生造成学习压力。某大学金融学院的阿茜说："看似充实的学习，过后却觉得收获甚微。每学期在不同课程中疲于奔命，学到的却都只是蜻蜓点水。总体上觉得在学习上的压力还不如读高中。"

进入大学以后，好多大学生感觉"专业空泛，学不到什么，不知道学什么，更不知道如何学？""学习没压力，只为了一场考试？""不知道读大学究竟在读什么！"，等等。

案例 2 >>>

大学里常有这样的现象：把一个学期的书在期末考前一个月内看完；期末考前在图书馆度过的一个月，一般要完成三件事：预习、学习和复习；把老师的PPT拷过来看看和背背，期末考准能过……许多大学生反映大学的学习压力仅限在期末考前的一个月。学习只为期末考试，学习懒散、缺乏动力。

据了解，如今大学生的作业形式多为个人论文或是小组展示。不少学生说，作业没什么压力，论文可在网上查找资料进行复制粘贴，小组展示也可在网上进行资源整合。华南师范大学行政管理专业的大三学生小袁坦承，大一时，大家对待小组作业的态度比较认真，到了大三很多人都是应付过去就行了。

对以上问题，请大家认真思考你读大学的目的是什么？大学里的学习难道还是像中学一样只是为了考试？

一个大学校长这样说：学生在大学里，实际上是四个学会。一是学怎样读书（learn to learn）；二是学怎样做事（learn to do）；三是学怎样与人相处（learn to together）；四是学怎样做人（learn to be）。

这"四个学会"正是联合国教科文组织国际21世纪教育委员会早在1996年就提出的"教育的四大支柱"。

主题一：大学学习的意义

一、何谓"大学"？

进入大学学习，我们首先要理解大学的由来及大学的内涵。下面我们来看一下大学的由来。

（一）大学释义

1. 提供教学、研究条件和授权颁发学位的高等教育机关

通常设有许多专业，再由几个相近的专业组成系。这里的专业的含义是专门科目，如医科大学、农业大学、林业大学、药科大学、商科大学、高新科技大学等。现代大学的概念，来自英文 university（A university is an institution where students study for degrees and where academic research is done）。大学（university）前身是宇宙（universe）派生，universe 的前身是拉丁文 universus，它是由表示"一"的 unus 和表示"沿着某一特定的方向"的 versus 构成的。字面意思是"沿着一个特定的方向"，实际意思是"整个、全部"。意指一群儒雅的人，研究全世界的学问，创造全世界的财富，带领人类朝着文明的方向发展。

2. 原为《礼记》中的一篇《大学》

相传为曾子作，近代许多学者认为是秦汉之际儒家作品。该书全面总结了先秦儒家关于道德修养、道德作用及其与治国平天下的关系。其开篇之语即是"大学之道，在明明德，在亲民，在止于至善"，南宋朱熹把它与《论语》《孟子》《中庸》合称为"四书"。

3. 聚集在特定地点传播和吸收高深领域知识的一群人的团体

《汉书·礼乐志》："古之王者莫不以教化为大务，立大学以教於国，设庠序以化於邑。"《大礼戴·保传》："古者年八岁而出就外舍，学小艺焉，履小节焉；束发而就大学，学大艺焉，履大节焉。"据此，大学应当是学大艺、履大节的地方。

西方意义上的"大学"最早出现在8世纪末，很多学者认为，知识应该包括"人与自己""人与人""人与物"三个方面，所以，大学也应该包括三个学院：人文学院、社会学院、科学学院。

还有两种职业没有包含到"大学"之中，那就是"教士"和"医生"，前者关怀人的灵魂，后者关怀人的肉体。于是除了人文、社会、科学这三个学院之外，再加上神学院和医学院，就成了综合大学的模型。

13世纪初，当巴黎大学、牛津大学创立之初，一、二年级的"初阶"的教学是以人文为主；因此人文学院的文、史、哲三系就是大学的"通史"，全校同学都"必修"。三、四年级

的"进阶"学生可以深入自己爱好的科目。

中国古代的大学：在中国古代，类似于大学的高等教育机构有国学（汉代的太学、隋朝的国子监都是中国古代意义上的大学）及后来的高等书院等，是指聚集在特定地点整理、研究和传播高深领域知识的机构。中国古代的大学可以追溯到公元前 2000 多年，如虞舜之时，即有上庠，"上庠"就是"高等学校"的意思。不过，中国古代的大学和西方现代的大学有所不同，尤其官办学校以培养治理政府的仕人及从事文化教育的文人为主，学科上自然科学尤为缺乏，所以，到了近代，中国传统教育体系面临着转型和革新。

中国近代大学的发展：近代以来，西方的"university"早期被翻译成"书院"等，后又称为"大学堂""大学校"，民国以后"大学"成为正式的称呼。1894 年中日甲午战争后，中国开始大量兴办近代学堂，日本的学校成为官办学堂最主要的借鉴对象。北洋大学（今天津大学）是中国近代第一所大学，成立于 1895 年。1912 年中国近代大学转为效法美国的大学制度。

新中国成立初期学习苏联式的教育模式。1978 年改革开放以后，欧美的大学教育模式逐步成为主要的借鉴指针。

总之，现代意义上的大学起源于中古时期的欧洲大陆，法国的巴黎大学、意大利的波罗那大学是最早的两所中古大学。大学自其出现始，就因为其在文化传承和社会进步上的特别作用而有别于其他机构。特别是一些经历近千年风雨仍巍然自立的大学，因为其独特的风格和对人类的贡献而闪烁光芒。所以，大学是有精神的，唯其精神，才能使其经世而独立，历久而弥新。

（二）大学的功能

大学是培养人才的基地，具备以下几种社会职能，即培养人才，发展科学，服务社会，传播文化。当今社会，大学日益走向综合化、多科化，开始与社会各个领域全面合作，已成了社会生活的中心。可以说，大学是社会发展的"助推器"；终身学习的"加油站"；实现价值的"思想库"；学会思考的"炼金炉"。

大学之"大"，在于大德、大爱，在于大学问，在于有大师。大德，意味着一所大学有担当民族责任的德性。大爱，指的是以真理为信仰对象而升华的爱。教师对学生的爱，学生对教师的爱，因除去了世俗私利而成为大爱。父母之爱尚有自私的因素，教师基于传播真理而对学生的爱则是超越了回报要求而独具神圣性的爱。大学还是做大学问的地方。她追求的是"大道"，而非以逐利谋生为目的的职业训练所。集大德、大爱、大学问于一身的，堪称"大师"。大学之"大"，也包含有"大楼"的意思，它比喻大学应有良好的办学条件，甚至包括为教师提供维持其尊严的待遇。

大学之"学"，即"学府""学人""学问""学业"。大学是学者的共同体，是为"学府"。教师的活动是"学术"，学生的活动称为"学业"，他们共同维护"学统"，都是追求"学问"的"学人"。合之则成大学之"学"。

1. 大学是自由者的乐园

1929 年，陈寅恪在所作的王国维纪念碑铭中，首先提出以"独立之精神，自由之思想"为追求的学术精神与价值取向。他向中国两千年"学""仕"不分的传统提出了挑战，堪称体悟现代大学精神的知识分子的先驱。"自由"不是排斥权威，而是要排斥资本的权威、政治的权威、宗教的权威，确立知识的权威。有思考能力的个人永远是社会文明进步的最终源泉。有独立的精神和自由的思想，方有探索和创新的自由。

2．大学是新民的摇篮

《大学》有言："大学之道，在新民，在明明德，在止于至善。""大学"，即大人之学，是做大学问的地方；"亲"，同"新"，大学的使命在于培养一代又一代的"新民"，当每个人都成为新人时，"民"也就形成了。当年梁启超办《新民丛报》，"新民"也是意在"去愚"，变换民智，以图民族富强。

3．大学是社会的灯塔

大学不限于传播知识，她还是传递价值观的地方。她应占据社会的精神高地，成为普罗大众心灵中仰望的净土。大学是社会的灯塔，当社会陷入黑暗时由她发出光明。点亮灯塔的是思想，没有思想的大学，就是没有光明的大学，也是被笼罩在黑暗和世俗中的大学。

4．大学是创新的活水

大学是一批值得尊重而又有经验的人和一批充满激情而又渴望知识的人激荡思想的地方。鲁迅先生在《我观北大》中说："北大是常新的。"其实这是对所有大学的期望。为什么大学是常新的？她每年都有新的学生，每年都有新的教师。如果她每天再有新的知识、新的见解、新的思想产生，大学就真正成为社会精神财富的源头活水。这样，不但大学是常新的，一个国家、一个民族也将是常新的。

5．大学是真理的福地

哈佛的校训是"与柏拉图为友，与亚里士多德为友，更要与真理为友"。对此，我们心生景仰之余也不免慨叹其深意：圣贤如柏拉图、亚里士多德者，其地位也高不过真理！倘若没有"吾爱吾师，吾犹爱真理"的境界和勇气，苏格拉底之后就不会有柏拉图，柏拉图之后也不会有亚里士多德。耶鲁大学的校训是"光明和真理"，是否有光明在于真理、真理即光明之意呢？哈佛校长索马斯在耶鲁建校300周年庆典上说，哈佛与耶鲁实乃互相鞭策、共同进取的战友，他们共享信奉真理、宽容和思想的力量这一价值观，并为之奋斗不息。

6．大学是文化的酵母

一个人一生中需要三个"母亲"来塑造他的品格：自然人格是母亲给的，民族品格是祖国给的，文化品格则是母校给的。大学既传递知识，也滋养文化。不同的大学必然有不同的文化，其区别既是不同的大学必有不同的传统、所秉持的理念及洋溢于外的校风。一个人进了大学，就像进了一个发酵池，会受到大学的熏陶。母校的文化味道，必将与其终生相伴。

7．大学是知识的源泉

知识是大学生活的中心。大学对知识有五种处理方式：传播知识、运用知识、收藏知识、创新知识、交换知识。大学不是公司，她是非营利性的，因此可以专心于知识和真理；大学不是政府，无需随一时的政治需要或俯或仰，因此可立足长远，心无旁骛地追求知识。斯坦福大学校长在造访中国的一次演讲中说："在历史上，大学是社会进步和经济发展的强大动力。"今天的大学，在这方面又被赋予了更多的期望，特别是在知识创新方面。由于产业界对长远的基础研究缺乏兴趣，大学的作用再次凸现。只有扎根于基础研究的肥沃土壤，才会有应用研究的百花齐放。

8. 大学是道德的高地

大学有两堵墙：一堵是有形的墙，墙外是世俗的，墙内是高雅的。大学内的人，要成为一个道德的共同体，遵从高尚、创新文明、拒绝世俗、拒绝功利。另一堵墙是无形的，是心灵上的。大学教师应有一种道德的担当，自觉做公民的表率、社会的楷模，人之师表。只有共同遵从高尚，才能组成道德的共同体。

9. 大学是良心的堡垒

有大学对社会的良知，才有五四运动。大学关心政治进步、法治昌明、文化繁荣、社会公正。这四个方面，是大学的良心所在。大学是收藏社会良心的地方，当社会无德时，大学还有德。当社会因为物欲横流、政治腐败而使人们心灵堕落的时候，大学还应以其独立、自由、公正的品格予以对抗。企业会因唯利是图、不顾公益而无德，政府会因派系斗争、丧权辱国而无德。如果一个社会连大学都堕落了，社会的良心也就沦丧殆尽了。

大学是知识的共同体、学术的共同体、思想的共同体、文化的共同体、道德的共同体。这就是大学的本质所在。

（三）大学应遵循的规律

1. 培养人才始终是大学的根本使命

但培养什么样的人才和使多少学生成才便把不同层次的教育区别开来了。学前教育，是使人认识人的教育，其侧重于儿童良习的养成；基础教育是使人成其为人的教育。在基础教育完成的时候，受教育者应成为具有公平正义、自由平等、民主法制意识的合格公民；职业教育是使人成其为匠的教育；高等教育则是使人成其为才的教育；研究生教育是使才成其为器的教育。使人成才成器是高等教育的根本任务。

2. 学术创新是大学水平的根本标志

学术分为：传播性学术、整合性学术、运用性学术与创新性学术四种。创新性学术是各种学术的最高代表，可以带动其他三类学术的发展。创新能力的高低可以把大学的水平高低分得清清楚楚。能进行学术原创的大学，就是一流的大学。能跟进与模仿的大学即是二流大学。无创新能力的大学便在三流或三流以下的大学之列。

3. 为社会服务是大学的基本职能

助推社会发展靠科技，而引领社会前进靠思想。大学既应是社会进步的发动机，亦应是把握社会发展方向的思想库。

4. 提高教育教学质量是大学永恒的主题

此处的质量观应是全面的质量观，既包括理念、校风、文化、传统等方面的质量，也包括生源、师资、办学条件、制度等方面的质量。

5. 学科建设是大学的龙头工作

以学科发展带动学校其他工作的开展。

6. 师资队伍建设是大学的主体工程

办学兴校靠教师，以教师为本位是大学特有的本位观。所谓人才强校，指的是教师强校。

7. 追求真理、追求自由、追求进步、追求至善是大学的灵魂和精神

8. 改革是大学发展的动力

9．办出特色是大学的目标定位

10．为教学科研服务，为学术服务，为师生服务是大学管理工作的目的

 小 资 料 二

学者论大学

学校应该永远以此为目标：学生离开学校时是一个和谐的人，而不是一个专家。

——爱因斯坦

大学是一个人们可以在这里自由地探索真理、教授真理的地方，也是一个人们可以为了这个目的藐视一切想剥夺这种自由的人的地方。

——雅斯贝尔斯

学术自由之存在，不是为了大学教师的利益，而是为了他服务的社会的福祉，最终则是为了人类的福祉。

——蒙罗

大学者，囊括大典，网罗众家之学府也。

——蔡元培

所谓大学者，非谓有大楼之谓也，有大师之谓也。

——梅贻琦

想一想 做一做

你想象中的大学是什么样的？ _____

_____

_____

_____

_____

_____

_____

_____

_____

_____

_____

_____

_____

_____

_____。

你为什么上大学？ _____

_____

_____

_____

_____

_____

_____

_____ 。

教师提示： 在现代社会，大学是实现人生理想的起点，是通向成功彼岸的桥梁。切记：①大学不是"蜜罐"；②大学不是"保险箱"；③大学不是"游乐场"。

二、为什么要上大学？

（一）把握命运的需要

专家称：我国城市贫困将代际转移，贫穷将被世袭。

——《中国青年报》2006 年 2 月 9 日

近年来，城市贫困问题并没有因为我国经济高速增长而有所减轻，相反表现出明显的加重。

当城市的贫困者因种种原因难求温饱的时候，他们的子女由于缺乏知识和技能，只能盲目地在一些大城市频繁转移，一年到头挣得的工资也只够温饱，贫穷成为他们摆脱不了的宿命。

不仅如此，在贫穷发生代际转移的时候，富裕也在发生代际转移。

因教致贫，因贫而不能受教是造成贫困代际转移的重要原因。自古以来，教育就是社会底层人群向上层社会流动的最重要的机制。"知识改变命运"——不只是一个口号!!

（二）完成工作准备的需要

大学是实现学生身份到工作身份转化的必要预备。大学在帮助大学生形成工作所需要的专业能力的同时，还帮助大学生完成"工作准备"，形成个人就业的"配置能力"（个人在就业市场上发现机会、自我判断、抓住机会实现就业的能力），大学对大学生在心理、文化、人际交往、专业等方面的训练，正是为了使大学生形成这样的"配置能力"，这是推动大学生转型为"职业人"的社会化过程。

（三）持续学习的需要

知识经济社会是一种学习型社会。21世纪高等教育最主要的任务是帮助学生学会学习，不仅学习新的知识，而且学会提出问题，并进行独立思考，使其获得终身学习的能力，在毕业后 50 年仍能从中受益。

——哈佛大学名誉校长陆登庭

（四）保证投入效益的需要

问题：在座的有哪位同学进商店是付了钱后随便由营业员给你什么商品的？或者说营业员帮你精心选择了商品后你少要甚至不要的？

？想一想 做一做

算算你每节课（学时）的价格：_____

_____

_____

_____

_____。

教师提示：参考计算公式：自己所交学费＋国家补助学费＋住宿费＋餐费＋交通费＋书费＋零花费＋其他 /4 年总学时；再加上放弃就业的损失，约 10 元 / 学时。

（五）珍惜生命的需要

问题：在座的又有哪位同学能够（或者看到别人能够）将失去的时光找回来的？

人生命中的任何一分钟都是唯一的，不可拷贝的，生命的时光对每一个人来说，都是一个常数，过去一分钟就少一分钟。

（六）提升品位的需要

丰富知识有助于提升内涵；明白事理有助于提高修养；善于交流有助于增强自信；关注社会有助于开阔心胸；博览群书有助于提升气质。

教师提示：接受高等教育对于人生发展具有不可替代的重要作用。把握好上大学的机会，意义深远，回报无限！

三、大学能给予大学生什么？

（一）获得安身立命的专业能力

高等教育往往决定多数人终身的专业方向和职业领域，能帮助你成为专业化的劳动者，在今天这样分工高度专业化的社会，接受大学的专业教育具有关键作用。

（二）学会更好地思考和交流

在大学里，学什么专业、上什么课程虽然重要，但更重要的是善于从中学习思考和交流的方法及规则。

（三）更好地掌握改变世界的知识和技术

在当今瞬息万变的知识经济时代、信息时代，高等教育能为大学生提供对接未来的转换工具，让大学生及时理解变化，跟上发展，甚至领先时代。

（四）更好地为生活在一个多元化的世界做准备

高等教育能开阔大学生的眼界，帮助大学生了解别国的文化、理解世界的多元化，使大学生能更好地适应国际化进程，找到自己在其中的位置。

（五）懂得学习是终生的事业

高等教育并不是大学生受教育的最后一步，更不是大学生学习的终点站。大学生活能帮助大学生学会学习，使大学生产生一种对更多知识的渴望和终身都不能被充分满足的探究欲望。使大学生感到学习是有所回报并永无止境的终生历程。

（六）理解自己对世界有所贡献的意义

高等教育能使大学生更加了解自己，清楚自己要干什么，知道自己该怎么干。一个人被社会认可的前提是为社会做贡献，人生的价值只有在为社会和他人的贡献中才能得到体现。大学生要明白：这是唯一的途径，达成的是一个双赢的结果。

？想一想　做一做

你希望从大学获得什么？＿＿＿＿＿＿＿＿＿＿＿＿＿＿＿＿＿＿＿＿＿
＿＿＿＿＿＿＿＿＿＿＿＿＿＿＿＿＿＿＿＿＿＿＿＿＿＿＿＿＿＿＿
＿＿＿＿＿＿＿＿＿＿＿＿＿＿＿＿＿＿＿＿＿＿＿＿＿＿＿＿＿＿＿
＿＿＿＿＿＿＿＿＿＿＿＿＿＿＿＿＿＿＿＿＿＿＿＿＿＿＿＿＿＿＿
＿＿＿＿＿＿＿＿＿＿＿＿＿＿＿＿＿＿＿＿＿＿＿＿＿＿＿＿＿＿＿
＿＿＿＿＿＿＿＿＿＿＿＿＿＿＿＿＿＿＿＿＿＿＿＿＿＿＿＿＿＿＿
＿＿＿＿＿＿＿＿＿＿＿＿＿＿＿＿＿＿＿＿＿＿＿＿＿＿＿＿＿＿。

教师提示：大学生应该确保获得以下四个收获：①母校的文凭；②实用的技能；③独立的人格；④同学的友情。这是大学生走向成功的四拼图！

主题二：大学，大学生学什么

一、什么是学习？

学习是指学习者因实践经验而引起的行为、能力和心理倾向的比较持久的变化。有广义和狭义之分。

（一）广义解释

学习是人和动物在生活过程中，通过获得经验而产生的行为或行为潜能的相对持久的适应性变化。如今比较被大多数学者所接受的界定是"学习是个体在特别情境下，由于练习或反复经验而产生的行为、能力或倾向上的比较持久的变化及其过程"。

广义学习概念的分解：第一，学习表现为个体行为或行为潜能的变化（或内隐或外显）；第二，学习所引起的行为或行为潜能的变化是相对持久的；第三，学习所引起的行为或行为潜能的变化是因经验的获得而产生的；第四，学习是人和动物所共有的一种对环境的适应现象。

（二）狭义解释

狭义的学习，指的是学生的学习。是在各类学校环境中，在教师的指导下，有目的、有计划、有组织地进行的；是在较短的时间内系统地接受前人积累的文化经验，以发展个人的知识技能，形成符合社会期望的道德品质的过程。

《中国大百科全书（简明）》认为，学习是获取知识和掌握技能的过程，既包括通过正规的教育和训练获得知识技能，也包括在日常生活和实践活动中积累知识经验。学习的这种含义在日常用语和科学术语中都是一样的。但是，倾向于行为主义理论的心理学家认为这一定义过于宽泛，不能确切地界定学习一词的含义，而且，这样的理解可以用来说明人类的学习行为，却不适于解释所有动物特别是某些低等动物的简单学习行为。因此，他们给学习下的定义是"因受到强化的练习而出现的潜在反应能力的较为持久的改变"。这个定义包括四个对于了解学习过程至关重要的要点。

第一，较为持久的改变。这就排除了因疲劳、厌烦或习惯化而造成的动机和反应能力下降等临时性的行为变化，这类变化都不属于学习。

第二，潜在反应能力。这说明通过学习不仅发生外部行为的明显改变，也出现难以直接观察到的内在的变化。比如，因接触某些对象和情境而使学习效能明显提高的潜伏学习和无意学习就都属于学习的范围。

第三，受到强化。这是行为主义心理学家最重视的关键部分，因为没有强化（没有无条件刺激伴随或对作出的反应不给予奖赏）就不会有"潜在反应能力的较为持久的改变"，而且会使已经获得的反应能力出现消退。

第四，练习。要学习的行为必须实际出现并经过反复才会发生学习。当然，通过观察和模仿而实现的学习也可以只有内在的变化而没有明显的外部行为表现。此外，强调学习要经过练习还可以把某些物种的先天倾向（如鸭类的印刻现象）和由机体成熟而引起的变化（如鸟的飞翔）排除于学习之外。

（三）学习的分类及历程

学习分为两类：一类是在学校内得到知识的一种学习。另一类是在校外得到知识的一种学习。

人的学习历程包括以下几个方面。

1. 学龄前儿童的学习

儿童以独立的学习（认识了主体的身份观察、认识周围事物和客观世界，对一切都充满了新奇和惊异的心情，遇事都要问个为什么。家长、亲友从旁引导、指点、扶持和关怀）。

2. 进入学校后的学习

学生在教师指导下在特定的教学环境中进行的特殊的学习阶段。基本上是"他主"（教师为主导）的学习状态。其中又分为小学、中学、大学不同的学习阶段。形象地说，在小学阶段学生是手背在身后学习，中学是手伏在课桌上学习，大学则应当是站起身、举起手来眼观四面、耳听八方，问个为什么的质疑式学习。大学应完成向自主学习的回归。因此有人把大学学习规律概括为教学回归律。

3. 离开学校后的成人学习

人们进入到职业学习及终身教育的学习状态，基本上是独立自主的学习。

二、学生的学习

（一）学生学习的特点

人类学习与学生学习之间是一般与特殊的关系，学生的学习既与人类的学习有共同之处，但又有其特殊的特点。

（1）学生的学习过程是掌握间接经验的过程，因此，它与人类认识客观世界的过程有所不同。人类的认识是从实践开始，而学生的学习则未必如此，他们可以从学习现有的经验、理论、结论开始，同时补充感性经验。虽然学生的学习也要求个人有一定的经验基础，但学生的实践活动也与成人有所不同，主要表现在他们的目的性上，而且从总体上来说，间接经验的学习形式是主要的，学生的学习不可能事事从直接经验开始。在教学组织和教学方法上，特别要求教师能把学校学习与实际生活和学生的原有经验相联系。

（2）学生的学习是在有计划、有目的和有组织的情况下进行的。学生的学习必须在有限的时间内完成，并达到社会的要求，因此需要在教师的指导下实现。由于教师既掌握所教知识的内在联系，又了解学生学习过程的特点，因此，能够保证在较短时间内，采用特殊有效的方法，帮助学生学会学习，完成掌握前人经验和建构自己的认知结构的学习过程。

（3）学生的学习具有一定程度的被动性。学生的学习与人类学习一样，应该是一个主动建构的过程。但学生的学习又不是为了适应当前的环境，而是为了适应将来的环境，当学生意识不到学习与将来的生活实践的关系时，就不愿为学习付出努力。因此教师要注意用各种方法来培养和激发学生的学习动机，提高其学习的主动性和积极性。

总之，学生的学习既有人类认识过程的一般特点，又有其特殊性。如果不了解学生学习的特点，就可能使学生的学习成人化，事事要求直接经验，或是放弃指导，强调生活即教育；或是只注意灌输，把学生看作是一个接受知识的容器，被动的学习者。这些做法都有碍于学生的学习。

（二）学生学习成功的内涵

学生学习成功的定义多种多样，就大学生的学习而言，既可以界定为学生在大学期间获得了丰富的知识、掌握了必要的技能、形成了积极的态度；也可以界定为学生在大学期间获得了良好的成绩，维持了学业，获得了学位；还可以界定为学生毕业后的成就，如考上了研究生，通过了专业资格考试，获得了满意的工作和理想的收入等。美国学者乔治·库在研究了学生学习成功的诸多定义后，给出了一个较为宽泛的定义：学习成绩优良，积极投入以教育为目的的活动，对大学经历感到满意，学到了想学的知识、技能和能力，学业持续，达到教育目标（如顺利毕业、获得学位），以及大学毕业后的成就等。可见，学生的学习成功，可以分为在校学习期间的成功和毕业后的成功。二者之间是密切相关的，为毕业后的成功奠定基础是在校期间学习成功的应有之义。

三、大学学什么？

大学生是学校的主体，是教师的共同学习者、共同实践者、共同研究者；是学校资源的享用者、创造者和共同建设者；是学校声誉的创造者。处于这一时期的大学生，生命力最旺盛，智力发展最完善，思维最活跃，最能吸收新事物，并且开始认识自我、关注社会和思考人生，开始探究责任和义务的含义、理想与现实的关系。大学生已具备了全面学习的身心能力。

我们今天所处的时代是一个革命的时代，许多领域都在进行革命，例如，技术革命、经济革命、环境革命、教育革命，等等。

在众多的革命当中，学习革命是我们最重要、最迫切的革命。因为，学习革命是一切革命之本。我们要想使学习革命获得巨大成效，不但要解决"怎样学"的问题，而且更重要的是解决"为什么学""学什么"的问题。"学什么"是战略问题，"怎样学"是战术问题。战略高于战术，只有确定了"学什么"才能谈得上"怎样学"；"学什么"决定着"怎样学"。

知识经济时代是知识爆炸的时代，与知识爆炸相伴随的是知识老化速度的日益加快。当今，新入学的大学生等到 4 年后毕业时，所学的知识 90% 已经不能满足社会发展和自我发展的需要了。知识爆炸时代，迫使我们把学习的重点必须由学习知识转向学习素质，这才是一个人能在未来适应社会，生存发展捡到的"宝石"。未来的文盲不再是目不识丁的人，而是发展能力低、综合素质低的人。美国的 MBA 教育在时代的压力下，不得不由过去的传授管理知识扩展到培养管理素质。我国现阶段的学校教育，从小学到大学几乎都是在传授知识，而且使用的是比较陈旧的教材，等到学生毕业，伴随着知识的老化、过时，能利用的知识已经所剩无几。

因此。我们必须转变学习观念，在"学什么"的问题上，不能狭隘地认为学习只是学习知识，而应当认识到今天的学习必须由学习知识转变为学习素质。

素质包含知识、能力、观念、性格、意志等动能、智能、复合能力等方面的内在和外在潜能，知识只是素质的一个方面。知识的学习职能学到知识，但不能学到素质；而素质学习，完全可以同时学到知识。

（一）学习素质的内涵

1. 学会学习

大学的学习是学会学习的学习，是学会做事做学问的学习，更重要的也是学会做人的学习。考试分数并不是衡量人的唯一指标，分数也不是我们的命根。自学能力必须在大学期间开始培养。许多同学总是抱怨教师教得不好,懂得不多,学校的课程安排得也不合理。大学生不应该只跟在教师的身后亦步亦趋,而应当主动走在教师的前面。例如,大学教师在一个课时里通常要涵盖课本中几十页的信息内容,仅仅通过课堂听讲是无法把所有知识学通、学透的。

2. 学会做事

学习为了什么?学习是为了我们能更好地做事,做成事,做成功的事。大学阶段,其实就是我们培养和提高做事能力的关键时期。有劳动能力的人都能做事,但不一定都会做事。有的人想做事却做不好事,甚至把应该做好的事情做坏了。学会做事看似容易却很难。

大学生学会做事一般要经历三个过程,先是跟着别人做事,然后是与别人合作做事,最后是领导别人做事。

3. 学会做人

做到以下几个方面。

第一,要做一个有理想有信念的人。如果说社会是大海,人生就是小舟,理想信念就是引航的灯塔和推进的风帆。没有科学理想信念的人生,就像失去了方向和动力的小船,会在生活的波浪中随处漂泊,甚至会被淹没。

第二,要做一个有道德的人。有一句话说得好:一个学生,如果智不合格是"次品",如果体不合格是"废品",如果德不合格则是"危险品"。

第三,要做一个全面发展的人。要做到知识、能力、素质(KAQ)协调发展。知识(Knowledge)是具备智慧力量的基础,能力(Ability)是形成组织力量的基础,素质(Quality)是产生人格魅力的基础。

第四,要做一个与社会和谐的人。做一个和谐的人,还要有理想,有社会责任感。做到忠心献给祖国、爱心献给社会、关心献给他人、孝心献给父母、信心留给自己。

4. 学会发展

人的发展是一个永恒的话题,现代人的发展比以往任何时代更为重要。一个人如果不能学会发展自己,学会开发和利用自己的智能,无疑将被知识经济时代所淘汰。一个优秀的人才要学会发展必然要对自己的生活有个好的规划,确定4年中自己的目标是什么?要学会科学合理规划自己的大学生涯。

概括来讲,结合前面两篇的学习,作为一名高等职业本科大学生,根据学习素质的要求,无论你将来从事什么职业或工作,读大学的最基本的目标和任务都离不开学习知识和培养综合能力两大方面。其中知识是基础,能力是核心,是知识转化和应用到社会实践中的效率。为了让自己拥有扎实的综合实践能力,前提是需要有宽厚的基础知识和精深的专业知识。

(二)大学具体学什么?

1. 学习基础理论知识

在大学里,我们要学习的知识主要有以下几个方面。

(1)巩固我们大学前学到的基础知识和基本常识(30%)。

(2)课堂上老师给我们传授的知识(10%)。

(3)自学的知识(20%)。

（4）博学多闻（20%）。

（5）其他知识，也可以说是常识（20%）。

李开复先生说："中国学生的一大优势是扎实的基础知识，如数学、物理等。无论同学们所学的是哪个专业，大学毕业才是个人事业的真正开始。想做企业领导或想做管理工作的同学也必须从基层做起，必须首先在人品方面学会做人，在学业方面打好基础。"

如果说大学是一个学习和进步的平台，那么这个平台的地基就是大学里的基础课程。在大学期间，同学们一定要学好基础知识，其中包括数学、英语、计算机和互联网的使用，以及本专业要求的基础课程（主要就是人才培养方案中的专业课程知识，如学科基础课程模块中的财务、经济类等课程）。在科技发展日新月异的今天，应用领域里很多看似高深的技术在几年后就会被新的技术或工具所取代。只有对基础知识的学习才可以受用终身。另一方面，如果没有打下好的基础，大学生也很难真正理解高深的应用技术。最后，在许多的中国大学里，教授对基础课程也比对最新技术有更丰富的教学经验。

数学是理工科学生必备的基础，也是考研的基础。很多学生在高中时认为数学是最难学的，到了大学里，一旦发现本专业对数学的要求不高，就会彻底放松对数学知识的学习，而且他们看不出数学知识有什么现实的应用或就业前景。但大家不要忘记，绝大多数理工科专业的知识体系都建立在数学的基石之上。例如，要想学好计算机工程专业，那至少要把离散数学（包括集合论、图论、数理逻辑等）、线性代数、概率统计和数学分析学好；要想进一步攻读计算机科学专业的硕士或博士学位，可能还需要更高的数学素养。同时，数学也是人类几千年积累的智慧结晶，学习数学知识可以培养和训练人的思维能力。通过对几何的学习，我们可以学会用演绎、推理来求证和思考的方法；通过学习概率统计，我们可以知道该如何避免钻进思维的死胡同，该如何让自己面前的机会最大化。

21 世纪最重要的沟通工具就是英语。有些同学在大学里只为了考过四级、六级而学习英语，有的同学仅仅把英语当作一种求职必备的技能来学习，甚至还有人认为学习和使用英语等于崇洋媚外。其实，学习英语的根本目的是为了掌握一种重要的学习和沟通工具。在未来的几十年里，世界上最全面的新闻内容，最先进的思想和最高深的技术，以及大多数知识分子间的交流都将用英语进行。因此，除非你甘心做一个与国际脱节的人，否则英语学习是至关重要的。在软件行业里，不但编程语言是以英语为基础设计出来的，最重要的教材、论文、参考资料、用户手册等资源也大多是用英语写就的。学英语绝不等于崇洋媚外。中国正在走向世界，中国需要学习西方的先进思想和先进科学技术，学好英语才是真正的爱国。

很多中国留学生的英语考试成绩不错，也高分考过四级、六级、托福，但是留学美国后上课时却很难听懂课程内容，和外国同学交流时就更加困难。我们该如何学好英语呢？既然英语是最重要的沟通工具，那么，最重要的学习方法就是尽量与实践结合起来，不能只"学"不"用"，更不能只靠背诵的方式学习英语。读书时，首先，大家尽量阅读原版的专业教材（如果英语不够好，可以先从中英对照的教材看起），并适当地阅读一些自己感兴趣的专业论文，这可以同时提高英语和相关专业的知识水平。其次，提高英语听说能力的最好方法是直接与那些以英语为母语的外国人对话。现在有很多在中国学习和工作的外国人，他们中的不少人为了学中文，很愿意与中国学生对话、交流，这是很好的学习机会。此外，大家不要把学英语当作一件苦差事，完全可以用有趣的方法学习英语。例如，可以多看一些名人的对话或演讲，多看一些小说、戏剧甚至漫画。初学者可以找英文原版的教学节目和录像来学习，有一定基础的则应该看英文电视或电影。看一部英文电影时，最好先在有字幕的时候看一遍，同时查考生词、熟悉句式，然后在不加字幕的情况下再看一遍，仅靠耳朵去听。听英文广播也是很好的练习英文听力的方法，大家每天最好能抽出半小时到一小时的时间收听广播并尽量理解其中的内容，有必要的话还可以录下来反复收听。在互联网上也有许多互动式的英语学习网站，大家可以在网站上用游戏、自我测试、双语阅读等方式提升英语水平。总之，勇于实践、持之以恒是学习英语的必由之路。

信息时代已经到来，大学生在信息科学与信息技术方面的素养也已成为他们进入社会的必备基础之一。虽然不是每个大学生都需要懂得计算机原理和编程知识，但所有大学生都应能熟练地使用计算机、互联网、办公软件和搜索引擎，都应能熟练地在网上浏览信息和查找专业知识。在21世纪，使用计算机和网络就像使用纸和笔一样是人人必备的基本功。不学好计算机，你就无法快捷全面地获得自己需要的知识或信息。

最后，每个特定的专业也有它自己的基础课程。以计算机专业为例，许多大学生只热衷于学习最新的语言、技术、平台、标准和工具，因为很多公司在招聘时都会要求这些方面的基础或经验。这些新技术虽然应该学习，但计算机基础课程的学习更为重要，因为语言和平台的发展日新月异，但只要学好基础课程（如数据结构、算法、编译原理、计算机原理、数据库原理等）就可以万变不离其宗。有位同学生动地把这些基础课程比拟为计算机专业的内功，而把新的语言、技术、平台、标准和工具比拟为外功。那些只懂得追求时髦的学生最终只知道些招式的皮毛，而没有内功的积累，他们是不可能成为真正的高手的。

虽然很多同学对数学、英语和计算机不感兴趣，但在这里仍需强调，工作中有些事情即便不感兴趣也是必须要做的。例如，打好基础，学好数学、英语和计算机的使用就是这一类必须做的事情。如果你对数学、英语和计算机有兴趣，那你是幸运儿，可以享受学习的乐趣；但就算你没有兴趣，你也必须把这些基础打好。打基础是苦功夫，不愿吃苦是不能修得正果的。

2. 提高综合能力

大学生只学习教材上和课外那些知识和理论是远远不够的，这只是基础，大学生真正要学的是将这些知识和理论转化为自己的综合能力，特别是应用到社会实践中的能力。

 案例 />>>

中央电视台"东方时空"和国内专业的招聘网站——智联招聘联合推出了2006毕业生就业状况大型调查。这项调查从2004年12月中下旬开始，调查样本覆盖了12个大中城市的12 463名大学毕业生和刚参加工作的职场新人，以及北京、上海、广州等城市的120家大中型企业。面试阶段，雇主最看重的是求职者在面试中所能表现出来的个人潜质，占到25.9%，其次是专业知识（23.6%）和谈吐表达（22%）。

我们认为，作为就业主体的大学生，面对未来的职业，在基本素质和专业素质训练的基础上，需要深入了解和认识自我，确定合理的目标；培养自己的综合能力，综合能力主要包括专业技能、通用技能和综合素质。

1）专业技能

专业技能是一个人职业生涯的基本技能，是大学生步入职业生涯的基本要素。所谓专业技能，是指从事某一职业所必需的专业理论知识和实践操作能力，简单来说就是对所学的专业及非专业知识的掌握和应用程度。最基本的专业技能就是大学生所学专业的知识技能，如中文系的学生应该具备较多的文学知识，可以写得一手漂亮的文章；计算机系的学生应对计算机的研究领域非常熟悉，自身也具有一定的开发潜能。这些技能，是一个大学毕业生在应聘某职位时所应该具备的基本专业能力。

专业技能对任何职业都具有一定的社会功能，对社会发展具有推动作用，包括在日常生活中对于国家和人民所担负的责任，对于发展社会政治、经济、科学、文化事业的意义。职业的这种社会功能必然要求加强职业的专业化程度，否则，如果从事某一职业的劳动者的专业水平不足或水准较低，则会对社会的发展构成不同程度的伤害。例如，一个从事公共事业管理的领导者，如果对某一项事业规划（如公共教育投资等）的重要性估计不足或是规划存在严重的不合理性，则势必导致这一地区公共事业发展的迟缓，进而影响该地区经济、政治、文化等方面的发展。当然，任何职业也是个体实现其人生价值和人生追求的一种不可或缺的媒介，换言之，任何职业也都体现着个体的个人价值，具有个人功能属性。

案例 2>>>

重庆某专科学校电力工程系毕业生小张在校读书期间学习刻苦努力，具有扎实的专业理论基础和实践能力，两次代表学校参加市级工程制图和机械设计竞赛均获得一等奖，参加工作后，在一家国内大型核电站工作，在众多的毕业生中脱颖而出成为技术骨干，在重要的技术岗位上做出了不错的成绩。

大学生专业技能的准备具有鲜明的职业岗位针对性。知识是源泉，技能是目标，实训是关键。毕业生往往工作在生产建设的第一线，一线岗位的工作主要体现为技能。技能是通过实践训练而形成的智力活动模式。主要包括：动作技能，如操作技能，是通过练习形成和巩固起来的、视而可见的、接近自动化的动作；心智活动技能，是借助对职业的体验在工作中实现的认知活动，认识自己的职业，培养良好的职业道德；动作技能和心智技能二者相辅相成，缺一不可。

拥有较好的专业技能是大学生成功就业的前提条件，因此，当代大学生应重点加强自身专业技能的培养，提高专业技能素质。主要包括三个层次：①专业方面的一般技能。一般技能包括阅读、资料查阅、写作、社会调查、观察、运算、实验等方面。它是每个大学毕业生从事工作应具备的最基本技能。②运用专业知识的技能。运用专业知识的技能即用所学知识分析解决生产实践中所遇到的问题，使科学技术从知识形态转化为生产力的现实形态，从而形成新的生产力的技能。③一定的科学研究技能和创造技能。能运用科学研究的正确方法，对所获取的信息进行加工，具有获取新知识的思维技能、逻辑推理技能、准确判断技能和概括提炼技能。善于从事科学研究并且能够正确总结客观世界的规律，能够在实践中有所突破，超越别人。

2）通用技能

通用技能是相对于专业技能而言的。顾名思义，就是"通用性"的技能，对于任何职业而言，这种技能都是适用的。通用技能可以随着个体工作的变化而同时被迁移到新的工作当中，并能很快产生功效，它是一项可转换的能力。通用技能是职业人取得成功所必须具备的基本能力，是一种超越具体职业、对人的终生发展起着重要作用的能力，是人们在教育或工作等各种不同的环境中培养出来的可迁移的、从事任何职业都必不可少的跨职业的技能。该技能可以提高工作效率及灵活性、适应性，是个人获得就业机会、事业发展的重要保障。

通用技能与前面所说的专业技能是两个完全不同的概念。专业技能受到工作性质的限制，一项专门的技能可能只是一个企业或是一类企业的需要，只能适用于特定的岗位要求。对个体来说，离开特定的工作岗位，这项技能可能就再也没有使用的空间了，因此它的可迁移性很小，不能或是很难被带到新的工作岗位中去发挥作用。

通用技能是个体对环境的适应能力及学习能力、表达沟通能力、人际交往能力、团队合作能力等的综合体现，这种综合的技能既是个体能够顺利就业的基本前提，也是个体在工作过程中与他人友好相处、充分利用工作资源、保持持续劳动力、获取更大竞争优势、有效维持就业的前提，更是个体在需要的时候重新获得就业的有力保证。从某种意义上说，通用技能的培养与我们通常所说的素质教育有异曲同工之妙，只是通用技能的内涵界定偏重于技能型，它既包括综合职业能力的要求，也包括全面素质的部分要求。

根据我国职业教育的培养目标，通用技能大体上包括以下七个方面的主要内容：表达沟通、人际交往、分析判断、解决问题、学习和创新、团队合作、组织管理、应变能力等。

（1）表达沟通。有个故事讲，在酒足饭饱后，国王问大臣：你说，世界上什么最难？大臣回答："世界上说话最难。"大臣没有说出来的隐含的意思是说话最难，尤其是和国王说话最难。而在一次关于"什么最可怕"的调查中人们发现，有30%的人选择了"死"，而有70%的人则选择了"当众讲话"。这并不是危言耸听。在很多的场合情境下，说话容易，但是要把话说到位，非常困难。其实我们从入学第一天到读了大学，一直在学习的一门功课就是语文，语文课最终要教给我们就是要会写和会说，就是会与人交流表达，进行心理和信息的沟通。可是，我们也常常遇到写作时三言两语，文不对题；说话时手心出汗，词不达意的情况。

交流沟通能力是职业活动中具有普遍适应性和可迁移性的一种核心能力，它是指在与人交往活动中，通过交谈讨论、当众讲演、阅读、书面陈述，以及通过举手投足、表情、姿态等身体语言等方式，来表达观点、获取和分享信息资源的能力，是日常生活及从事各种职业必备的社会方法能力，包括：提供书面陈述的（如写信、写报告、写文章），提供口头陈述的能力（如打电话、在公众场合发表意见），提供信息的能力，提供建议的能力，建立公共关系的能力，谈判能力，与顾客、学生等不同层次的人建立联系和持续地保持联系的能力。"三人行，则必有我师。"若要在团队中获得有效的知识和能力，交流沟通是开启成功大门的金钥匙，是战胜困难的法宝，是不断前行的助力！

对于大学生来说，表达能力的重要性不言而喻。能够用准确、流畅的语言讲述事实，表达观点，能够撰写计划、总结、调查报告、公函等文书，这是用人单位对大学生表达能力的基本要求。有的大学生在工作岗位上动手写东西很费劲，拿起笔来不知从何入手，写出来的东西，语句不顺，逻辑不通；有的连通知、申请，甚至连请假条都写得不像样；有的会设计，但却不会写说明；有的外语不错，中文却不行。表达能力的重要性不仅仅是在参加工作走向社会后才能显现出来，在求职择业的时候就会有深切的感受。比如，求职自荐信的撰写，个人材料的准备，回答招聘人员的问题，接受用人单位的面试等，这些环节都需要有较强的表达能力。大学生可以通过日常训练、参加专门的培训等方式来提高自己的表达能力。

（2）人际交往。人际交往能力是人生中很重要的能力之一，没谁主动教你，主要靠自己学，像大学的学生会竞选，就是一个社会竞争的浓缩，要靠本事、靠关系、靠交情还有和老师交流，要有礼貌，有自己的思想，搞好关系。参与到多种多样的社团和活动中。与人交朋友，出身比你穷得多和富得多的朋友都交一交。学会和不同民族、不同性别、不同地方的人交往。

在人际交往的过程中，我们给他人的印象是怎样的，以及他人怎样评价我们？认真思考这个问题，比较一下他人对自己的评价和自己对自己的评价的异同，将有助于我们更好地认识自己。

大学生走上工作岗位后，人际交往能力的发挥是适应环境的关键。人际关系是工作中人与人之间必然发生的联系或关系。好的人际关系可以帮助你在事业上取得成功，更好地实现自己的人生价值；不好的人际关系则会使你萎靡不振，工作消极。许多大学毕业生在刚刚走上职业岗位时，由于初谙世事，阅历较浅，缺少经验，往往在各种错综复杂的关系面前茫然失措，苦于无法适应，常常感叹"工作好搞，关系难处"。因此，大学生自觉地培养良好的人际交往能力非常重要。作为大学生，只有具备一定的人际交往能力，善于处理各种人际关系，才能在学习、生活及工作中充分施展自己的才能。

20句话让你的人际关系更上一层楼

a. 长相不令人讨厌，如果长得不好，就让自己有才气；如果才气也没有，那就总是微笑。

b. 气质是关键。如果时尚学不好，宁愿纯朴。

c. 真诚是宝。

d. 不必什么都用"我"做主语。

e. 不要向朋友借钱。

f. 与人"打的"时，请抢先坐在司机旁。

g. 坚持在背后说别人好话，别担心这些好话传不到当事人耳朵里。

h. 有人在你面前说某人坏话时，你只需微笑就好。

i. 不要把过去的事全让人知道。

j. 尊重不喜欢你的人。

k. 做人是品德的较量，做事是实力的较量。

l. 自我批评总能让人相信，自我表扬则不然。

m. 不要把别人的好，视为理所当然。要知道感恩。

n. 榕树上的"八哥"在讲，只讲不听，结果乱成一团。学会聆听。

o. 每天路过的传达室，每天要去饭堂，不要忘记与工作的师傅和保洁的阿姨微笑、打招呼。

p. 说话的时候记得常用"我们"开头。

q. 为每一位上台唱歌的人鼓掌。

r. 把未出口的"不"改成"这需要时间""我尽力""我不确定""当我决定后，会给你打电话"等。

s. 不要期望所有人都喜欢你，那是不可能的，让大多数人喜欢就是成功的表现。当然，自己要喜欢自己。

t. 如果你在表演或者是讲演的时候，只要有一个人在听也要用心的继续下去，即使没有人喝彩也要演，因为这是你成功的道路，是你成功的摇篮，你不要看别人成功，而是要你自己成功。

（3）分析判断。分析判断、解决问题的能力来源于个人的学习与思维能力。有人认为"大学最主要的任务是多学知识"，这是误解，大学教育若立足于教授知识则是大谬。现代教育理念认为大学教育乃是通识、通才教育，就在于通过在教授知识中训练学习、思维的能力，把大学生锻造成人才的毛坯，使大学生能够以不变应万变。知识的海洋，是不可穷尽的，唯掌握舀水的本领才可任意取之。这舀水的本领即是学习与思维能力。在人的一生中，正是这舀水的本领让我们胜任工作、惬意生活。

覃彪喜在《读大学，究竟读什么》中认为："大学生和非大学生最主要的区别绝对不在于是否掌握了一门专业技能，而在于是否掌握系统分析问题、解决问题的能力，这种能力正好是一个合格大学生最本质的特征。"比如说，某个人知道应该通过社会调查来作出某种判断，但如果他没有掌握社会调查的相关知识，设计调查问卷都会成问题，调查出来的数据也很可能背离调查的初衷。又如果他思维非常活跃，很善于发现市场空缺，但他没有一定的知识背景，发现的市场空缺可能会毫无市场价值，就算有价值也很难变成一个切实可行的项目。

大学教育的秘诀在于教会大学生善于学习的本领和科学思维的能力。从小学到大学，我们所学到的那些知识点，乃至很多不用的技能，其实早就生疏、荒芜乃至忘得一干二净了。但唯有当时通过系统教育训练出来的学习本领和正确的思维方法留下来了，并一直运用下去。

覃彪喜说，一个没有上过学的农民可能非常守时，而一个著名的学者有可能非常拖沓，这都不影响他们继续做农民或做学者。大学生没有理由比其他人的记忆力强，很多孩子、农民、工人等也许会拥有过目不忘的记忆力，但他们不是大学生，只有你的记忆力上升为主动的分析能力和独立的思考能力时，这样的记忆力才有用。不管在什么行业工作，所面对的问题都是纷繁复杂且瞬息万变的，如果没有系统分析、独立思考的能力，就算把所有的书本都吞进肚子，就算大学期间每次期末都考第一名，也绝对不可能在工作中脱颖而出。

教材和其他书籍上的东西当然要学好，但这只是前提和基础，最关键的还是要进行自主学习，在学习的过程中独立思考，得到系统的思维训练，不能愚读、愚信、愚传、愚做。对于教材和其他书籍中的内容和观点应该带着批判的眼光加以学习，不能认为书本上说的就一定是对的，很多所谓学术大家的著作也同样不可能是绝对真理，只有经过自己的独立思考和评价，你才能学习书中正确的观点，摒弃错误的观点。同时，教师在课堂上讲的内容和观点也不一定都是正确的，要敢于怀疑，善于争论。事实上，书上和教师等所说的观点都有可能是学术界对某一问题很多种观点中的一种，在这些有争议的观点中作出何种取舍，必须要经过自己的独立思考。一个经过独立思考而坚持错误观点的人比一个不假思索而接受正确观点的人更值得肯定，因为前者的人格是独立的，独立的人格理应比一切更重要。

读大学的目的不应该只是毕业后能够胜任一份理想的工作，因为走出校门以后将要面对的不只是一份工作，而是整个纷繁复杂的社会，如果自己的视野只局限于自己的利益范围之内，那你只会被整个社会孤立在非常狭小的空间里。只要你善于关注和思考身边的似乎毫无意义的小事，慢慢你会发现，生活就是一本最好的教科书。如果你缺乏思考，你永远只能在别人的公司中打工，根据别人安排的工作计划按部就班地完成。因此，大学生在与柏拉图、亚里士多德等为友的同时，还应与社会现实为友。

具备分析判断能力就能够看出表面上互不相干事件或事物的内在联系，并能从系统的角度进行分析。比如，对于一个管理者来说，分析判断能力是管理者对已知信息的处理，对事物发展趋势进行方向性把握的能力。分析判断能力有助于管理者把握全局，并能深入系统地分析问题和解决问题；有助于管理者在进行部门规划和工作计划时，提高工作效率和准确度；有助于管理者了解事情的因果关系，从而找到问题的真正症结所在，并提出解决方案；有助于管理者洞察先机，未雨绸缪，化危机为转机，最后变成良机。因此，现代大学生要高度重视分析判断能力的提高。

面试案例 1 >>>

微软面试题举例

★ 为什么下水道的井盖是圆的？

★ 美国有多少辆车？

★ 美国有多少个下水道井盖？

★ 你让工人为你工作了七天，你要用一根金条作为报酬。这根金条要被分成七块。你必须在每天的活儿干完后交给他们一块。如果你只能将这根金条切割两次，你怎样给这些工人分？

面试案例 2 >>>

中兴通信 2010 年面试题之一

在唐僧、孙悟空、猪悟能、沙悟净师徒四人中选择一个人做你的助理。

以上问题主要就是考察大学生的思维能力、分析和解决问题的能力，如果要想回答好以上问题，就需要大学生具备系统的，独立的思考问题的能力。

（4）解决问题。大学生尤其是刚刚走出校门步入社会的大学生，在实际工作中，难免会遇到各种各样的难题，如何面对在工作中出现的问题，不同的人会有不同的态度。现代社会所需要的是能够迅速分析问题、解决问题的复合型人才。在瞬息万变的现代职场中，问题随时会出现，能够迅速地分析问题、解决问题，拿出解决方案，是一个优秀员工必备的基本素质之一。

解决问题的能力就是面对生活中所出现的一些矛盾和问题，通过我们掌握的技巧和能力，合理运用解决问题的步骤，使矛盾得以化解，使问题得到解决，实现工作目标的过程。

解决问题的能力包括换位思考能力、高超的总结能力、解决问题时的逆向思维能力、方案制定能力等。

（5）学习和创新。学习能力是动态衡量人才质量高低的一个尺度。知识经济时代，更是终身学习的时代，大学生既要培养自己能"闻一以知十""举一而反三"的能力，也要培养自己不断进行知识更新的能力，更要培养自己在学习和工作中自我归纳、总结，找出自己的强项和弱项，扬长避短，适时进行自我调整的能力。

培养良好的创新能力，要求大学生具有扎实的基础知识、基本技能，较宽的知识面、较强的实践能力和较丰富的实践经验，包括在大量信息中选择、辨别知识的能力。当然一个人的成长也有一个从学到模仿、再到创造的过程。如果只模仿没有创新，是没有发展的。有创新能力的人才是人才，有创新人才的企业才有生命力。

案例 >>>

小李是某高校热能动力工程专业的毕业生，在学校学习时曾担任学生电子协会的会长，善于创新。毕业走向工作岗位后，在汽轮机安装过程中，当他从热机安装的角度始终不能很好地解决机组动平衡的问题时，用电子方面的知识分析攻克了该难题，赢得了领导和同事的赞赏。

（6）团队合作。在专业分工越来越细、市场竞争越来越激烈的市场环境中，单打独斗的时代已经过去，合作变得越来越重要，时代呼唤团队合作精神。

对于一个团队来说，团队合作的形成并非一日之功，需要日积月累之沉淀。团队合作至关重要的另外一点就是，它强调团队内部成员的全面进步和综合完善，唯团队成员都具备团队合作的能力，团队合作才能得以形成。任何一个成员的落伍掉队都极有可能使一个整体团队面临分崩离析的危险。因此，对大学生而言，培养团队合作能力，是大学生就业生存、立业提高、创业发展的一件大事。

案例 >>>

寸有所长，尺有所短。在一个大集体里，干好一项工作，占主导地位的往往不是一个人的能力，关键是集体中各成员的协作配合。博士毕业的李刚受聘于一家大型广告公司，刚开始，他有一种瞧不起同事的清高自负心理。可他慢慢地发现，无论他对人家的工作如何挑剔，同事都会耐心地聆听，然后尽量完善，交给经理的又是一份很有创意的作品。而当他向经理表明某项目很有潜力的文案时，经理总会把其他人员召集来，共同分析。三个臭皮匠赛过诸葛亮。他们的见地常常出乎意料的精彩。如今，博士李刚自己也创办了一家广告公司，并且在广告林立竞争强劲的市场上小有成效，秘诀只有一个：团结协作光有心动没有行动，往往收效甚微。

（7）组织管理。组织管理能力是一种对人心的把握与引导的能力，组织管理能力强的人往往工作有主动性，对他人有影响力。很多招聘单位面试后常有"无领导小组讨论""角色扮演"等情景测试，这就是对人的组织管理能力的考验。曾有一位普通院校毕业生，与一个重点院校毕业生和一个研究生同场竞争，在最后的测试环节中普通院校大学生胜出，就是胜在组织管理能力上。在那场"测试"中，组织者没有告诉三个应聘者会采取怎么样的方式测试，只是告诉他们，经理一会儿就来，你们先随意谈点什么。在"闲聊"的过程中，这个普通院校毕业的大学生由于平时参加的社会活动多，经常承担组织者的角色，"闲聊"中自然而然地也就引领着其他两人的话题。当经理出现时，公布录用结果的时候也就到了。

3）综合素质

随着社会主义市场经济的发展，社会对大学生综合素质的要求越来越高，社会职业发展趋势、市场经济发展趋势、知识经济创新趋势、经济全球化趋势和人才市场竞争趋势要求大学生除应具备良好的专业技能和通用技能外，还应具备良好的综合素质。21世纪，社会的竞争是人才素质的竞争，当代大学生要成为适应社会需要的合格人才，就必须努力培养和提高自己的综合素质。

大学生的综合素质包括思想道德素质、专业素质、文化素质和身心素质等几个方面。对于大学生的发展而言，综合素质的各个构成是各有侧重的，各个要素之间又是一个相互关系、协调发展的有机整体。

（1）思想道德素质。思想道德素质是大学生成长为合格人才最重要的素质，是统帅、是灵魂，它对其他方面素质的培养和提高起着统领和制约作用，其核心是如何做人。大学毕业生无论从事何种职业，首先要学会做人，要学会尊重别人，尊重他人的劳动，有社会公德，对国家、民族、社会有责任感，能妥善处理国家、集体、个人之间的关系，适应现代生活的节奏，心理健康，情绪稳定，有较强的心理承受能力和战胜困难的顽强意志。

良好的思想道德素质，能激发人的积极性和创造性。大学生毕业时正是世界观、人生观、价值观形成的时期，思想还不成熟，可塑性很大，很容易接受正面教育，也容易受到来自社会的各种不良思潮的影响。近年来由于受市场大潮的冲击，一些负面影响不可避免地影响了部分大学生的世界观、人生观、价值观和择业观，所以大学生应具有高尚的思想品德素质。

（2）专业素质。较高的专业素质是现代人才的显著标志，是现代人才贡献社会的根本。专业素质是人们所具有的为社会服务的特殊的工作能力，具体表现为人们在业务工作中表现出来的知识、能力和方法。

具备良好的专业素质，是大学生立足社会、开拓创新、成才立业、为国效力、为民造福的根本保证，是大学生进行就业前的知识储备。因此，大学生应紧跟时代步伐，一方面养成良好的学风，牢固掌握本学科的基础理论知识，即扎实的自然科学基础理论知识、深厚的专业基础理论知识和广博的专业科技知识，形成合理的知识结构，并在此基础上掌握一定跨学科的专业知识和综合交叉学科专业知识，做到既专又博；另一方面要具有基本的专业能力，专业素质更重要的是要求大学生具有强烈的求知欲，学习勤奋、踏实，具有严谨的学风，要有较强的自学能力、思考能力、观察能力、创新能力和动手能力。这样，当代大学生才能跟上时代和社会的发展。另外，必须掌握一般的方法，它是知识与能力之间的纽带和桥梁，它既是获取知识的手段，又是创造知识的武器。

（3）文化素质。大学生文化素质，实际上就是指作为高层次文化群体的大学生所应具备的一定的人文社会科学知识水平和能力。知识积累是基础，思维训练是保证，情操陶冶是动力，这几个方面构成了大学生文化素质的内在框架。为此，在保证自己所学专业知识技能过硬的同时，大学生还应该对自己专业领域外的东西有所了解，争取把自己塑造成为一个复合型人才。随着社会的发展，不同职业领域之间的合作越来越多，这就要求每个想在现代社会里取得成功的人都应具有广博而深厚的知识，力求一专多能，主动适应市场。

（4）身心素质。俗话讲，身体是革命的本钱。一个人的身心健康，包括身体健康与精神健康，即生理健康与心理健康两个方面。二者相互依存，相辅相成，同等重要，不可偏废。

身体健康是指人的感觉、力量、速度、耐力、柔韧、灵敏和协调七方面皆佳。心理健康是指人的良好的、积极的心理状态，它以健全的心理反应形式适应自身环境、自然环境和社会环境，积极的发挥人的身心功能。

一个身体健康、情绪稳定、充满信心、胸怀坦荡的人，必须通过心理和身体的修养才能达到。有健康的身体，才有健全的心理。身体上的缺陷，往往会使人产生烦恼、焦躁、忧虑、抑郁、灰心等情绪，形成各种不正常的心理状态；而心理上的长期和严重的不健康状态，又会导致身体上的异常或病态。面对急速变化的社会现实和严峻的就业形势，大学生必须做好心理准备，迎接社会和用人单位的选择。

一则小故事的启示——大学学习，只需你弯一下腰

夜深了，一位巴格达商人走在黑漆漆的山路上，突然，有个神秘的声音传来："弯下腰，请多捡些小石子，明天会有用的！"商人决定执行这一指令，便弯腰捡起几颗石子。到了第二天，当商人从口袋中掏出"石子"看时，才发现那所谓的"石子"原来是一块块亮晶晶的宝石！自然，也正是这些宝石，使他立即变得后悔不迭：天！昨晚怎么就没有多捡些呢？

这是科学家巴甫洛夫讲的一个故事。尤其发人深省的是，他在讲完故事后说："教育就是这么回事——当我们长大成人之后，才会发现以前学的科学知识是珍贵的宝石，但同时，我们也会觉得可惜，因为我们学的毕竟太少了！"

不是吗？在大学，教育送给我们的明明是瑰丽的"宝石"，可总有人因为嫌弯腰太累而视而不见，结果白白地错过了许多机会。

？想一想 做一做

现在你是怎样理解大学学习的？在大学，除了学习专业知识和技能之外，你认为还要学些什么？

_____

_____

_____

_____

_____

_____

_____

_____

_____

_____

_____

_____

_____

_____

_____

_____

_____。

通过本部分内容的学习，谈谈你的感受。_____

_____

_____

_____

_____

_____

_____

_____。

教师提示： 大学是第一个要求你完全独立的地方。进入大学，你终于可以放下高考的重担，第一次开始追逐自己的理想、兴趣。这是你离开家庭生活，第一次独立参与团体和社会生活。这时你不再单纯地学习或背诵书本上的理论知识，第一次有机会在学习理论的同时亲身实践，第一次不再由父母安排生活和学习中的一切，你有足够的自由处置生活和学习中遇到的各类问题，支配所有属于自己的时间。

学习是指自由探求、自我思索的过程，考试和分数都只是对于学习太肤浅的解释，大学这宁静的时光正是你自由学习、充实自我的宝贵时机。潜心钻研你的专业，附带着博览群书，顺便再学学你一直梦寐以求的琴棋书画，也许这是最后一个自由学习的机会了。而这机会，是大学给予我们的最宝贵的馈赠，不要自以为是地唾弃学习，醉心"能力"；也不要只满足于课件教材和分数习题。主动地去充实自我，记住，你真正想学的就是最有价值的。

总之，大学是充满智慧与灵性的沃土，是精神的家园，是你成长的"加油站"，是每个大学生人生拼搏的另一个"战场"。正因为大学的内涵如此丰富，才会让人在离开大学时百般留恋；正因为有人没有充分利用大学的价值，才会留下诸多的遗憾；正因为从大学中有如此多的获取，校友们才会永远心存感激，才会不断为母校祝福。大学是如此美好，我们一定要好好地珍惜它、利用它、真正地拥有它！

学习加油站

教育的目的在于以开放的大脑取代空泛的头脑。

——胡珀

教育的最终目的不是传授已有的东西，而是要把人的创造力量诱导出来，将生命观、价值观唤醒！一直到精神生活的根。

——斯普朗格

教育就是忘记了在学校所学的一切之后剩下的东西。

——爱因斯坦

 拓展阅读

大学存在的理由[1]

大学是教育机构，也是研究机构，但大学存在的主要原因既不能从它向学生传授纯粹知识方面，也不能从它为院系成员提供纯粹研究机会方面去寻找。就传授纯粹的知识而言，由于15世纪印刷术的普及，大学已不再有存在的理由了。然而，建立大学的主要推动力却正是自那以后产生的，而近来这种推动力还更为增强了。

大学存在的理由在于，它联合年轻人和年长者共同对学问进行富有想象的研究，以保持知识和火热的生活之间的联系。充满活力的气氛产生于富有想象的思考和知识的改造。在此，一件事实将不再是纯粹的事实，因为它被赋予了全部的可能性。

青年人是富于想象的，如果通过训练使想象力得到增强，这种想象的活力大都能保持终生。世界的悲剧在于，那些富于想象力的人经验不足，而那些富有经验的人又贫于想象。蠢人们凭想象行事而缺乏知识，学究们又凭知识行事而缺乏想象。大学的任务就是要将想象力和经验融为一体。

大学造就我们文明的知识先驱：牧师、律师、政治家、医生、科学家、文人和学者。大学一直是引导人们面对他们时代的混乱的思想之家。今天的商业活动正如以往其他职业的活动所有过的那样，需要同样的富有理智的想象力。大学就是这种曾为欧洲民族的进步提供这种智慧的机构。一所大学的特有功能就是运用想象力去获得知识。

组织大学的全部艺术在于提供教育的是由其学问闪耀着想象力的大学教师。想象力和学问的结合需要悠闲自在、无拘无束、无忧无虑的气氛，需要多种多样的经验，需要同那些在观点上和智力训练上不相同的心智相互激发。还需要在促进知识的发展时，为周围社会的成就而自豪的兴奋和自信。想象力不可能一劳永逸地获得，然后永远保存在冰柜里让其以固定的数量定期增长。学习和富有想象的生活是一种生存方式，而不是一件商品。

让研究人员在可塑、开放、富有活力的心智面前展示自己，让青年学生在与充满智力探险的心智的接触中，圆满地通过他们的理智获取阶段。教育是对生活的探险的训练，研究就是智力的探险，而大学应该成为年轻人和年长者共同进行探险的故乡。成功的教育在

---

① 节选自怀特海：《想象力——大学存在的理由》。

其所传授的知识中必须具有一定的新颖性。要么知识本身是新的，要么具有某些适用于新时代新世界的新颖性。

学者的职责是唤醒智慧和美的生活，这种生活若不是学者们的苦心孤诣，在过去就丧失了。一个进步的社会有赖于三个群体：学者、发现者和发明者。社会的进步也基于以下的事实：受过教育的人是由每一个略有学问、略有发现和略有发明的人的构成。

任何人都有其自身职能和自身特定需要的局限性。对一个国家来说，重要的是各种进步因素要紧密联合在一起。这种联合可以使学习影响市场，而市场又可以调整学习。大学是将各种进步因素融合起来以形成有效发展之工具的主要机构，当然，它并不是唯一的机构。不过，今天进步快的国家都是那些大学兴旺发达的国家，这是事实。

比尔·盖茨的 11 条忠告[①]

（1）适应生活：生活是不公平的，你要去适应它。命运掌握在自己手中。

（2）成功是你的人格资本：这个世界并不会在意你的自尊，而是要求你在自我感觉良好之前先有所成就。成功是人生的最高境界，可以改变你的人格和尊严，自负是愚蠢的。

（3）别希望不劳而获：刚从学校走出来时你不可能一个月挣 6 万美元，更不会成为哪家公司的副总裁，还拥有一部汽车，直到你将这些都挣到手的那一天。成功不会自动降临，它来自积极努力，坚持到底。

（4）习惯律己：如果你认为学校里的老师过于严厉，那么等你有了老板再回头想一想。好习惯源于自我培养。

（5）不要忽视小事：卖汉堡包并不会有损于你的尊严。你的祖父母对卖汉堡包有不同的理解。他们称之为"机遇"。平凡成就大事业。

（6）从错误中吸取教训：如果你陷入困境，那不是你父母的过错，不要将你理应承担的责任转嫁给他人，而要学着从中吸取教训。

（7）事事需自己动手：在你出生之前，你的父母并不像你现在感觉的这样乏味。他们变成今天这个样子是因为这些年来一直在为你付账单、给你洗衣服。所以，在父母喋喋不休之前，还是先去打扫一下你自己的屋子吧。不要总靠别人活着，要凭借自己的力量前进。

（8）你往往只有一次机会：你所在的学校也许已经不再分优等生和劣等生，但生活却并不如此。在某些学校已经没有了"不及格"的概念，学校会不断地给你机会让你进步，然而现实生活完全不是这样。机遇是一种巨大财富，也许你没有机会，但是可以创造。

（9）时间在你手中：走出学校后的生活不像在学校一样有学期之分，也没有暑假之说。没有几位老板乐于帮你发现自我，自己找时间做吧，你必须依靠自己去完成，决不要把今天的事拖到明天。

（10）做应该做的事：电视中的许多场景绝不是真实的生活。在现实生活中，人们必须埋头做自己的工作，而非像电视里演的那样天天泡在咖啡馆里。

（11）善待身边所有的人，善待乏味的人，因为说不定哪一天你就会为这样的一个人工作。善待他人就是善待自己。

[①] 资料来源：百度文库。

钱理群：漫说大学之大[①]

今天看到烟台大学的同学们，我很自然地想起了48年前的事。48年前我17岁，考取了北京大学中文系，也是非常的兴奋，同时也有点惶惑。我想，这是跟诸位上大学的心情是一样的。上大学对人生来说是非常重要的一件大事情，有许多问题需要认真思考。其中一个最重要的问题，是我当年思考的，我想也是今天在座的诸位同学所要思考的，就是"如何度过大学4年——这人生最宝贵的时光"。

一、大学时代：人生的盛夏

为什么说这是人生最宝贵的时光呢？根据我的经验，16～26岁是人生的黄金岁月。16岁以前什么都懵懵懂懂的，完全依赖于父母和老师；16岁以后就开始独立了；26岁以后就开始考虑结婚、生孩子这么一大堆乱七八糟的事儿，真正属于自己的独立的时间就不多了。在16～26岁，大学四年又是最独立、最自由的。当然如果你想延长的话，你还可以考研究生，将这四年再延长一下。如何不虚度人生中这最自由的、最没有负担的、真正属于自己的4年时间，是摆在每一个大学生面前的问题。

大学不同于中学，最根本的转变在于：中学时你是未成年人，对你的要求很简单，你只要听老师的、听父母的，按照他们的安排去生活就行了；到了大学你就是公民了，可以享受公民的权利，但又不到尽公民义务的时候。中学生和大学生最大的区别是：大学生是一个独立自主的个体，中学生是被动地受教育，而大学生是主动地受教育。当然在大学，你还要听从老师的安排、听从课程的安排，那是国家教育对你们的要求。但是更重要的是要发挥自己的主动性，自由地设计和发展自己。有同学给我写信说：我考上大学了，满怀希望进大学，结果一上课就觉得老师的课不怎么样，对老师不满意。我觉得其实每个大学都有一些不太好的老师，北京大学也一样！不可能所有课都是好的。中学老师不太好的话，会影响你的高考。但是在大学里，关键在你自己，时间是属于你的，空间是属于你的，你自己来掌握自己，自己来学习。不必像中学那样仅仅依赖老师，需要自己独立自主、自我设计。

那么这就产生了两个问题：大学是干什么的？你到大学来是为了完成什么任务？我想起了周作人一个很基本的观点：一个人的成长，一切都顺其自然。他说人的生命就像自然的四季：小学和中学是人生的春天；大学是人生的夏天，即盛夏季节；毕业后到中年是人生的秋天；到了老年就是人生的冬天。人生的季节跟自然的季节是一样的，春天该做春天的事，夏天该做夏天的事。自然季节不能颠倒，人生季节同样不能颠倒。而现在的问题恰好是人生的季节颠倒了。我在北京老看见那些老大妈在那里扭秧歌，扭得非常起劲儿。按说这个年纪不应该再扭秧歌，是因为她们在年轻的时候没有好好扭过秧歌，所以到老了就要扭秧歌，而且扭得非常投入、非常狂。我有时候就在想，"老夫聊发少年狂"是可以的，如果"老夫"没完没了地在那里"狂"就不对了，到处都在跳就不大正常了。现在是老年人狂，相反，少年却是少年老成。这就出了大问题。所以我经常对北京大学的学生讲："你此时不狂更待何时？"这人生的季节是不能颠倒的。按照我的观点，儿童就是玩儿，没别的事儿，如果让儿童去救国，那有点儿荒唐。首先在大人方面是失职，没有把国家治理好，

---

① 文章选自《北大清华名师讲演录》。

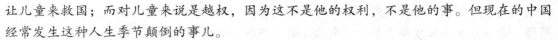

让儿童来救国；而对儿童来说是越权，因为这不是他的权利，不是他的事。但现在的中国经常发生这种人生季节颠倒的事儿。

作为青年人的大学生主要该干什么？这又让我想起还是48年前，我刚进北京大学一年级的时候，中文系给我们开了一个迎新晚会，当时的学生会主席、后来成为著名作家的温小钰师姐说过一句话，"祝贺你们进入大学，进入大学就要三样东西：知识、友谊和爱情"。爱情这东西可遇不可求，你不要为爱情而爱情，拼命求也不行。现在好多年轻人赶时髦，为时髦而求爱情是不行的。但遇到了千万不要放掉，这是我们过来人的教训。我在大学，其实是在中学就遇到了非常喜欢的女孩子，但是不敢，另外当时我是书呆子，就知道一门心思读书，懵懵懂懂不知道这就是爱情。所以大学里如果遇到了真正纯真的爱情就不要放弃。知识、友谊和爱情这是人生最美好的三样东西，知识是美的！友谊是美的！爱情是美的！大学期间同学的友谊是可珍贵的，因为这种友谊是超功利的、纯真的友谊，同学之间没有根本的利益冲突。说实在话，进入社会之后，那种朋友关系就多多少少有些变味儿了，多少有利益的考虑。你们可能体会不到，我们都是过来人，现在我们大学同学喜欢聚会，就是回忆当年那种纯洁的、天真无邪的友谊。一生能够有这样的友谊是非常值得珍惜的。所以我说大学是人生最美好的季节，因为你追求的是人生最美好的三样东西：知识、友谊和爱情。记得作家谌容有篇小说叫《减去十年》，如果我可以减去十年或二十年，如果现在是当时的话，我会和同学们一起全身心地投入，理直气壮地、大张旗鼓地去追求知识、友谊和爱情。因为这是我们年轻人的权利！

二、如何读书？读什么书？

这里侧重谈一谈该怎么求知识、怎么读书的问题。关于读书，周氏兄弟有两个出人意料却意味深长的比喻。鲁迅说："读书如赌博。"就像今天爱打麻将的人，天天打、夜夜打、连续地打，有时候被公安局捉去了，放出来还继续打。打麻将的妙处在于一张一张的牌摸起来永远变化无穷，而读书也一样，每一页都有深厚的趣味。真正会打牌的人打牌不计输赢，如果为赢钱去打牌在赌徒中被称为"下品"，赌徒中的高手是为打牌而打牌，专去追求打牌中的趣味的。读书也一样，要为读书而读书，要超功利，就是为了好玩儿，去追求读书的无穷趣味。周作人也有一个比方，他说："读书就像烟鬼抽烟。"爱抽烟的人是手嘴闲空就觉得无聊，而且真正的烟鬼不在于抽，而是在于进入那种烟雾缥缈的境界。读书也是这样，就在于那种读书的境界——它是其乐无穷的。我们的教育，特别是中学教育的最大失败就在于，把这如此有趣、如此让人神往的读书变得如此功利、如此的累，让学生害怕读书。我想同学们在中学里都是深有体会：一见到书就头痛，其实要是我一见到书就高兴，就兴奋。中学教育把最有趣味的读书变成最乏味的读书，这是我们教育的最大失败。现在同学们进入大学后就应从中学那种压抑的、苦不堪言的读书中解放出来，真正为趣味而读书，起码不要再为考试去读书。这里涉及一个很有趣的问题，读书是为什么？读书就是为了好玩儿！著名的逻辑学家金岳霖先生当年在西南联大上课，有一次正讲得得意洋洋、满头大汗，一位女同学站起来发问（这位女同学也很著名，就是后来巴金先生的夫人萧珊女士）："金先生，你的逻辑学有什么用呢？你为什么搞逻辑学？""为了好玩儿！"金先生答道，在座的同学们都觉得非常新鲜。其实"好玩儿"这个词，是道出了一切读书、一切研究的真谛的。

　　还有一个问题：读什么书？读书的范围，这对同学们来说可能是更现实的、更具体的问题。鲁迅先生在这方面有非常精辟的见解：年轻人大可看本分以外的书，也就是课外的书。学理科的偏看看文学书，学文学的偏看看科学书，看看别人的研究究竟是怎么一回事。这样对于别人、别的事情可以有更深切的理解。周作人也自称是杂家，他主张大家要开拓自己的阅读范围，要读点专业之外的书。

　　这里我想着重地谈一谈理工科学生的知识结构问题。恩格斯曾经高度评价文艺复兴时期的那些知识分子说："这是一个产生巨人的时代。"所谓巨人都是多才多艺、学识渊博的人。那时候的巨人像达·芬奇这些人，不仅是会四五种外语，而且在几个专业上都同时发出灿烂的光辉。恩格斯说："他们没有成为分工的奴隶。"这使他们的性格得到完整、全面的发展。在"五四"时期也是这样，"五四"开创的新文化的重要传统就是文理交融。我们中国的第一代、第二代甚至第三代自然科学家，他们都是在两个方面都有很高的造诣。可以随便举几个例子。著名人类学者裴文中写的小说，曾受到鲁迅的赞扬，还选入了他所编的《中国新文学大系》小说卷。植物学家蔡希陶当年就是一边在云南采集植物标本，一面写有浓郁的边地风情的小说。还有一位北大物理系教授丁西林，他的一生，在物理学和戏剧创作两个领域都取得了杰出的成就。老一辈的自然科学家、医生、工程师，都有很高的中国古典文学的修养和西方古典音乐的修养，他们在业余时间写的诗词、散文，都有很高的文学价值，如竺可桢、梁思成、华罗庚等，就是他们写的学术论文、报告，文笔都是很优美的。一个真正的大学者，一个健全发展的现代知识分子，一方面，他要受到社会和知识分工的制约，同时也在努力突破分工所造成的限制，尽可能地扩展自己的知识结构，以求得自身学识、思维能力与性格的相对全面的发展。

　　问题是到了1949年以后，由于这种文、理、工、医、农合校大学体制的改变，专业划分越来越细，越来越专业化，使得学生知识越来越单一。这就提出了一个专业知识和专业之外的知识的关系问题。作为一个理工科的学生，当然首先要学好专业知识，专业本身就会把你带入一个你所不熟悉的新的世界，也是其乐无穷的。但是，如果眼光完全局限在专业范围内，发展到极端，就会把专业的、技术的世界，看作是世界的全部，只知专业而不知其他，这就把自我的天地压缩在极小的空间，知识面越来越狭窄，兴趣越来越单调，生活越来越枯燥，最终导致精神的平庸化与冷漠化。这种情况也容易产生"靠技术吃饭"的观念，把专业知识和技术功利化了，实际上也是将自己功利化了。这就意味着人最终成了科学技术、专业知识的奴隶，这就是我们通常说的"现代科学技术病"。看到了这样的可能出现的危险，同学们在初进大学，设定自己的目标时，就应该给自己提出双重任务：既要进入专业，学好专业知识，打下坚实的专业基础，并且以做本专业的第一流专家作为自己的奋斗目标；另一方面，又要走出来，看到专业之外的广大世界，博览群书，获得人文精神的熏陶，开拓更加广大、自由的精神空间，确立更高层面的目标：做一个健全发展的自由的"人"。这就是我今天要对在座的理工科大学生说的话：要"进入专业"，又要"走出专业"。

　　三、沉潜十年：最诚恳的希望

　　我还要讲一个问题，读书、学习是要有献身精神的。这些年大家都不谈献身了，但是根据我的体会你真正想读好书，想搞好研究，必须要有献身精神。我至今还记得王瑶先生在我刚刚入学做硕士研究生的时候对我说，"钱理群，一进校你先给我算一个数学题：时间是个衡量，对于任何人，一天只有 24 小时，要牢牢地记住这个常识——你一天只有 24 小时。这 24 小时就看你如何支配，这方面花得多了，另一方面就有所损失。要有所得，必须有所失，不能求全"。讲通俗点儿，天下好事不能一个人占了。现在的年轻人最大的毛病就是想把好事占全，样样都不肯损失。你要取得学习上的成功、研究上的成功，必须有大量的付出，时间、精力、体力、脑力，必须有所牺牲，少玩会儿甚至是少睡会儿觉，更没有时间来打扮自己。你打扮自己的时间多了，读书的时间就少了，这是一个非常简单的道理。怎么安排时间，我没有一个价值判断。你打扮自己、你整天玩儿，那也是一种人生追求，不能说读书一定就比玩儿好。不过你要想清楚，这边花得多那边就有损失，你打扮的时间、玩儿的时间多了，那就会影响读书。想多读书就不要过分想去玩儿、去打扮自己。这背后有一个如何处理物质和精神的关系问题，既要物质的充分满足又要精神的充分满足，那是一种理论的说法，是一种理想状态的说法，或者从整个社会发展的合理角度来说，落实到个人是比较难实现的。我认为落实到个人，物质首先是第一的，所以鲁迅先生说："一要生存，二要温饱，三要发展。"他说得很清楚，生存、温饱是物质方面的，发展是精神方面的。在物质生活没有基本保证之前是谈不上精神的发展的。过去我们有一种说法就是要安贫乐道，这是一种骗人的东西，千万不要上当。要你安贫乐道的人自己在那里挥霍，我们不能安贫，我们基本的物质要求要满足，要理直气壮地维护自己的物质利益。

但是你基本的物质权利得到保证了，如你已经有助学金了，你已经基本吃饱了，你有教室、有宿舍让你住下来了，基本的生活条件已经有了，那各位同学就应该考虑如何设计、安排自己今后的一生，并为此做好准备了。如果你一门心思去追求物质也可以，但你就不要想精神方面要怎么样，不要喊"我痛苦啦！我痛苦啦！"有人在全心赚钱，同时又在想"我空虚"——你不要空虚，你就是要追求享乐，那就这样做好了，不必要求全。将物质要求作为人生的主要追求，那你精神方面一定有损失，这是肯定的。我对自己也有设计：第一，我的物质生活水平要在中等，最好要在中上水平。比方我需要有宽敞的书房，这不仅是一间书房的问题，这是一个精神空间的问题。我就希望有比较大一点儿的房子，这就与我的精神自由性联系在一起了。但具备了这样一些基本的生存条件以后，就不能有过高的物质要求，因为我要求我的精神生活是第一流的。我不能同时要求精神是一流的，物质也是一流的，我不能跟大款比，那我心理永远不平衡。所以我觉得同学们应该考虑好，如果你决心偏重于精神追求，在物质上就必须有牺牲，当然前提是基本物质要求要有保证。在基本物质得到保证的基础上，你就不能拼命去追求那些东西了，这一方面你得看淡一点儿。有所得必有所失，这不是阿 Q 精神。面对大款我并不羡慕他们，但我也不鄙弃他们，他们有他们的价值，有他们的追求。只要你是诚实劳动得到你应该得到的东西，我尊敬你，但是我和你不一样，我追求的是精神。我讲的献身精神不是像过去讲的那样，什么物质也不要只去献身，我不是这个意思。现在年轻人最大的毛病就是贪得无厌，什么都想得全，恨不得什么都是第一流的，稍有一点儿不满就牢骚满腹，我见过很多同学都有这种问题，这是不行的。这是你做的选择，有所得就有所失，有所失反过来才又会有所得。

另外在学习上，必须要潜下来，我一再跟学生说："要沉潜下来。"我有一个对我的研究生的讲话，这个讲话后来整理成一篇文章，题目就叫《沉潜十年》。"沉"就是沉静下来，"潜"就是潜入进去，潜到最深处，潜入生命的最深处、历史的最深处、学术的最深处。要沉潜，而且要十年，就是说要从长远的发展着眼，不要被一时一地的东西诱惑。我觉得很多大学生，包括北京大学的学生都面临很多诱惑。北京大学的学生最大的问题就是诱惑太多，因为有北京大学的优势，要赚钱非常容易。我想烟台诱惑少一些，这是你们的优势。还有就是很容易受外界环境的影响，很多北京大学学生刚入学的时候非常兴奋，充满种种幻想。一年级的时候混混沌沌的，到了二三年级就觉得自己失去目标了，没意思了。看看周围同学不断有人去经商，去赚钱，羡慕得不得了。再看到有人玩儿得非常痛快，也羡慕得不得了，所以受环境的影响变得越来越懒惰。现在大学生的致命弱点就是懒惰——北京大学有所谓"九三学社"的说法：早上九点起床，下午三点起床，受周围环境的影响一门心思想钱，一门心思想这样那样。有的人非常热心地做社会工作，我不反对做社会工作，但有的人目的性极强，过早地把精力分散了，就无法沉下来，缺少长远的眼光，追求一时一地的成功。同学们要记住你现在是人生的准备阶段，还不是参与现实，还不是赚钱的时候。当然你做勤工俭学是必要的，也是应该提倡的，但是你不能在大学期间只忙于赚钱，要不然以后你会后悔的。因为你一生之中只有这四年是独立自由的，只有权利而没有义务的，钱以后有的时间赚。这四年你不抓紧时间，不好好读书，受种种诱惑，图一时之利，放弃了长远的追求，底子打不好，以后是要吃大亏的，会悔之莫及。

我跟我的学生讲得非常坦率，我说："我们讲功利的话，不讲大道理。在我们中国这个社会有三种人混得好。第一种人，家里有背景，他可以不好好读书。但他也有危险，当背景出了问题，就不行了，最后一切还得靠自己。第二种人，就是没有道德原则的人，为达到目的，无论红道、黑道还是黄道，他都干。但对于受过教育的人，毫无道德原则的什么事都干，应该是于心不甘的吧。第三种能站住的人就是有真本事的人，社会需要，公司需要，学校也需要。所以既没好爸爸，又有良心、有自己道德底线的人，只有一条路——就是有真本事。"真本事不是靠一时一地的混一混，而是要把自己的基础打扎实。今后的社会是一个竞争极其激烈的社会，是一个发展极其迅速的社会。在这种发展迅速、变化极快、知识更新极快的社会，你要不断地变动自己的工作，这就靠你们的真本事了。大家要从自己一生发展的长远考虑，就是讲功利也要讲长远的功利，不能从短时的功利考虑。我们不必回避功利，人活着自然会有功利的问题。大家应该抓好自己的这四年时间，把自己的底子打好。这样，你才会适应这个迅疾万变的社会。"沉潜十年"就是这个意思。现在不要急着去表现自己，急忙去参与各种事。沉下来，十年后你再听我说话，这才是好汉！因此，你必须有定力，不管周围怎么样，不管同寝室的人怎么样，人各有志，不管别人怎么做生意，不管别人在干什么，你自己心里有数——我就是要扎扎实实地把底子打好。要着眼于自己的长远发展，着眼于自己的、也是国际、民族的长远利益，扎扎实实，不为周围环境所动，埋头读书，思考人生、中国及世界的根本问题，就这样沉潜十年。从整个国家来说，也需要这样一代人。我把希望寄托在十年后发表自己意见的那一批人身上，我关注他们，或许他们才能真正决定中国的未来。中国的希望在这一批人身上，而不在现在表演得很起劲儿的一些人身上，那是昙花一现！沉潜十年，这是我对大家最大、最诚恳的希望。

在沉潜的过程中，还有一个问题要注意。读书特别是读经典著作的时候，会面临两个难关：第一，面对经典你进不进得去。你读《庄子》《论语》《楚辞》《诗经》，甚至读鲁迅，都有这个问题。所谓进不进得去是讲两个障碍，第一就是文字关。现在中文系许多学生古文都读不通了，标点都不会点了，那你还谈什么进去，这就是文字关。还有更难的，中国的文化是讲感悟、讲缘分的。你读得滚瓜烂熟却不一定悟得到，找不到它的底蕴，体会不到它的神韵，也就无缘。有的人就是把《论语》《孟子》都背下来了，但你听他讲起来还是隔的，所以很难进去。进去以后更难的就是出来的问题，因为东西方传统文化都可以用四个字来概括——博大精深。在你没读懂的时候你可以对它指指点点，你读得越懂就越佩服它，佩服得五体投地。这样，你就被它俘虏了，跳不出来了；这样，你就失去了自我，还不如不进去的好。

我现在就面临这个问题。有人问我："钱先生，您和鲁迅是什么关系？"我说了三句话：第一，我敢说我进去了。进去很不简单啊，这是很高的自我评价；第二，我部分地跳出来了；第三，没有根本地跳出来。所以有人说"钱理群走在鲁迅的阴影下"。不是我不想跳，我当然想能跳出来超越鲁迅，能成为鲁迅的对手——那是什么境界啊！所有的学者都向往这样一个境界。在这个问题上，如果没有足够的文学力量，没有足够的思想力量，没有足够的创造力和想象力，是跳不出来的。在某种意义上，你失去了自我，所以这是更难的一点。记得当年闻一多先生去世的时候，郭沫若对他的评价："闻先生终于进去了！但是闻先生刚刚出来的时候就被国民党杀害了。这是'千古文章未尽才'。"

四、读书之乐：以婴儿的眼睛去发现

话又说回来，读书是不是就只是苦呢？如果只是一件非常苦的事情，那我在这里号召大家吃苦我就不讲道德了。世上真正的学术，特别是具有创造性的学术研究是非常愉快的。现在我讲学术的另外一个方面。这话要从我读中学时说起。我读中学的时候是一个非常好的学生，很受老师宠爱，品学兼优。我高中毕业的时候，语文老师劝我学文学，数学老师劝我学数学，当然后来我学了文学。高考时用今天的话说"非常牛"，所以我报考了取分最高的北京大学中文系新闻专业。我高中毕业的时候，学校让我向全校的学生介绍学习经验，讲一讲为什么学习成绩这么好。我是南师大附中的学生，我的经验现在在南师大附中还很有影响，我们学校的同学老师到现在还记得我的经验，我也向大家介绍一下。我说："学习好的关键原因是要有兴趣，要把每一课当作精神享受，当作精神探险。我每次上课之前都怀着很大的期待感、好奇心：这一堂课老师会带着我们去发现一个什么样的新大陆？我上课之前都做预习，比如，今天讲语文我会先看一遍，然后带着问题去听课，怀着一种好奇心去学习。"这一点其实说到了学习的本质。学习的动力就是一种对未知世界的好奇，当时只是一个中学生朦胧的直感，后来才体会到这背后有很深的哲理。作为人的我和周围的世界是一种认知的关系。世界是无限丰富的，我已经掌握的知识是有限的，还有无数的未知世界在等着我去了解。而我自己认识世界的能力既是有限的又是无限的。基于这样一种生命个体和你周围世界的认知关系，就产生了对未知世界的期待和好奇，只有这种期待和好奇才能产生学习探险的热忱和冲动。这种好奇心是一切创造性的学习研究的原动力。带着好奇心去读书、去探索未知世界，你就会有自己的发现。读一本书、一篇小说，不同的人对它有不同的发现。同样一篇小说十年前读，我有发现，到十年后读我仍然会有发现，这是一个不断发现的过程。为什么你能有这样的发现，别人做不到？显然是你内心所有的东西被激发了以后你才能有所发现。因此你在发现对象的同时也发现自己，这是一种双重

发现——既是对未知世界的发现，更是一种对自我的发现。我们用一句形象的话来说，当你读一篇好的小说的时候，你自己内在的美和作品的美都一起被发掘出来了，于是，你发现自己变得更加美好了，这就是学习的最终目的。因为这样，对外在世界和对你内在世界的不断发现便给你带来难以言说的愉悦、满足感和充实感，所以就形成一个概念——"学习和研究是一种快乐的劳动"。金岳霖先生说读书研究是为了好玩儿，就是说的这个意思。从本质上说，学习和研究是游戏，一种特殊游戏，它所带来的快乐是无穷无尽的。

书是常读常新的。我读鲁迅的书有无数次了，但是每一次阅读，每一次研究都有新的发现，这是一个永无止境的过程。这就有一个问题，你如何始终如一地保持这种学习、探讨、发现的状态，从而获得永恒的快乐？很多同学是一个时期读书读得很快乐，有发现，但读得多了就没有新鲜感了，好像就这么回事。你得永远保持新鲜感和好奇心才能保持永远的快乐——这是会读书与不会读书，真读书与假读书的一个考验。这里的关键，就是我的老师林庚先生说的："要像婴儿一样，睁大好奇的眼睛来看世界，发现世界新的美。"所谓婴儿的眼光就是第一次看世界的眼光和心态，这样才能不断产生新奇感。你读鲁迅的作品，打开《狂人日记》，不管你研究多少回了，都要用第一次读《狂人日记》的心态，以婴儿的好奇心去看，这样才能看出新意。我想起美国作家梭罗在他的《瓦尔登湖》里提出的一个很深刻的概念：黎明的感觉。每天早上醒来，一切都成为过去，然后有一个新的开始，用黎明的感觉来重新感觉这个世界，重看周围的世界都是新的。黎明的感觉，就是我们中国古代所说的"苟日新，日日新，又日新"。每一天都是新的，这时你就会不断地有新的发现，新的感觉，有新的生命诞生的感觉。我想向同学们提一个建议：你们每天早晨，从宿舍到教室看够了学校的一切。明天早晨起来，你试试用第一次看周围世界的眼光，骑自行车走过学校的林荫大道，再看看周围的人、周围的树，你就会有新的发现。重新观察一切，重新感受一切，重新发现一切，使你自己进入生命的新生状态，一种婴儿状态，长期保持下去，就有一颗赤子之心。人类一切具有创造性的大科学家，其实都是赤子。

今天讲大学之大，大在哪里？就在于它有一批大学者。大学者大在哪里？就在于他们有一颗赤子之心，因而具有无穷的创造力。刚才讲的金岳霖先生他天真无邪、充满了对自己所做事业的情感，而且是真性情，保持小孩子的纯真无邪、好奇和新鲜感，这样才能够有无穷无尽的创造力。这就是沈从文说的："星斗其文，赤子其人。"他们有星斗般的文章，又有赤子之心。

说到真性情，我想稍微做一点点发挥。一个真正的学者、知识分子，他都有真性情，古往今来皆如此。中国古代的知识分子，孔子、庄子、屈原、陶渊明、苏轼，哪一个不是有真性情的人，鲁迅也有真性情。而今天保留真性情的人越来越少了，我们必须面对这个现实。鲁迅说过："中国是一个文字的游戏国，中国多是些做戏的虚无党。"今天的中国知识分子，今天的中国年轻一代，也可能包括大学生，连我自己在内都在做游戏，游戏人生。而且这戏必须做下去，如果谁破坏了游戏规则就会受到谴责，为社会所不容。所以我经常感觉到，现在我们面临全民族的大表演。我进而想起鲁迅的一句格言："世上如果还有真要活下去的人们，就先该敢说、敢笑、敢哭、敢怒、敢骂、敢打。""敢"其实是和"真"联系在一起的，在"敢"之外还应真说、真笑、真哭、真怒、真骂、真打。可怕的是假说、假笑、假哭，甚至"骂"和"打"也是假骂、假打，仅仅是一种骗人喝彩的表演。

我们现在缺少的是真实的深刻的痛苦，真实的深刻的欢乐。所有这些归根到底还是怎么做个真性情的人的问题。大学之所以大，就在于它聚集了一些真性情的人。本来年轻的时候就是真性情的时代，人到老了，总要世故的。最真实的时候就是青年时代，就是在座的各位，如果这时你还没有真性情，那就完了。我现在发现，年轻人比我世故得多，我成了"老天真"了。人家经常说："钱老师，你真天真！"这是人生季节的颠倒！你们才是该天真，我应该世故！

五、两层理想：永远活出生命的诗意与尊严

要保持赤子之心很难，怎么能够一辈子保持赤子之心？这是人生最大的难题。在这方面我想谈谈我个人的经验，因为在座的还有一些将要毕业的同学，我想讲点当年我大学毕业后的遭遇，以及我是如何面对的，这可能对在座的即将毕业的同学有点意义。大家一步入社会就会发现社会比学校复杂千百万倍，大学期间是一个做梦的季节，而社会非常现实。人生道路绝对是坎坷的，会遇到很多外在的黑暗，更可怕的是这些外在的黑暗都会转化为内在的黑暗、内心的黑暗。外在压力大了以后，你就会觉得绝望，觉得人生无意义，这就是内在的黑暗。所以你要不断面对并战胜这两方面的黑暗，就必须唤醒你内心的光明。我为什么前面强调打好底子？如果你在大学期间没有打好光明的底子，当你遇到外在黑暗和内在黑暗的时候，你心里的光明唤不出来，那你就会被黑暗压垮，或者和它同流合污，很多人都走这个路子。你要做到不被压垮，不同流合污，在大学里就要打好光明的底子，无论是知识底子还是精神底子，内心要有一个光明的底子。我自己每当遇到外在压力的时候，总是为自己设计一些富有创造性的工作，并全身心地投入进去，在这一过程中抵御外在和内在的黑暗。压力越大，书读得越多，写东西越多，我每一次的精神危机都是这样度过的。

我经常讲，我们对大环境无能为力，但我们是可以自己创造小环境的。我一直相信梭罗的话：人类无疑是有力量来有意识地提高自己的生命的质量的，人是可以使自己生活得诗意而又神圣的。这句话可能听得比较抽象，我讲具体一点。我大学毕业以后由于家庭出身，由于我一贯自觉地走"白专"道路，所以尽管我毕业成绩非常好，但是就不准许我读研究生。他们说："钱理群，你书读的还不够吗？正是因为书读得多，你越来越愚蠢。再读书，你要变修正主义了。你的任务是到底层去工作。"所以大学毕业以后我被分到贵州安顺，现在看是旅游胜地了，当时是很荒凉的。你想我是在北京、南京这种大城市长大的，一下子到了一个很边远的底层，又正遇上饥饿的时代，饭都吃不饱。我被分到贵州安顺的一个卫生学校教语文。我印象很深，一进课堂就看到讲台前面放了一个大骷髅头标本。卫生学校的学生对语文课程根本不重视，我讲课没人听。对我来说，这是遇到了生活的困境，是一个挫折、一个坎坷。话说回来，这对当地人来说不是坎坷，他们就那样活下去了，但从我的角度来说，是一个坎坷。我当时想考研究生，想跳出来，人家不让我考。这个时候怎么办？我面临一个如何坚持自己理想的考验。我就想起了中国古代的一个成语：狡兔三窟。我给自己先设了两窟，我把自己的理想分成两个层面：一个层面是现实的理想，就是现实条件已经具备，只要我努力就能实现的目标。当时我分析，自己到这里教书虽然对我来说是一个坎坷，但是毕竟还让我教书，没有禁止我教书，所以我当时给自己定了一个目标：我要成为这个学校最受学生欢迎的老师，而且进一步，我还希望成为这个地区最受学生欢迎的老师。我把这个作为自己的现实目标，因为让我上课，就给了我努力的余地。于是我

走到学生中去，搬到学生的宿舍里，和学生同吃同住同劳动，和学生一起踢足球、爬山、读书、一起写东西。这个过程中，我从我的学生身上发现了内心的美。我全身心投入给学生上课，课上得非常好，我就得到一种满足。人总要有一种成功感，如果没有成功感，就很难坚持。我当时一心一意想考研究生，但是不让考，所以我从现实当中，从学生那里得到了回报，我觉得我生命很有价值，很有意义，也很有诗意。我还写了无数的诗，红色的本子写红色的诗，绿色的本子写绿色的诗。我去发现贵州大自然的美，一大早我就跑到学校对面的山上去，去迎接黎明的曙光，一边吟诗，一边画画。为了体验山区月夜的美，我半夜里跑到水库作画。下雨了，我就跑到雨地里，打开画纸，让雨滴下，颜料流泻，我画的画完全像儿童画，是儿童的感觉。我坚持用婴儿的眼睛去看贵州大自然，所以还是保持赤子之心，能够发现人类的美、孩子的美、学生的美、自然的美。虽然是非常艰难的，饭也吃不饱，但是有这个东西，我渡过了难关，我仍然生活得诗意而神圣。也许旁边人看见我感觉并不神圣，但是我感觉神圣就行了，在这最困难的时期，饥饿的年代，"文化大革命"的年代，我活得诗意而神圣。我后来果然成为这个学校最好的老师，慢慢地在地区也很有名，我的周围团结了一大批年轻人，一直到今天，我还和他们保持联系，那里成了我的一个精神基地。

但另一方面，仅有这一目标，人很容易满足，还得有一个理想的目标。理想目标就是现实条件还不具备，需要长期的等待和努力准备才能实现的目标。我当时下定决心：我要考研究生，要研究鲁迅，要走到北京大学的讲台上去向年轻人讲我的鲁迅观。有这样一个努力目标，就使我一边和孩子们在一起，一边用大量的业余时间来读书，鲁迅的著作不知读了多少遍，写了很多很多研究鲁迅的笔记、论文。"文化大革命"结束以后，我拿了近一百万字的文章去报考北京大学，今天我之所以在鲁迅研究方面有一点成就，跟我在贵州安顺打下的基础很有关系。但是这个等待是漫长的，我整整等了18年！我1960年到贵州，21岁，一直到1978年恢复高考，39岁，才获得考研究生的机会。那一次机会对我来说是最后一次，是最后一班车，而且当我知道可以报考的时候，只剩下一个月的准备时间了，准备的时候，连起码的书都没有。当时我并不知道北京大学中文系只招6个研究生，却有800人报考；如果知道了，我就不敢考了。在中国，一个人的成功不完全靠努力，更要靠机会，机会是稍纵即逝的，能否抓住完全靠你，靠你原来准备得怎样。虽然说我只有一个月的准备时间，但从另一个角度说我准备了18年，我凭着18年的准备，在几乎不具备任何条件的情况下，仓促上阵。我考了，而且可以告诉大家，我考了第一名。我终于实现了我的理想，到北京大学讲我的鲁迅观，明天我还要给烟台大学的同学讲我的鲁迅观。但是话又说回来，如果我当初没有抓住机会，没有考取北京大学的研究生，我可能还在贵州安顺或者贵阳教语文，但我仍不会后悔。如果在中学或是大学教语文的话，我可能没有今天这样的发展，我有些方面得不到发挥，但是作为一个普通的教师，我还是能在教学工作中，就像几十年前一样获得我的乐趣，获得我的价值。

我觉得我的经验可能对在座同学们有一点启示，就是你必须给自己设置两个目标，一个是现实目标，没有现实目标，只是空想，你不可能坚持下来。只有在现实目标的实现过程中，你不断有成功感，觉得你的生活有价值，然后你才能坚持下去；反过来讲，你只有现实目标，没有理想目标，你很可能就会满足现状，等机会来的时候，你就抓不住这个机会了。人总是希望不断往上走的，所以我觉得人应该有现实目标和理想目标这样两个目标，而且必须有坚持的精神。你想对于我，18年是一个什么概念，是我21岁到39岁这18年。所以一个人的选择是重要的，更可贵的是有坚持下来的恒心，有定力。这18年有多少诱惑，多少压力，不管怎样，认定了就要这么做。你可以想见"文化大革命"那种干扰多大呀，不管这些干扰，你要认定我要这么做，认定了，坚持下来，你总会有一个机会。即使没有机会实现理想目标，你还有一个可以实现的现实目标。大家可以体会到，在中国的现实下，人掌握自己命运的能力很小，但并不是毫无作为的，人是可以掌握自己命运的，至少可以在一定程度上，在小环境里掌握自己的命运，也就是我刚才所说的，人是可以使自己在任何条件下都生活得诗意而神圣。

　　我就是把这样的经验带到我进入北京大学之后的几十年生命历程之中。在这后几十年中，我的生活仍然有高峰，有低谷，有时候是难以想象的压力，身心交瘁，内外交困，但是我始终给自己设置大大小小的目标。一个人的生命、生活必须有目标感，只有大目标、大理想是不行的，要善于把自己的大理想、大目标、大抱负转化为具体的、小的、可以操作的、可以实现的目标。我把读一本书、写一篇文章、编一本书、策划一次旅游或者到这儿来演讲这样的一件一件事情作为具体的目标，每一次都带着一种期待、一种想象，怀着一种激情、冲动，全身心地投入其中、陶醉其中，用婴儿的眼光重新发现，把这看作是生命新的开端、新的创造，从中获得诗的感觉。我每一次上课都非常紧张——包括这一次上课。因为我要面对新的对象，虽然我讲的内容有讲稿，但是诸位是陌生的对象，我就很紧张。我这一套东西年轻人能不能接受？烟台大学的学生能不能接受？我是你们的爷爷辈，爷爷和孙子之间能对话吗？而且还是我所不熟悉的，一个远方海滨城市的孙子辈，能够听懂我的话吗？我在北京就开始准备，昨天晚上还在准备，一直到今天，我看了好几遍讲稿，反复琢磨，有一种新鲜感、一种期待感。现在从现场反应看来大家接受了我，我就有一种满足感。有些内容可能是重复的，但是在我讲来却充满激情，因为我有新鲜感，有一种创造感。尽管这是一次普通的演讲，但它是一次新的创造，是一种新的发现，包括对诸位的发现，也是对我自己内心的发现。而且我追求生命的强度，要全身心地投入。大家看我的演讲的风格就是全身心地投入。我曾经给北京大学的学生有一个题词"要读书就玩儿命地读，要玩儿就拼命地玩儿"。无论是玩儿还是读书都要全身心地投入，把整个生命投入进去。这样才能使你的生命达到酣畅淋漓的状态，这是我所向往的。

　　在我结束演讲的时候，送给大家八个字：沉潜、创造、酣畅、自由。这也是我对演讲的主题——"大学之大"的理解。我觉得"大学之为大"，就在于首先它有一个广阔的生存空间。顺便说一下，我今天参观了贵校，我看你们的校园很大，宿舍很大，教学楼很大，这基本上就有了一个大的生存空间。然后更主要是提供大的精神空间。所以刚才强调读书要广、要博就是要有一个大的精神空间。所谓大学就是在这样一个大的生存空间和精神空间里面，活跃着这样一批沉潜的生命、创造的生命、酣畅的生命和自由的生命。以这样的生命状态为底，在将来就可能为自己创造一个大生命，这样的人多了，就有可能为我们的国家，我们的民族，以致为整个世界，开创出一个大的生命境界：这就是"大学之为大"。

　　谢谢大家！

大学里应该学些什么[①]

曾经读到一篇文章说某大学生去一家英国公司面试，面试官给每人发了一张纸，上面只有一道简单的题目：英国每年买几个高尔夫球？没有其他数据，要求在40分钟内完成。

看到这个无厘头的题目，这个大学生几乎傻眼。既来之，虽不知具体答案但总可以说说自己的解答思路，于是她开始在纸上将自己的思路写下：球的数量与市场需求有关，市场需求与人口有关，再假设最有可能打高尔夫球的45～50岁有多少人，多久一次，需要用多少球，为使数据精确，还写明了如何进行抽样调查……阐述完毕后她提交了答卷。两周后收到了该公司的录用通知。

其实，大学所学并不只是储存在大脑记忆库里的书本知识、固定答案，更是一种分析问题的方法。近日，网络上流行一个"口袋技能"的说法，顾名思义即无论身处哪一行业，哪些岗位，都能随时拿出来用的技能，包括思维能力、沟通能力、团队合作能力、应变能力等。许多用人单位并不强求人才的专业对口，而更看重员工的"口袋技能"，大学教育应更注重学生素质和技能的培养。在我看来这里的学生素质指的就是良好的品性，正直、诚实的为人处世之道；而技能，一是指专业知识与技能，二是做任何工作所需要的通用技能，如语言沟通、分析问题、解决问题的能力，即通常我们所说的德才兼备。大学的专业学习，社团活动的参与不仅是积累丰富理论知识，更重要的是在潜移默化中训练一种分析问题、解决问题的方法，这是一个合格的大学生最需具备而又容易被大学生忽略的。

步入大学，很多同学疑惑不知如何处理大学所学专业与未来职业？比如，有同学问我："胡老师，本人对广告学真的很感兴趣，但不是学广告学的，稍微搭点边儿，您认为我毕业后还能进入广告行业吗？"这位同学毕业后能否进入广告业不能就此定论，因为走向社会后你会发现专业与未来所从事的职业并没有太直接的关联，尤其是当你毕业10年、20年后再回头对比自己所学专业时，这个现象会更加明显。

美国总统奥巴马上台后提任了美国最高法院首位拉裔大法官 Sonia Sotomayor，如果按照中国的常规推理这个大法官本科学的应该是法律专业，可能还上过某著名法学院的研究生。但事实并非如此，这位大法官本科所学专业是历史。不可思议吧？其实大学专业的学习目的不是赤裸裸地为工作而学！在这个问题上似乎中国学生表现得比较功利化，比如，一个学生毕业后想经商，他可能报考的第一专业会是市场营销，而如果一个学生毕业后的定位是职业经理人，那他首选的专业十有八九会是管理类专业，可能还想读个 MBA。这种想法完全合乎逻辑，也无可厚非，然而在我看来大学里专业就像一个圈子、一个平台，你可能会认识很多这方面的人，但专业的学习不仅仅是书本知识，更重要的是通过专业知识的学习培养一种思维方式、解决问题的方法和思路，这些能力不受专业所限，能让你终身受益。

爱因斯坦说：教育就是当一个人把在学校所学全部忘光之后剩下的东西。为什么学历史的人能成为美国大法官？学历史可以很好地培养一个人批判性阅读和思考的能力，而这种能力恰是美国法官最应具备的能力。他们需要阅读大量的法庭记录，并且进行分析、推

---

① 胡敏，http://blog.sina.com.cryhumin_newchannel.

理等工作。这种能力正是本科时历史专业培养起来的，所以学历史的人最终能成为美国最高法院大法官也就在情理之中了。事实上，美国法学院录取委员会对未来法学院的学生有过建议：法学院想要的学生是那些具有批判性思维能力、有良好的写作技能、对塑造人类经验的各种力量有相当理解的人。其实学什么专业并不重要，重要的是你通过这个专业培养了一种思考问题解决问题的能力，能力的培养才是根本。

我们通常说一个人具备某种能力往往是因为其"显性"特征，如你学会计专业可能别人会认为你具备相应的会计知识、专业基础，而你参加一个文学社团可能别人会认为你具备一定的文字写作功底。但是还有一种"隐性"的能力其实是更重要而通常容易被忽略的，比如说学过会计的人工作上会比较精细，对数字的处理能力比较强；而参加过文学社团的人，可能他具备文字上的严谨性，处理问题比较有条理，同时具有看问题的辩证思维能力……这些能力一旦养成将陪伴我们一生，而成功真正的后劲儿往往在于这些"隐性"的能力。并非学什么专业就可以成为什么样的人才，它们之间的联系并没有我们想象中的那样密切。马云大学学的是英语专业，但现在他是中国电子商务的领军人，相反很多学MBA出来的学生并不能如心所愿进入企业的管理岗位，可能做了策划工作，或者一名普通的营销职员。

大学是每个人塑造良好品性的关键时期，大学之学，不在于学什么专业，做过什么事，而在于我们是怎样去做的。因为专业的学科知识可能被遗忘、被折旧，大学的真正所学是通过专业知识的学习、社会实践的参与、课外知识的涉猎获取一种思维方式、沟通与解决问题等方面的能力，并在这些能力的培养中培养良好的自我素质，这种能力和自我素质的塑造才是大学教育之后剩下的东西，这剩下的东西才是你未来安身立命的真正资本！

第七讲　大学怎样学

 案例 1 >>>

某大一新生说："进大学后，老师上课不会说这里是重点、难点、那里是考点。每节课的容量大得惊人，笔记很难字字句句都记下来。有时老师还会列出一串长长的课外阅读参考书目让我们自己去查阅。虽然我想好好学习，但学到什么程度，如何去学都很不明确，这使我感到很失落。"

案例 2 >>>

某同学："别人学时我也学，别人玩儿时，我也在学，功夫没少下，可自己的成绩怎么就不理想呢？"据调查，各大学的新生不及格率、补考率远远高于其他年级，你知道为什么吗？

的确，新生在进入大学所遭遇的迷茫中，有很大一部分是：学了那么多年，到了大学却不知道怎么学了？该怎么办呢？

我们在明确了大学要学什么之后，要知道怎么学，这是战术问题。

在未来，你所拥有的唯一持久的竞争优势就是：有能力比你的竞争对手学习得更快。

——《学会学习》

成功＝艰苦的劳动＋正确的方法＋少说空话。

学习也是一种艰苦的劳动，加上正确的方法和重在实践，才能获得学习的成功。

——爱因斯坦"成功方程式"

纸上得来终觉浅，绝知此事要躬行。

——陆游

主题一：培养终身学习意识及自学能力

1994 年 11 月，欧洲终身学习促进会在罗马召开了"首届全球终身学习大会"，会议指出："终身学习是 21 世纪的生存概念。"

美国总统威尔逊说："学习是终身的事业。"

瓦尔特·司各特说："每个人所受教育的精华部分，就是他自己教给自己的东西。"

一、什么是终身学习？

由欧洲终身学习促进会提出，并经 1994 年 11 月在意大利罗马举行的"首届全球终身学习会议"采纳的终身学习的定义是"终身学习是 21 世纪的生存概念"。"终身学习是通过一个不断的支持过程来发挥人类的潜能，它激励并使人们有权利去获得他们终身所需要的全部知识、价值、技能和理解，并在任何任务、情况和环境中有信心、有创造性和愉快地应用它们。"

终身学习将导致从"学历社会"走向"学习社会"。在知识迅速增长的今天，学习势必成为个人生活的基本方式和持续终身的事业。大学文凭并不意味着你受到了足够的教育，相反，意味着你需要用一生去追求更多——更多的知识、更多的思想、更多的挑战……因此，培养终身学习的观念，提高自学能力，对于高等职业教育的大学生来说，既是时代、社会和行业的要求，又是自身积极、主动的学会学习的行为，是助你走进复杂社会生活生存与发展的必要手段。

二、为什么当前大学生学习要强调学习观问题？

大学生学习观是指关于大学生学习的基本观念系统。大学生一定要把这个理念体系"嵌入"自己的认知结构中并作为其支柱，既可以用它指导自己的成才学习，又可以用它查找学习过程中出现的不足而求得改进。

强调大学生学习观问题，主要基于以下三个方面。

第一，由于学习观念不正确往往导致学习停顿或失败，或者说学习停顿或失败都可以追溯到学习观上的问题。

第二，学会学习已成为新世纪的核心竞争力，《学习的革命》一书曾在我国引起的巨大反响。因为它提出的"学习的革命"具有时代的特征。在世界范围内，学习的革命确实正在兴起。终身学习是 21 世纪的生存概念，是一种生活方式，学习化社会是发展的必然趋势，这已成为人们的共识。

第三，学会学习是大学学习的基本任务。但实际情况是大学生学习能力的学习远远落后于具体知识、学科的学习。因此， 联合国教科文组织（United Nations Educational Scientific and Cultural Organization，UNESCO）的有关文件提出，"教育应该较少致力于传播和储存知识（当然，不应过分夸大这一点）、而应该更努力寻求获得知识的方法（学会如何学习）"。联合国教科文组织前总干事纳伊曼说："在各级教育体系里，特别是在高等教育阶段，如果现在人们估计用 80% 的时间来传授知识，用 20% 的时间来获得学习方法和研究方法的话。这个比例将一定要根本改变，这一点是很清楚的。我甚至可以说，这个比例应该倒过来。"在人们的价值观念中，往往是工具理性大于价值理性，物大于人，过分强调专业教育而忽视人文教育。这样，当人们的某些具体目标实现（甚至并未很好实现）后，则失去了人生动的内在动力和人文精神的追求。

想一想 做一做

你的学习观念怎样？自学能力如何呢？请阅读下面各题，在符合你情况的题目后打"√"，不符合的情况后打"×"。

（1）我认为学习主要是在学校完成的，走向社会后就不需要再辛苦学习了。

（2）大学期间多学点知识，提高各方面能力，主要是为了找一份好工作。

（3）我总是在老师的指导下才去学习，自己不知道怎样学。

（4）读完一本书或上完某章节课后，我很少记笔记、写总结与体会。

（5）我很少主动向同学询问自己不理解的知识，认为这样同学会小看我。

（6）老师布置了明确的任务后我才去学习，很少主动看专业书。

（7）在做一些老师布置的自主学习任务时，我希望老师指定题目，因为自己不愿意去选题。

（8）虽然我对某方面的知识感兴趣，但很少去找资料来学习它。

评价标准：你打的"√"多，说明你的学习观念及自主学习能力还存在问题及偏差。需要加以调整和改善。

你的测试结果是_____
_____。

教师提示：21 世纪是知识经济的时代，它要求一个人拥有、积累、创新、转化、分享知识，而学习正是获取与运用知识的基石。知识经济最强调的是速度，目前人类知识量每两年就会倍增。因此，任何学校都不可能使学生学到他终身受用的知识，学校所能给予的只是最基本的知识，个人仍需要在学校外获取大量的新知识，才能应付知识经济时代的挑战。所以，终身学习是当今大学生必须具有的学习观念。终身学习要求你把学习贯穿一生，走上社会之后的学习，多数是在没有教师指导下的自学，这也就对在校大学生提出了必须完善自学能力的要求。只有学会学习，学会自学，具备了较强的自学能力，你才能不断充实、完善、发展自我，为未来的成功打造坚实的基础。

三、大学生应树立的学习观

（一）勤奋学习观

勤奋是每一个人学有所成的必要条件。任何人不想付出艰苦的劳动，不想经过实实在在的努力就想侥幸成功的观念，都是成功的大敌。勤奋刻苦，是一个大学生最重要的品德。

（二）科学学习观

学习科学需要科学的态度和方法。同学之间在学习上的差距，主要是由于学习方法和态度上的差异，而不是智力水平的差异。谁掌握了科学的学习方法，谁就找到了成功之路。因此，树立科学学习观十分重要。科学学习观包括建立正确的学习策略，确定科学的学习目标，制订科学的学习计划，运用科学的学习方法，总结科学的学习经验，科学地用脑，科学地安排时间，最大限度地提高学习效率和学习效果。

（三）自主学习观

自主学习就是学生充分发挥自己的主观能动性，有主见地学习，做自己学习的主人。自主学习包括学习中的自我识别、自我选择、自我培养和自我控制。

（四）创新学习观

创新学习就是以培养创新精神和创新能力为目标的学习，是每一个大学生都能做也都应该做的事情，包括激发创新意识，训练创新思维，养成创新人格，培养创新能力。

（五）情感学习观

就是要培养学习中的兴趣和乐趣。如果主观上把学习当作很苦的事，毫无兴趣，那么再好的学习条件和环境也学不进去，不会成功。对一个大学生来说，最大的幸福是对自己学习活动的兴趣和热爱，最大的悲哀是不热爱学习，对学习毫无兴趣却又进了大学，承担起了学习的任务。

（六）挖潜学习观

近年来，人们对人类大脑的研究有了突破性的进展，发现人脑的潜能无比巨大。遗憾的是，我们绝大多数人对自身的巨大潜力并没有开发出来，我们的思想观念、思维方式、用人机制束缚着这种潜力的发挥。这是最大的浪费和遗憾！我们应该解放思想、更新观念，认识自身所具有的潜能，认识自己比已经达到的智力水平高得多的生理基础，树立挖潜学习观，有效地开发自己，充分地释放自己的潜能。

（七）终身学习观

大学学习只是终身学习的一个阶段，面对知识经济社会的到来，每一个人都要终身学习，大学学习要为终身学习打下坚实的基础。

（八）系统学习观

学习是一个系统，包括多个子系统，各个子系统之间要相互协调，相互促进，达到全局最优。

四、大学生如何提高自己的自学能力?

（一）把握学习特点，提高自学能力

大学的教学形式及终身学习都要求大学生有较强的自学能力。为此，你可以从以下几个方面来训练提高自己的自学能力。

1．拓展式自学能力

主要以扩大自己的知识面为目的的自学，其训练可采用：

（1）合理安排课余时间，保证有自学的时间。

（2）注意（请）老师介绍教材之外的参考书和学习资源，以及各种学术观点，保证信息来源。

（3）可以跨学科、跨专业选修课、听讲座，涉猎更广博的知识。

（4）经常组织或参与演讲会、学术讨论会、报告会、辩论会等，同学之间互相切磋，博采众长，集思广益。

（5）通过撰写论文、参加研究性学习、科技科研活动，在确立课题、调查研究、统计分析、实验操作等过程中，提高独立探索的能力。

2．深入式自学能力

主要以深化自己的知识点为目的的自学，其训练可采用：

（1）从自己的实际出发制订学习计划，学习计划应包括课内学习和课外学习，特别是进图书馆学习及社会实践学习。

（2）合理安排学习时间，并把每天最好的时间用于学习。

（3）掌握科学的阅读、听课方法，养成课前预习、课后复习、应用巩固的习惯。

（4）学会积累资料和使用工具书、利用网络资源，加深对课堂学习内容的了解及拓展。

（5）及时总结学习经验，调整学习方法。

（6）善于利用迁移现象，运用以往学过的知识促进新知识的掌握。

（7）不断提出新的学习目标，把学习引向深入。

想一想　做一做

测测你的学习技能（学习技能自我诊断量表）。

本测验共25道题，每道题都有5个备选答案，请根据自己的实际情况，在题目后圈出相应字母（每题只能选一个答案）。这5个字母代表的意思：A——很符合自己的情况；B——比较符合自己的情况；C——很少符合自己的情况；D——不符合自己的情况；E——很不符合自己的情况。

（1）记下阅读中的不懂之处。 A B C D E

（2）经常阅读与自己学习无直接关系的书籍。A B C D E

（3）在观察和思考时，重视自己的看法。A B C D E

（4）重视做好预习和复习。A B C D E

（5）按照一定的方法进行讨论。A B C D E

（6）做笔记时，把材料归纳成条纹或图表，以便理解。A B C D E

（7）听人讲解问题时，眼睛注视着讲解者。A B C D E

（8）利用参考书和习题集。A B C D E

（9）注意归纳并写出学习中的要点。A B C D E

（10）经常查阅字典、手册等工具书或学习资源网站。A B C D E

（11）面临考试，能克服紧张情绪。A B C D E

（12）认为重要的内容，就格外注意听讲和理解。A B C D E

（13）阅读中若有不懂的地方，就非弄懂不可。A B C D E

（14）联系其他学科内容进行学习。A B C D E

（15）动笔解题前，先有个设想，然后抓住要点解题。A B C D E

（16）阅读中认为重要的或需要记住的地方，就画上线或做上记号。A B C D E

（17）经常向老师或他人请教不懂的问题。A B C D E

（18）喜欢讨论学习中遇到的问题。A B C D E

（19）善于汲取别人好的学习方法。A B C D E

（20）对需要牢记的公式、定理等反复进行记忆。A B C D E

（21）观察实物或根据有关资料进行学习。A B C D E

（22）听课时做好笔记。A B C D E

（23）重视学习的效果，不浪费时间。A B C D E

（24）如果实在不能独立解出习题，就看了答案再做。A B C D E

（25）能制订出切实可行的学习计划。A B C D E

计分与评价方法：统计你所圈出的各个字母的次数，每圈一个 A 得 5 分，B 得 4 分，C 得 3 分，D 得 2 分，E 得 1 分。把你所得的分数全部相加，算出总分，再对照评分表，就能了解自己的学习技能水平（表 3）。

表 3　学习技能评价表

总分	评价
101 分以上	优秀
86～100 分	较好
65～85 分	一般
51～64 分	较差
50 分以下	很差

你的得分是＿＿＿＿＿＿。逐步对照上面测验中所列举的项目，看看自己在哪些方面没有做到＿＿＿＿＿＿＿＿＿＿＿＿＿＿＿＿＿＿＿＿＿＿＿＿＿＿＿＿＿＿＿＿

＿＿＿＿＿＿＿＿＿＿＿＿＿＿＿＿＿＿＿＿＿＿＿＿＿＿＿＿＿＿＿＿＿＿＿＿＿＿＿

＿＿＿＿＿＿＿＿＿＿＿＿＿＿＿＿＿＿＿＿＿＿＿＿＿＿＿＿＿＿＿＿＿＿＿＿＿＿＿

＿＿＿＿＿＿＿＿＿＿＿＿＿＿＿＿＿＿＿＿＿＿＿＿＿＿＿＿＿＿＿＿＿＿＿＿＿＿＿

＿＿＿＿＿＿＿＿＿＿＿＿＿＿＿＿＿＿＿＿＿＿＿＿＿＿＿＿＿＿＿＿＿＿＿＿＿＿。

教师提示：这些没有做到的方面是影响你学习效率的障碍哟！

（二）掌握有效自学的方法

1．制订计划

模仿下面的表格，自己制作一张"自学计划表"，列出每一时段自己需要做到的大小事情，清楚自己该在什么时间学习什么内容，然后按计划去完成（表4）。

表4　自学计划表

日期	自学时间	实施时间、地点	奖惩措施	存在问题	补救措施	启示

教师提示： 别忘了每天的计划表里都要让学习占有一席之地。当然，同时也要为自己留出必需的休息和娱乐时间。

2．时间管理

时间是一种不能再生的、特殊的资源，一切节约归根到底是时间的节约。人最宝贵的财产就是时间，时间对于任何人、任何事都是毫不留情，是专制的。在大学里，时间需要你自觉自主地利用，好好地安排时间，学会管理时间，可以提高你的学习效率。

（1）集中分类法：将一段时间所有的活动集中分类，性质相同的学习活动放在一起做，专门时间做专门的事。不能东一榔头，西一榔头，学习节奏混乱，时间被撕成碎片，这样你的大脑和身体都会处于忙碌的混乱状态，绝无效率可言。

（2）优先顺序法：重要的学习、重要的事情，放在高效时段完成。

（3）善于利用零碎时间：即使再忙的人，每天零碎可支配的时间加起来也有2个小时，如果把这些"小芝麻"都捡起来，一年就是730个小时。不要看不起这些零散的时间，利用饭前饭后、等人等车、往返途中的零碎时间做一些与学习有关的"小"事情，诸如背背单词、看看资料、讨论问题之类，聚零为整，积少成多。时间的"边角料"会让你有意想不到的效果。

（4）弹性原则：学习1～2小时，安排10～15分钟休息，比起连续学习数小时，前者的效益更高。一天中可安排几种不同的学习，一周中留出一两个晚上安排锻炼、娱乐，学习、娱乐两不误，使自己的生活紧张而有序，内容丰富多彩，会使你一周的学习效率更高。

? 想一想　做一做

你每天的时间是如何度过的？上课、自学、睡眠、休息、娱乐、社交的时间各占了多少？_____

_____

_____

_____

_____

_____

_____。

在与朋友聊天时，你们会讨论学习吗？_____；在等待上课、开会、等人、等车时，你可以做些什么？_____

_____

_____

_____

_____。

3. 学会收集和整理信息

在自学的过程中，会涉及收集、整理信息的问题。收集信息的途径很多，在目前的信息社会，要获得大量充足的信息并不困难，关键的是如何辨别、选择信息，这要遵循优选原则：首先，要分清哪些是与要寻找的主题有关的、有益的，剔除无关信息。其次，要从同类信息中选择优秀的，剔除一般的、平淡无奇的。最后，要从优秀的信息中挑选精品，选择那些最典型的、最新的、有广泛深远影响的、有新意的信息。

4. 选择多种学习途径

信息时代为我们提供了越来越丰富的自学途径。

校内学习途径：听课、实验、查阅有关资料、参与或协助教师的教学科研活动、学术报告和讲座、兴趣小组和学生社团、社会调查和咨询服务。

校外学习途径：网络学习、职业培训、企业实习、实地考察、广播电视、各种协会活动、短期培训、游学体验，等等。

终身学习强调除校内以外的非正规情境中学习的重要性，它拓展了学习的内容范围、实际范围和学习的空间范围。贯穿于学习的各个层面，各个空间，是学校学习、家庭学习、社会学系及其他各种场合学习的统一，是立体的多元整合。

? 想一想　做一做

你参加过哪些校内学习？_____

_____

_____。

你参加过哪些校外学习？_____

_____。

　　教师提示： 大学学习的核心所在，就是"自主"二字。大学的学习氛围很宽松，大学生自我支配的时间多，自主性强，这是对自制力和自律性的一大考验。大学生在学习过程中应注意以下四点：第一，要变中学时代的"要我学"为"我要学"。第二，要由应付升学考试上升到提高自身素质。第三，要注意学习时间的科学运筹，提高学习效率。第四，要重视良好的学习习惯的培养。

 **小 资 料 五**

点石成金的方法

　　从前有一位能点石成金的仙人，有一次这位仙人碰到了一个顽童，就将路旁的一块石头点成了金子送给他，不料这个顽童竟拒绝了这种恩施。顽童对仙人说：你就是给我一座金山我也会用完的，还是把你能点石成金的方法教给我吧！

　　引申到学习中来，就是知识固然重要，但更重要的是获得学习知识的方法。有了科学的、系统的学习方法，再结合你自身的特点去经常使用，形成一套自己的学习模式与习惯，这就说明你会学了，这就是你的学习能力。走上工作岗位以后，你一生工作、生活所需要的90%以上知识和技术需要你自己去学习、理解、掌握、运用。所以在大学里必须学会学习，具有独立的学习能力，科学的、系统的学习方法，才是你学习能力的基石。

　　伟大的物理学家爱因斯坦有个成功的公式：$A = x + y + z$

　　A 代表成功，x 代表艰苦劳动，y 代表正确的方法，z 代表少说废话。也就是说，要想在学习上取得优异成绩，一要靠勤奋；二要靠学习方法；三要靠效率。

　　古今中外的有识之士，都十分重视学习方法，并把它看成是学习取得成功的必不可少的因素。

　　学习方法是学习时采用的手段、方式或途径。科学的学习方法是符合不同阶段学生认识特点和学习特点，注重实用、实效而便于操作的学习方法。学习方法并不是学习的捷径，它只是踏踏实实地学习的程序，以及在这个学习过程中的各项措施和技巧，各种方式和途径而已。它会让我们少走弯路，会让你有种学习的成就感，有一定的心理保健的功能。学生的向师性表明学生是想学的，学习之所以令一些人望而生畏，感到厌烦，就是因为他们忽视了学习的方法，只知道一味地埋头苦学——费劲、枯燥、效率低。

　　学习方法的掌握和运用，需要特别注意的是如何把更多的学习方法系统化、个性化的问题。学习是个人行为，你需要在理解一般学习方法的同时结合自己的学力、性格、气质、习惯、具体学习条件等，摸索出一套既符合一般方法的精神，又符合自己个性特点的独特的学习方法。

陶行知的学习"十字诀"

　　序——由浅入深，循序渐进。

　　恒——持之以恒，锲而不舍。

问——不耻下问。

习——温故而知新。

思——多加思考，学以致用。

勤——业精于勤荒于嬉。

博——从精出发，博览群书。

记——多动笔墨，多做笔记。

专——专心致志，专一博广。

创——触类旁通，敢闯新路。

关于治学的三种境界

王国维在《人间词话》中，曾引用三句宋词来描述治学的"三种境界"。

境界之一："昨夜西风凋碧树，独上高楼，望尽天涯路。"（晏殊《蝶恋花》）——初学阶段，正如人刚从平地登上摩天高楼，顿时心旷神怡，眼界大开，从而意识到过去学到的知识实在少得可怜。

境界之二："衣带渐宽终不悔，为伊消得人憔悴。"（柳永《凤栖梧》）——在强烈的求知欲的驱使下，专心致志，废寝忘食，虽然花尽了精力，致使身瘦衣宽，容颜憔悴，但也心甘情愿，无怨无悔。

境界之三："众里寻他千百度，蓦然回首，那人却在灯火阑珊处。"（辛弃疾《青玉案》）——真知实学来之于"千百度"的钻研探索过程，而一旦有所发现，就会感受到学习莫大的幸福与快乐。

? 想一想　做一做

你体验过学习的这三种境界吗？你现在正处于哪一种境界呢？＿＿＿＿＿＿＿＿＿＿

＿＿＿＿＿＿＿＿＿＿＿＿＿＿＿＿＿＿＿＿＿＿＿＿＿＿＿＿＿＿＿＿＿＿＿＿＿＿＿

＿＿＿＿＿＿＿＿＿＿＿＿＿＿＿＿＿＿＿＿＿＿＿＿＿＿＿＿＿＿＿＿＿＿＿＿＿。

专项实践作业：各班同学分小组成立学习俱乐部或学习沙龙等形式的学生团体，举办学习经验交流会之类的活动，畅谈自己的学习心得，借鉴他人的学习经验，探讨更好、更高效的学习方法。提交小组组织活动的报告材料。你们小组的成员是＿＿＿＿＿＿＿＿

＿＿＿＿＿＿＿＿＿＿＿＿＿＿＿＿＿＿＿＿＿＿＿＿＿＿＿＿＿＿＿＿＿＿＿＿＿＿＿

＿＿＿＿＿＿＿＿＿＿＿＿＿＿＿＿＿＿＿＿＿＿＿＿＿＿＿＿＿＿＿＿＿＿＿＿＿。

你们成立的学习俱乐部或学习沙龙名称是＿＿＿＿＿＿＿＿＿＿＿＿＿＿＿＿＿＿＿＿。

教师提示：在组织这类活动时，需注意：①每个同学都是积极的参与者，应当畅所欲言，知无不言，言无不尽；②不仅说出自己好的学习经验，也要说出自己的困惑，寻求他人的帮助；③不能简单地照搬照套别人的经验，要结合自己的具体实际进行吸收。

主题二：在实践中学习

邓拓说："从做学问这件事情本身来说，无论是初步追求某一项新的知识，或者是进

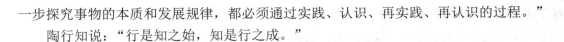

一步探究事物的本质和发展规律，都必须通过实践、认识、再实践、再认识的过程。"

陶行知说："行是知之始，知是行之成。"

一、什么是实践?

实践是人们改造客观世界的有意识的活动。人们为"实践"所作的定义很多，但还是这个老概念言简意赅，较为可取，可以分三个层次去理解：①这个定义可简化为"实践是活动"。活动者，运动也。这就告诉人们：实践不是物质的本身，而是物质的运动。这又向我们提出两方面的要求：一是不能把实践当成一种物质来认识，这种认识一定是否定了实践的能动性；二是要认识到实践虽然不是物质的本身，但却是物质的运动，而物质的运动和物质是同一等级的哲学范畴，不正视这一事实，就不可能重视实践的物质性。②实践是有意识的活动。"有意识的活动"当然是人的活动。这就意味着实践不是一般的物质行为，不是盲目的自然行为，而是有意识的社会行为，是人脑行为和人体行为的统一。③实践虽然是人的活动，但并不是人的一切活动都能称之为实践。实践必须是人们以"改造客观世界"为目的的活动。这就规定了实践的社会历史内容。马克思主义哲学所讲的实践并不否定实践是由个人活动构成的，但强调个人活动的社会联系，也就是说，马克思主义哲学所讲的实践主要是指处于一定历史时期的劳动人民群众的社会实践活动。

实践是人们改造客观世界的有意识的活动。这种活动离开人脑行为不行，离开人体行为也不行。离开人脑行为，人体行为就成为无目的行为，甚至成为动物行为，于是也就谈不上对客观世界的改造；离开人体行为，人脑行为就无法体现，也无法落实，于是也就根本不存在实践活动。因而，实践只能是人脑行为和人体行为的统一。

马克思主义哲学认为：就绝对意义而言，人脑行为也是一种物质行为，但如果仅仅这样提出问题和认识问题，世界上也就没有意识可言；因而人脑行为应取其与人体行为的相对意义，即把人体行为视为人的物质行为，把人脑行为视为人的精神行为。这样，实践是人脑行为和人体行为的统一就可以理解为：实践是人的精神行为和物质行为的统一。

实践是人脑行为和人体行为的统一，虽然不是实践的定义，但可视为是对实践定义的补充，它揭示了实践的内部矛盾。实践的内部矛盾告诉人们：从总体来看，实践固然是一种物质行为，但单独的物质行为却构成不了实践，实践只能是人脑行为和人体行为的统一，即人的意识行为和物质行为的统一，知和行的统一。

知和行是中国古代哲学的范畴，知指知识，行指行动。中国古代哲学家对知和行的关系有争论，有的强调"以知为本"，有的主张"行是知的基础"。但这种争论与现代哲学所讲的认识和实践的关系联系不大。

毛泽东《实践论》的副标题是"论认识和实践的关系——知和行的关系"，于是有许多人认定：知等于认识，行等于实践，知和行的关系就是认识和实践的关系。这种见解过于简单化，不符合《实践论》的文中之义。《实践论》没有将知和行的关系展开论述，但《实践论》中却说："我们的结论是主观和客观、理论和实践、知和行的具体的历史的统一。"由于主观和客观与理论和实践仅是相似而不相等的对应范畴，于是也可以断定：知和行与认识和实践也是相似而不相等的对应范畴，二者之间划不得等号。明确了这一点，我们才

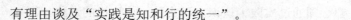

有理由谈及"实践是知和行的统一"。

"实践是知和行的统一"包括两方面的内容：① 当我们所讲的"实践"是狭义时，"知"表示的是人的感性认识，"行"表示的是人体的物质行为；② 当我们所讲的"实践"是广义时，"知"表示的是完全意义的认识——理性认识（理论），"行"表示的是狭义实践。但无论是哪方面的内容，"实践是知和行的统一"都是在强调：实践不是单独的物质行为，而是人脑行为和人体行为，即人的精神行为和物质行为的统一。"实践是知和行的统一"告诉人们这样的道理：实践是一个从只含有感性认识的狭义实践不断走向包含理性认识在内的广义实践的运动过程，因而我们应在动态中去理解什么是实践。

毛泽东在《实践论》中阐述认识发生的源泉时指出："理性的东西可以靠得住，正是由于它来源于感性，否则理性的东西就成了无源之水、无本之木，而只是主观自身的、靠不住的东西了。从认识过程的程序来说，感觉经验的东西是第一性的东西，我们强调社会实践在认识过程中的意义，就在于只有社会实践才能使人的认识开始发生，开始从客观外界得到感觉经验。一个闭目塞听、同客观外界根本绝缘的人，是无所谓认识的。认识开始于经验，这就是认识的唯物论。"

二、大学生为什么要在实践中学？

大学要提高人才培养质量，要从提高学生的学习质量做起。由于长期的灌输式、应试型教育教学方式，使很多学生产生了厌学情绪，要想从目前普遍存在的被动式、应试型学习状态中解放出来，真正自觉地优化学习状态，注重学习产出，成为学习的主人，并不是一件容易的事。

当前大学生的学习问题主要表现在：大学生的学习主动性和积极性远未开发到位；大学生的学习兴趣没有被满足或没有激发出来；大学生目标不清、动力不足、方法不对的现象大量存在；大学生都希望自己成才，但是很多大学生不知道怎么做，对自己的学习和成长迷茫甚至困惑，面对就业竞争虽然有压力感但不知所措；大学生的内在潜能巨大，但是远没有开发出来。上课不注意、课后不复习，考前紧突击、考后就忘记的现象成为学生被动学习、应试学习的写照；学而不习、知而不识、文而不化的问题，制约着培养质量的提高。

学而不习反映了大学生的学习风气和状态问题，一部分大学生对课前预习，课后复习、练习这些学习的基本环节，或者没有做，或者做得不够，主要是学习不下功夫。学而不习缺乏学习的消化、理解和巩固的过程，难以把别人的知识变为自己的知识。

知而不识反映了学习方法和层次问题，"知"表示对信息的接收、获取和储存，而"识"则意味着识别、判断和分析，是对信息的消化和处理。"知"是接受别人的东西，体现的是传承性，"识"是自我加工和运作，体现的是创新性。多年来我国的大学课堂注重知识的传授，以传承性教学为主，重"知"轻"识"，不利于大学生创新精神的培养。

文而不化反映了教育方式和效果问题。在我国学校教育特别是德育教育中，较多地存在着"文而不化"的现象：过多地注重课堂上知识的灌输，学生背会了一些条文和知识点，但是由知识到精神和素质的内化不够，精神的引导与素质的养成还很不够，还没有转化为良好的价值观念和高尚的道德品质。

知识是学出来的。需要学生自觉地自主地"学"与"习"。

能力是练出来的。绝不是靠课堂灌输形成的。

素质是养成的。需要道理传授、理念引领、自身体悟、榜样激励、环境熏陶、实践历练等综合作用。

听过的会忘记，见过的能记住，做过的才能真正明白。

背会不算会，体会与做会才算会。

在当今知识经济时代，高等教育，尤其是高等职业教育，主要是培养适应经济社会发展需要的应用型人才，以培养学生的实践能力和创新精神为价值追求。在我国高等职业教育领域，实践教学是高等职业教育主体教学形式的观点已被广为接受。高等职业教育所培养的人才除了要掌握必备的基础理论知识，更重要的是具有较强的职业综合能力和解决实际问题的能力。因此在对大学生培养过程中，必须重视实践能力的培养，重视职业经验和职业技能的获得。

三、大学生怎样在实践中学？

（一）"做中学"是最有效的学习方法

最好的学习方式是手脑并用，而实践就是这样一种学习方式。你只有在实践中学习，学到的知识才不会很快地遗忘，才能将书本上的理论知识转化为自己头脑中的知识。《唐本草》中曾记载北方的芜菁种植到南方会变成白菜，明代农业科学家徐光启曾在南方种植多年，发现芜菁并没有变成白菜，他通过实践学到了正确的知识，并纠正了多年的谬误。

"做中学"无论对谁都是最有效的学习方法。一般来说，别人传授给我们的知识远不如通过自己动手动脑所得的知识深刻、久远。靠自己实践得来的知识将成为一笔完全属于你自己的财富，更为活泼生动，永驻心田，是仅靠被动接受别人的教诲无法企及的。宋朝文学家陆游在《冬夜读书示子》诗中就说过"纸上得来终觉浅，绝知此事要躬行"。

不结合社会生活实践的学习是苍白无力的。大学生要在社会实践活动中，在生活中磨炼自己，才能使死知识变成活经验，知识才能真正转化成一种力量，才能真正产生经济效益。

😕 想一想　做一做

📖 案例 >>>

一名新闻专业的大学生，假期放弃了到美国探亲的机会，到电视台兼职，虽然没去成美国，但他明白了工作中的酸甜苦辣，这位平时"锦衣玉食"的公子哥花钱不再大手大脚，还积累了工作经验，在后来的求职中得心应手。

分析以上案例，谈谈你对在实践中学习的感想＿＿＿＿＿＿＿＿＿＿＿＿＿＿＿＿

＿＿＿＿＿＿＿＿＿＿＿＿＿＿＿＿＿＿＿＿＿＿＿＿＿＿＿＿＿＿＿＿＿＿＿＿

＿＿＿＿＿＿＿＿＿＿＿＿＿＿＿＿＿＿＿＿＿＿＿＿＿＿＿＿＿＿＿＿＿＿＿＿

＿＿＿＿＿＿＿＿＿＿＿＿＿＿＿＿＿＿＿＿＿＿＿＿＿＿＿＿＿＿＿＿＿＿＿＿

＿＿＿＿＿＿＿＿＿＿＿＿＿＿＿＿＿＿＿＿＿＿＿＿＿＿＿＿＿＿＿＿＿＿＿＿

_____

_____

_____

_____

_____

_____

_____

_____

_____

_____

_____

_____

_____

_____

_____

_____

_____

_____

_____

_____

_____

_____

_____

_____。

（二）行动是提高学习素质的唯一途径

上一讲中我们知道，必须提高我们的学习素质，从学习知识转向学习素质。知识可以传授，而素质必须进行培养。如果沿用学习知识的旧方式是无法学习到素质的。

素质只能在实践锻炼中获得，在实践修炼中得到，在具体行动中得到提高。除此之外，采用其他方式，都不可能学习到任何我们所需要的素质。例如，要学会游泳，就必须下水；让一个人阅读并且背诵 10 本人际交往方面的教科书，如果把他与社会隔离，不进行实际锻炼，他也绝对不会具有高超的交际能力和交际素质。无论掌握多少知识，如果不能运用，就没有任何实际价值。

要提高学习素质，依靠的是我们的实际行动，只有积极参加各种实践，才能把知识转化为成功所需要的各种能力。把书本型学习转变为实践型学习，把听讲型学习转变为修炼型学习，把死记硬背型学习转变为运用型学习，把传授型学习转变为培养型学习，等等。只有这样，才是真正的素质学习。因此，素质学习的核心就是实践，就是行动。陶行知说："行动是老子，知识是儿子，创造是孙子。没有老子，就不可能有儿子和孙子。实干、实践是素质学习的最好方法。"

 小 资 料 六

鲁迅教游泳

一位爱好写作的青年向鲁迅请教"成功秘诀"，鲁迅拉着他的手来到海边，要他下水游泳。这位青年愣了一下，急忙掏出一本《怎样学游泳》的书，坐在礁石上看了起来，只有两只脚丫伸进水里搅来搅去。鲁迅焦急地问："你以前看过没有？"青年答道："看过五六遍了，但总觉得没有全部背熟……"鲁迅说："我来帮你！"说着，便把这位青年推进水里，让他在游泳中学会了游泳。

（三）大学生从实践中学的训练策略

1. 学会亲手制作模型

从小时候玩泥巴、沙子、做弹弓，到现在自己设计制作电子贺卡，只要是我们将所学的知识运用于亲自制作，就是在制作模型。没有任何学习可以替代亲手制作模型，计算机设计的二维模型也不能替代亲手制作的、可以触摸到的实物。在亲自制作模型这个行为里，重要的不是这些模型是否使用和完美，而是这个行为本身所包含的意义，正是在亲自动手去做这个过程中，理解和创造才得以产生。

模型可以是缩小的、放大的或者是实际大小的，可以是物理的或者数学的，现实的或者非现实的。取决于其使用目的。

制作模型是一种高级思维工具。首先需要的是想象、抽象能力，但这还远远不够，还需要把你的想象、抽象与动手能力结合在一起。这个过程能使你更完整深入地理解事物的本质，使我们对一门学科获得无可比拟的理解。

不管你想要掌握的是哪一门学科，都可以通过制作模型来理解和运用知识。

只有仔细研究了一个物体的真实情况，抽象出它的关键特征，再用一个数学理论、艺术或者物理的形式表现出来，才能形成模型。在这个过程中你需要设计绘制，选择合适的材料，并对这些材料进行灵活变通的运用。在制作完成后，你还要完善它以确定它是否精确地再现了真实状态的主要特征。

❓ 想一想　做一做

请你把你想象的以下三维物体制作成模型。

（1）什么物体各个不同的切面都是圆的？

_____

_____

_____

_____

_____

_____。

（2）什么物体一个切面是圆的而另一个切面是正的？

_____

_____

_____

_____

_____

_____。

（3）什么物体从上面看切面是圆的，从一个侧面看切面是圆的，从另一个切面看是方的？_____

_____

_____

_____

_____

_____

_____。

为学院校园或者你的卧室制作模型。

_____。

教师提示：在制作模型过程中，看一看你是否按照下面的步骤进行。

（1）你可能需要查阅资料，以了解你想制作的东西的特征，以便在大脑中看到它的样子，并在大脑中设计它、研究它。

（2）你需要画出或设计出你想制作的东西，在这个过程中你可能要计算。

（3）你需要将知识和技术结合，将设计、手工、数学或其他学科的知识结合起来。

（4）如果你不了解怎么制作模型，不妨在网上、图书馆或者书店里去寻找相关的资料。

（5）寻找任何可以利用的材料。

（6）检测、调整你的模型。

2. 积极参加社会实践，主动服务社会

社会是所真正的大学，社会为我们的学习提供了活生生的原料，也为实践活动提供了比教科书更复杂、更感性的环境。到社会中去，提高你认识社会的能力，使书本知识变得"活"起来，在社会中得到拓宽、发展、延伸吧！

美国大学为什么不愿意录取她？

在中国的学生放学后都伏案于家庭作业时，美国的学生也在做他们的家庭作业。不过他们的家庭作业却不需要埋头于书桌，通常是实地调查或者体验一项工作或活动。有位中国女孩儿屡次在考试中取得骄人成绩，学校推荐她报考美国的大学，可是在美国教育非常注重社会实践经历的录取条件下，她连社会义工都没做过，结果没有一所大学愿意录取她。

❓想一想 做一做

结合自己的专业及自身的实际，说一说你可以参加哪些实践活动？_____
_____
_____
_____
_____
_____。

📑 拓展阅读

大学生要学会学习①

著名未来学家阿尔温·托夫勒说：未来的文盲不再是目不识丁的人，而是没有学会怎样学习的人。

当前知识总量空前增长，有两个显著特点。

一是知识量的递增速度越来越快。美国科学家詹姆斯·马丁推测：人类的知识在19世纪大约每50年翻一番，到20世纪初每30年翻一番，到50年代每10年就翻一番，到70年代5年就翻一番，80年代以来大约是3年就翻一番。

科学发明从来没有像今天这样层出不穷。据统计，各种重大的发现发明16世纪不过26项；17世纪106项；18世纪156项，19世纪540项，20世纪头50年961项，60～70年代的10多年中，新的发明、发现比过去2000年的总和还要多。

图书发行情况，据Unesco统计资料：全世界图书发行种数，1952年是25万种，1962年为38.8万种，1964年为45万种，1972年达56.1万种。估计到2040年，将达2亿种，

---

① 大学生学习指导网，http://iwcad.ahut.edu.cn.

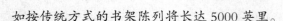

如按传统方式的书架陈列将长达 5000 英里。

科学期刊方面，据美国史学家法克里·普赖斯统计：1750 年，全世界仅有科学期刊 10 种左右，19 世纪初期为 100 种左右，19 世纪中期达 1000 种，1900 年达到 1 万种，1965 年已突破 10 万种。

在 20 世纪 70 年代，世界平均每年发表的科学论文达到 500 万篇，平均每天 13 000 余篇，登记的发明创造专利每年超过 30 万项。据有学者推算：今天出生的孩子，50 年后，他所学知识将有 97% 是在他生活的这段时间里发现的。

二是知识陈旧周期越来越短。一方面新知识、新技术、新发明、新创造日新月异地迅速生长；另一方面从发明到应用的周期日益缩短，造成知识陈旧的周期越来越短。这种知识陈旧周期或知识老化的发展趋势与传统的教育思想、学习方法、思维模式和教育管理制度等产生了尖锐的矛盾。这主要表现在：①人的接受知识的能力与蓬勃增长的浩瀚的知识量之间的矛盾。有人计算，一个化学家即使每周阅读 40 个小时，只浏览世界上一年内发表的有关化学方面的论文和著作就需要用 48 年。②人的有限学习年限与知识老化之间的矛盾。

面对挑战，教育将采取何种对策已成为世人关注的重要问题。普遍认为，以往在年青时期受教育，然后用上一辈子的时代已经结束。必须代之以终身教育，以适应知识更新的需要。过去社会变革周期远远大于人的生命周期，而现在人的生命周期已远远大于社会变革的周期。教育的目的现在已不能仅限于使受教育者获得一定数量的知识上，而应当将重点放在培养和开发他们的智能，使学生学会学习上。这样，对受教育者的要求不仅是"学会"，而更主要的是"会学"。联合国教科文组织于 1972 年发表的《学会生存》研究报告指出："我们再也不能刻苦地一劳永逸地获取知识了，而需要终身学习如何去建立一个不断演进的知识体系——学会生存。"联合国教科文组织 21 世纪教育委员会发表的另一研究报告《教育——财富蕴藏其中》对"学会学习"的意义又做了进一步阐述，指出："这种学习更多的是为了掌握认识的手段，而不是获得经过分类的系统化知识。既可将其视为一种人生手段，也可将其视为人生目标。作为手段，它应使每个人学会了解他周围的世界。至少是使他能够有尊严地生活，能够发现自己的专业能力和进行交往。作为目的，其基础是乐于理解、认识和发现。"可见，"学会学习"不仅是适应继续学习的需要，更是为了适应人的未来的生存的需要。

大学生怎样才能"学会学习"呢？主要有以下五点。

1. 树立自主学习的学习观是"学会学习"的基础

大学生的学习境界千差万别，但归纳起来基本上有三种状态：自觉无自主，自主而低效和学优多创新。

（1）自觉无自主，又可分为两种情况：一种是想学不懂学；一种是懂学不会学，学习主权不在手中。

（2）自主而低效，也有两种情况：一种是会学而厌学；一种是乐学而不能优学。学习主权在握，就是效率不高。

（3）优学多创新，也有两种情况：一种是学习成绩极佳而创新不多；一种是成绩既佳创新又多，真正成为学习的主人。其主体意识强烈，学习兴趣浓厚，思路开阔，顿悟频发，创新灵感涌动，创造性成果层出不穷。

以上三种状态也可以看作学习境界由低向高的发展历程。

所谓自主学习就是学生自己主动地学习，自己有主见地学习。自主学习是全程性的，其主要内涵大体包括四个方面。

（1）要对自己的学习状态有一个准确的评价，即要对自己现有的学习基础、智力水平，能力高低、兴趣爱好、性格特点、特长等有一个准确的评价。

（2）知识、能力结构的自我调整，即完成学校统一教学要求并达到基本培养规格的同时，能根据自身的具体条件，扬长避短，有所选择有所侧重地制订进一步加强某些方面基础、扩充某方面知识和发展某方面能力的计划，调整、优化自己的知识能力结构。

（3）改进学习方法、提高学习效率和学习能力，即按照既定计划积极主动地培养自己、锻炼自己，并不断探索和逐步建立适合自己的比较科学的学习方法，提高学习效率和学习能力。

（4）不断在学习实践中自我调整，使学习状态进入佳境，即在实践中不断修正和调整学习目标，在时间上进行合理的分配和调节，在思维方法和处理相互关系上经常注意总结，调整和完善，使之达到最佳效果。

学生树立了自主学习的学习观，就能意识到自己是学习的主人，明白学习要靠自己艰苦的努力，才能在受教育过程中发挥主动性、积极性和创造性，同时增强自我教育的意识，形成独立学习的能力，进而才能不断探究学习规律，达到驾驭学习，适应科技迅猛发展不断更新知识、充实自己的需要。

2. 具有远大的目标是"学会学习"的前提

爱因斯坦曾经说过："对于一个严肃认真的年轻人来说，尽可能准确无误地为自己确定所追求的目标，这是十分自然的事。"目标就是一个人前进的方向。没有目标，随风飘荡，就不能达到成功的彼岸。目标渺小，就做不成大事。正如一位西方学者所说："只有心中有一个坚实的、值得你为之作出最大努力的目标，才有可能期待自己在精神上和道德上达到一定的高度。"

目标的选择与理想有关。理想是一种精神力量，是一个人从事学习和工作乃至生活的内在驱动力。一个人只有树立了崇高的理想、才能具有远大的目标，从而产生巨大的动力，激励你奋勇前进。

学习是一种艰苦的脑力劳动，需要具有锲而不舍的钻研精神和坚韧不拔的顽强意志。正如我国老教育家吴玉章所说的："只有具有崇高理想和远大目标的人才能在学习和实践过程中无论遇到什么困难、曲折都不灰心丧气，不轻易改变自己确定的目标，而努力不懈地去学习和奋斗，如此才会有所成就而达到自己的目的。"

3. 掌握科学的学习方法是"学会学习"的关键

所谓"学会学习"，在某种意义上就是学会学习的方法。法国一位著名的哲学家、数学家有句名言："最有价值的知识是方法的知识。"我国《高等教育法》第二章高等教育制度中第十六条有关高等学历教育在学业标准中明确提出："本科教育应当使学生比较系统地掌握本学科、专业所必需的基础理论、基本知识、掌握本专业必要的基本技能、方法和相关知识，具有从事本专业实际工作和研究工作的初步能力。"过去有关教育法规中只提"三基"（注意：中等教育只提"双基"，即基本知识、基本技能。而大学一直有基础理论的教学要求，所以总起来提"三基"的要求。有无"基础理论"是高等教育与普通教育在教学要求上的一个根本性区别）的要求。而现在在"三基"之外又加上了"方法和相关知识"的要求。这可以看作是21世纪新时期高等教育思想与传统教育思想在专业要求上的一个重要区别。显然，把方法的学习和掌握提到了"学业标准"的要求之中，可见学习方法对当代大学生培养来说是十分重要的。毛泽东主席关于过河要解决桥或船的问题的论述中指出："不解方法问题，任务也只是瞎说一顿。"这也是强调解决方法问题的重要性。

科学的学习方法有助于我们在学习中少走弯路，有利于培养和提高各种学习能力，如阅读和观察能力、听课能力、提问能力、写作能力、思维能力、记忆能力、动手能力等，进而可以提高学习效率，引导人们攀登学习高峰。笛卡儿曾说过："没有正确的方法，即使有眼睛的博学者，也会像瞎子一样盲目摸索。结果只能一事无成。"前面曾经提到过爱因斯坦的成功方程式："成功＝艰苦的劳动＋正确的方法＋少说空话。"这个成功方程式也是对他自己整个探索生涯的总结。在成功的王国里，"正确的方法"是三大要素之一，占据了1/3的天下，可见其重要性。

科学的学习方法是人的认识规律和学习规律的反映，因此它具有共同性和普遍性，又具有多样性和个别性。

我们要研究和探索适应新时期的学习方法应遵循以下几项原则。

（1）要研究学习规律，掌握基本的学习方法。合乎规律的学习方法是科学的学习方法，它具有普通意义。比如，科学运用大脑的方法，记忆的方法，时间运筹的方法，循序渐进的方法，联系实际的方法，等等。

（2）要重视借鉴前人的学习经验，如"学而时习""温故知新""学思结合""学者贵疑""不耻下问""闻、见、知、行"，等等。

（3）要注意联系学习的实际，研究具有不同针对性的学习方法。比如，不同的学习阶段，学习内容、学习目标、学习对象和学习环境，学习方法不同。专业性质和课程特点不同，学习方法也有差异。因此，学习方法要因地制宜。

（4）要做到从个人实际出发，扬长避短、建立适合自己特点而又比较科学的学习方法。最好的学习方法应当既是科学的，又是适合自己的。所以人们常说："学习有法、学无定法。"

4. 善于学习是学会学习的基本途径

华罗庚说过："对一个人来讲，一辈子总是自学的时间多。"达尔文曾经说过："我认为，我所学的任何知识都是从自学中得到的。"钱三强说："自学是一生中最好的学习方法。"所以说自学是善于学习、学会学习的基本途径，也是成才的必由之路。

自学的一个重要方面是读书。因此，从这个意义上说，学会自学就要学会读书。学会学习，还需要掌握自学的方法和技能。例如，要学会利用图书馆，学会使用工具书，学习查阅文献资料，学会做学习笔记，学会积累和整理资料，学会运用网络信息资源，学会对所学知识进行分析、归纳和总结等。

5. 培养良好的学习品格是学会学习的保证

学习方法解决"怎么学"的问题。事实上，一种成功的、高效率的学习，除了解决"怎么学"之外，还必须解决"肯不肯学""爱不爱学"和"以什么态度学"的问题。也就是说，必须具备良好的学习品格。所谓学习品格，就是学习者在学习方面的一些心理品质和素质。它是一个人在人格、精神、态度等方面的综合表现，它决定一个人在学习过程中的思维活动方式是积极的还是消极的，是坚韧不拔的还是畏缩退却的，等等。如果说学习方法是学习过程中的操作系统的话，那么，学习品格则是学习过程中的动力系统。因此，将两者结合起来，既肯学、爱学又会学，才能高效率、高质量地完成学习任务。

大学生良好的学习品格主要包括：崇高远大的学习理想、热烈浓厚的学习兴趣，勤奋向上的进取精神，严谨求实的治学态度，坚韧不拔的钻研精神，热情饱满的学习情绪，谦虚谨慎的学习风尚等。

学会学习要找到自己的兴趣①

兴趣是学习中最快乐、最轻松、最美好、最活泼的品质，在兴趣的指导下，你会精神振奋，思维活跃，目标专一，不知疲倦地执着追求。孔子说："知之不如好知者，好知者不如乐知者。"快乐和兴趣是成功的关键，兴趣是最好的老师，如果一个人没有学习兴趣，世界上什么样的学习方法对他也没有用，即使是在以后的职业发展中，兴趣也是你走向成功的第一步。所以我们应尽快找到自己的兴趣，它对我们的大学学习和今后事业的发展都具有重大的意义。

上大学最大的好处就是有了自己自由支配的时间，能干自己特别感兴趣的事了，首先要认识自己，了解自己，从自我模糊的高考中解脱出来，找出自己的兴趣所在，把兴趣和自己的学习结合起来，把兴趣学习和自己今后的职业、事业结合起来。现在的问题是我们的兴趣到底在哪儿？

有的同学兴趣广泛，对许多事物方面的问题都感兴趣，他们的困扰是怎么找到自己最大的兴趣，我可以告诉你，这个最大的兴趣是指你对某方面的知识或活动的特别爱好，它使你充满激情，魂牵梦绕，热血沸腾。丁肇中全身心地投入他的物理实验，三天三夜待在实验室里，急切地希望发现自己所要探索的东西而不知疲倦，一旦发现就会非常地兴奋，这里就是他的最大兴趣。兴趣广泛是好事，这说明我们有个健康的心理，但必须要有一个中心兴趣，这个中心兴趣离你的专业越近越好。

第一，有的同学可能会说，我现在的专业和自己的兴趣一点都不沾边儿，我的专业是父母给选的，是出于升学的需要或者说是出于无奈而为之。这种情况首先考虑转专业，现在的大学多数是允许转专业的，但转起来比较麻烦，一定要慎重，要对你要转的专业做充分的了解，防止过去一学不是自己想象的那样就不好了。第二，我们可以一边学着自己的专业，一边跨学科跨专业去学自己感兴趣的东西，尝试课外学习，选修自己有兴趣的学科，或旁听相关课程，或努力去考自己感兴趣专业的本科或研究生或第二学位。鲁迅、孙中山、丁肇中等名人，后来成功的方向都不是自己在学校所学的专业，如果你的专业和你的兴趣不沾边儿的话，你可以用大学充分的业余时间去发展自己的兴趣和特长，它很可能

① 李树广的博客：《大学生学习指导》，http://blog.sina.com.cn/lishuguan2009.2009-11-29.

成为你日后事业成功的支柱或方向。第三，没有选你所爱成为过去，现在可以去爱你所选，尽力把本专业读好，在学习过程中逐渐培养。我们一定要记住，当你不能从兴趣中寻找专业时，那就学习从专业中寻找兴趣。自己对本专业的兴趣。再说，一个专业是可能有很多不同的领域，也许你对专业里某一个领域会有兴趣。第四，努力找到自己的兴趣和自己所学专业的结合点，现在科学的发展，两个专业、两个学科的交叉结合往往成为新的增长点。你的兴趣和专业结合。这样也许会找到你自己真正感兴趣的方向。"数字笔"的发明人王坚博士在微软亚洲研究院负责用户界面的研究，而他从本科到博士所学的都是心理学专业，而用户界面是计算机和心理学专业的最佳结合点。第五，我们在全面学好专业课的基础上，应该注意在某个点上有所钻研，做深入系统的研究，使之成为我们的"兴趣点"，这样才会对我们的大学生生活及今后的人生产生深刻的影响。以点带面，以兴趣引领学习，这样的大学生生活才会倍感充实、快乐，同时明确的研究目标又会把我们引领到成功的天地里。

还有一种同学是不知道自己有什么兴趣或说没有兴趣。这也不要紧，千万不要失望，兴趣的出现是随时随地、无法预测的，我们可以在努力学习和参加各种活动中去找，最好的寻找兴趣点的方法是开阔自己的视野，接触众多的领域，见得多，接触得多，尝试得多，总会发现你的天赋，找到你的兴趣的。新生可以通过课程学习、课外活动、参加社团，开发自己的兴趣，也可以到图书馆翻阅各种资料，与老师、同学进行交流，上网浏览各种信息，甚至看看每天的报纸，了解社会各行各业的发展变化，发展需求，特别要注意新兴行业的变化发展，听听来自各方面的话题，听听不同专家的学术报告，甚至走上社会体验了解不同的领域行业，说不定哪条信息、哪个活动、哪个事件、哪个行业就会引燃你的兴趣。

好奇心是找到你兴趣的捷径。随着年龄的增长和注入式的教学方式，使我们失去了好奇心这个人生的宝贝，为了捡回或唤醒我们的好奇心，我们可以锻炼，只要坚持练习，好奇心是可以练出来的：①关注一切令你吃惊的事，不要让它稍纵即逝；②关注好的想法及新的发现，把它们写下来，并进行反思；③训练自己感官的敏锐性，使自己习惯于不断地全神贯注地听、尝、闻、看或触摸；④永远保持对一切事物的欣赏和好奇。有了好奇心，就会对事物的学习感兴趣，你就不会安于老师给予的现成知识和答案，而会不断地去寻求你自己的答案，以解决心中的很多疑问，在疑问—寻找答案—再质疑的过程中，你不但学到了知识，最重要的是锻炼了创造性学习的思维能力，慢慢形成了探索知识的习惯，这是学会学习的必由之路。

在现实生活中，我们需要学习的课程很多，各门课程不一定都使自己感兴趣，即使在自己感兴趣的课程中，也不是所有内容都是有趣味，使自己很乐意地去学习的，面对一些枯燥的东西，我们兴趣不大甚至不愿意学的，我们应该想起我们的理想志向。作为一个有理想有追求的人，兴趣固然重要，但志向更加重要，只要它是你实现理想需要的，兴趣必须让位于理想，兴趣可以改变，志向始终不渝，志向是罗盘，兴趣是风帆，千万注意不要把兴趣当作自己最后的目标。

大学学习各环节的学习方法①

一、课前预习

预习就是提前自学老师要讲授的内容。大学的课堂教学与中学的课堂教学相比有很大的区别。在大学，主要是内容多、信息广、跨度大、概括性强。听课是大学学习中很重要的一个环节，有效的听课者应该是带着问题进课堂。预习时要把不理解的问题记下来，这样就增加了听课时求知的针对性，这是掌握听课主动权，提高听课效率的主要方法，问题多、思考多、学得深、收获大。

预习不但能使我们发现问题，而且能使我们在课堂上跟老师学会分析问题、解决问题。久而久之，我们就能学会学习。我们掌握学习方法目的是培养自己的自学能力，预习是培养自学能力的重要途径。

预习需要注意以下几点。

（1）预习要服从学习计划，而不能打乱学习计划。每天必须按计划完成各种学习任务，时间多就多预习几科，钻研的深一点，时间少就突出重点课程，钻研的浅一点，原则是不能打乱计划，也不能放弃预习。

（2）在通读教材的基础上，对课堂内容进行思考，找出重点、难点、疑点，并查阅有关资料，在不清楚的地方做上记号或做好预习笔记。

（3）试做一下课后练习，不会的记下来，力求当堂课找到解题方法。

（4）预习要考虑老师的要求，根据个人的情况，还要考虑到课程的特点和教师教学的特点。

二、专心听课

听课是理解和掌握基础知识、基本理论、获得老师指导、思想和方法的重要途径。听好课是我们完成学业的重要基础。上课时要排除干扰保持安静，注意把内容听清，集中精力，全神贯注，对老师强调的重点、难点和独到的见解，以及思想和方法要认真做好笔记，课堂上力争弄懂老师所讲的内容，经过认真思考、消化吸收，变成自己的东西；或经过思考提出自己的见解。

专心听课要注意以下几点。

（1）不要带着主观偏见或先入为主的态度，认为某门课程乏味，而不认真听讲，应积极主动地去注意每个老师的长处和每门课程的特点和理论功能。

（2）不要只听事实和结论，而忽视推论和推理的过程。要注意大学不只是学知识，而重要的是学思想和方法。学会学习，学会思考，这些正是在推论推理的过程中学来的。

（3）不要只顾听，不顾记、不思考，也不要只顾思考记笔记，使听跟不上老师讲的速度，首先要保证听清、听全、记下课程要点，以及重要的思想和方法，兼顾思考笔记，引起你深入思考的问题，记下后去思考、探讨。

（4）有什么问题要在课后问。课后应及时问老师。

（5）要有参与意识。主动参与到教学活动中去，不要过于依赖教师的帮助，大学是提

---

① 资料来源：大学生学习指导网。

倡大学生对老师的讲授进行质询和分析的，在课上要积极提问和参加讨论，敢于提出自己的观点和看法。

三、及时复习

课后及时复习是巩固所学知识必不可少的学习环节。如果课后用 3 分钟时间及时整理一下思路，想想学了些什么，重点是什么，和旧知识有什么联系等，这 3 分钟的效果比以后复习 3 个小时的效果还要好。艾宾豪斯的遗忘规律告诉我们，先快后慢，听课 20 分钟以后就会遗忘 40% 的内容。如果及时对所听知识做一个整理加工，记忆的效果就会大大增强。

做到及时复习要注意以下几点。

（1）贵在及时，尝试回忆。听完课短暂放松后，就应该把本节课所听的内容过一下电影，老师是如何引入的，讲了几个问题梳理清楚。一定要注意知识的系统性。复习绝不是简单的知识再现，要把它放到自己原有的知识框架中的一个合适的位置。

（2）整理笔记。在听好的基础上，有哪些当时没记上的要及时补充、完善，加工提高；哪些是重点，一定标好；有哪些是引起你思考的问题，要做一个简单的处理，是和别人讨论还是问老师、查资料，要果断决定。

四、独立作业

独立作业是要求中小学生要经过自己的头脑独立思考，自学灵活地分析问题和解决问题，进一步加深和巩固对新知识的理解和新技能的掌握过程。对于大学生这是一个不应该成为问题的问题，可是有些大学生听完课了事，甚至逃课，作业不完成，即使做也是抄抄了事，考试作弊，研究资料造假，论文抄袭。自以为聪明，沾沾自喜，这不能不说是大学生的悲哀！教育的悲哀！这已不是学习方法的问题，而是诚信品格的问题。希望这些同学明白，你骗得了一时，骗不了一世。等到有一天用到你该学而你又没有学到的知识时，你就会为自己当初的浅薄和无知而后悔的。

做到独立作业需要注意的几点。

（1）明白学做事必须先学做人，诚信是立人的根本的道理。

（2）做作业要养成认真细心的好习惯，如交到老师手中的论文，应该是自己改无可改的文章。遣词造句、标点符号一定要标准。

（3）不要有应付的心态，要本着对自己负责、对家长、对老师、对社会负责的态度去做作业。

（4）认真对待作业，争取做到最好——能够发表。

五、勇于实践

关于实践的谚语："我听到的会忘掉，我看到的能记住，我做过的才真正明白。"

实践是学习的最好方法。我国古代先哲陆游告诉我们："纸上得来终觉浅，绝知此事要躬行。"有研究表明，通过阅读所得到的知识，我们能掌握 10%；通过听课所得到的知识，我们能掌握 15%；通过自己亲身体验所得到的知识，我们却能掌握到 80%。我们每一个人在婴幼儿时期各方面的进步为什么神速，其主要原因就是勇于实践，在实践过程中调动了听觉、视觉、触觉、味觉、嗅觉等知识进入大脑的五大通道的积极性。但我国的传统教育没能从婴幼儿时期的学习中总结经验，重视书本学习而忽视实践学习，这是现实中我国大多数学生的通病"高分低能"的主要原因，也是我国教育质量不高的关键性原因。

著名的物理学家诺贝尔奖获得者杨振宁先生，曾对中美学生的学习进行了一番比较，他认为，中国学生的基础知识系统、丰富、扎实，学习态度谦虚，特别擅长考试。但他们却普遍存在动手能力差、胆小、怕出错、不善于选择所研究课题、不善于提出问题、盲目崇拜权威性等缺陷。他们习惯对知识全盘接受，而不善于思考，不习惯怀疑和考证，更不善于做实验。说理论行，操作实践就不行了。而美国学生尽管基础知识不系统、不牢固，但胆子大，天不怕地不怕，不崇拜权威和书本，敢于怀疑，且动手能力强。作为中国的大学生看到这个比较，我们怎么想，怎么办？改变我国的基础教育，我们一定会考虑，但现在急需的是怎么改变自己，补上自己实践能力这一课不容忽视，让我们现在就行动起来。

态度决定一切，我们首先要转变学习观念，变被动学习为主动学习，把自己的学习渗透到实验和实践中去。其次要扩大自己的学习范围，充分挖掘和利用学校和社会的实验、实践资源，以满足自己学习、研究和发展的需要。其中社会实践是我们学习和研究必不可少的组成部分，无论是文科还是理科学生，都需要去做大量的社会调研，到工厂、农村、基层单位去亲身体验，把我们学到的理论和实际结合起来，才能使我们的学习、研究高效、深刻、有用。

社会实践可以开阔我们的视野，增强我们的想象，帮助我们明确定位，树立理想；社会实践可以锤炼人的品格，使人更坚强，更有毅力，更能脚踏实地地做人；社会实践可以丰富我们的生活和学习内容，不但能印证和检验书本知识还能使我们增加生活知识、社会知识，激发我们的情感，锻炼我们的意志，培养我们做人做事的能力。校内加入学生会、班委、社团等都能锻炼大学生的实践能力，不要认为加入这些组织就是为别人服务，为别人服务不假，但最终最大的受益者是你自己，大学四年的实践锻炼，在毕业后你就会发现，你比别人拥有的更多，因为在这些部门或组织里，就好像一个小型的社会圈子，你不得不思考应付甚至是敷衍，这些都是收获，都是你以后生活工作中的财富。所以说，勇于实践，在实践中学习，是大学生最佳的学习方法。

要想学会走路，就必须迈步，要想学会游泳就必须下水，要想获得能力和本领，就必须实践。就如学开车，教练让你记住要领几条，注意事项几条，开车需知几条，你不亲手操作，你照样不会开车，开车的本领能力需要练，任何的本领和能力都需要实践。但一定要注意的是，实践并不排斥书本知识，在有了一定知识和理论基础后的实践会使你的能力、本领提高得更快、更好。对于大学生的整体发展来说，实践学习和书本学习同样重要。

单就能力培养来说，实践学习比书本学习可以说更重要一些。

六、系统总结

大学学习信息量大，知识内容多而深，一个学期往往五六门课。不及时总结和系统整理，就会感到学得又多又乱，又被动。在学习一个阶段后，必须回顾自己的学习情况，以专业为中心，查漏补缺，构建自己的知识结构，并探索学习规律，提高学习质量。培根说："学习不能像蚂蚁，只是收集，也不能像蜘蛛，只是抽丝，而要像蜜蜂，既收集，又整理。"

在大学学习中，必须遵循整体性原则，把各种知识作为相互联系的整体来对待，对任何知识的理解，总是以已有经验、知识为基础的。如果已有知识是各自孤立的，一方面会妨碍对这些知识本身的深入理解。另一方面，将影响利用这些知识去理解新的知识。系统总结能促使学生从广泛的知识中抽象出事物的本质，达到理解准确、"举一反三"、"触类旁通"的程度。通过分析对比新旧知识的异同，发现知识的内在联系，把学过的知识系统化、条理化，从而能独立地运用已有知识，学习新知识。

系统有整体统一的结构，便能发挥整体的强大功能，我们应注意把分层次的专业知识组织起来，联系起来，不仅便于记忆，便于应用，而且通过知识的新的组合，知识的信息量会激增，知识的内在美整体美更加显现，知识的整体力量会更强大。而且能使我们学到的一切知识走向有序，更有利于新的概念、新的方法、新的思想的诞生，会使人类对事物的认识进一步提高。

系统总结的基本要求有以下几项。

第一，一定要把所学的课程放在专业知识整体联系和结构中去思考学习，明确所学课程在专业知识中的地位作用，如基础理论课、专业基础课、专业课等。

第二，学科课程的总结要在阶段复习的基础上进行总结，注意把所学知识系统化、条理化，整体把握深入理解。

第三，在总结时要抓住几个重要的问题运用科学的思维方法（分析综合、对比分类、抽象概括、判断推理、具体化等）对所学的知识进行积极思维，揭示知识之间的内在联系，使知识系统化，概括化（将大量的知识归纳为几条基本理论，用一个简明的表格或提纲或几句精练的语言准确地表达出来）。在原有知识基础上形成一个完整的知识体系，以达到更深刻地理解知识，更牢固地记忆知识和灵活运用知识的目的。将知识系统化、概括化的过程，也是学会学习，学会思考的过程。

第四，在总结时要检查自己的学习效率，要分析学习方法，检查学习计划执行情况，总结学习经验，深化对学习规律的认识，为做好下一阶段的学习计划做好准备。

七、课外阅读

大学学习不光是完成课堂教学的任务，而应在完成教师规定的课程以外，去选择与学业及自己的兴趣有关的书籍来读，充分发挥、发展自己的自学能力。大学生应该博览群书，不断开阔自己的学习视野，千万不要以为只要学好本专业知识就能做出成绩。正如我们前边谈到的时代特点，光有一门专业知识是不可能成大器的，科学发展很快，学科之间既分化又综合的时代特点，使每个学科都显得纠结复杂，一门学科上的建树，往往离不开另外学科上的功底。因此博览群书，获得一个宽厚的知识基础是大学学习的又一个基本目标。

课外阅读需要大学生注意以下几点。

第一，阅读要有目的、有计划、有选择。

阅读要有利于专业知识的学习，有利于满足自己的兴趣和发挥自己的特长，有利于完善自己的人格和能力体系。"三个有利于"是我们课外阅读的原则，阅读内容每个大学生要根据自己的具体情况而定。目的明确以后就要合理安排自己的时间，制订阅读计划，精选阅读书目。其一，要完成专业课程的阅读，加深对教材的理解和把握。现在大学里有不少同学专业课听后就等考前突击一下，考过了事，这种自以为聪明的方法对自己专业基础的奠定和以后的发展都是极为有害的。害处有多深等到你找不到工作或找到工作干不好时就会体会到了。其二，要安排一些与所开专业课程有关的课外书，以提高课内学习的兴趣，这些书可以是教师指定的，也可以是与课内有关的科技史和人物传记方面的书。其三，要有计划地安排一些满足自己兴趣爱好的书，扩展自己的知识面。其四，要挤时间读一些完善自己人格和发展自己各方面能力的书。其五，要根据学习计划，合理安排读书时间，避免因课外阅读而影响专业知识的学习建构。

第二，要讲究读书的方法和艺术。

选书需方法，读书更要讲究方法。"知识就是力量"的提出者培根告诉我们："有些书可供一赏，有些书可以吞下，不多的几部书应当咀嚼消化。"这样我们把确定要读的书可以分为三类：第一类是浏览；第二类是通读；第三类是精读。浏览可粗，通读要快，精读就要细细品味，深入思考。这样就能在较短的时间读较多的书，既广泛地了解最新科学文化信息，又能深入思考研究重要理论知识，这可以说是一种较好的学习方法。有同学可能会说，通读要快好说，浏览的粗和精读的精，不好把握。

博览群书中浏览的粗略方法有①看目录。从书的章节目录中发现自己有用的知识内容，再翻阅有关部分。这些是我们到图书馆或书屋选书常用的方法。②看内容提示或摘要，从中寻找自己有用的内容。③看开头和结尾，了解书的大概内容。粗略地浏览不但能开阔我们的知识视野，用时也可以帮助我们选出值得通读和精读的书。精读可以根据自己的要求，注意以下标准：一要懂。就是对书的基本内容首先要达到理解的程度。二要记，就是要在理解的基础上，记住书中的主要思想和内容。三要会，就是会运用这些理解了的知识理论去分析解决现实中的一般问题。四要熟，就是能熟练地联系实际表达、表述书中的主要理论和思想，并能用它提出和解决现实中的问题。宋朝赵普半部《论语》治天下的故事告诉我们，精读就要带着问题用心去读。

第三，学会使用图书馆和互联网，当我们在学习过程中发现了自己感兴趣的课题，就应当积极去图书馆查阅相关文献，了解这个课题的来龙去脉和目前的研究动态。熟练和充分地使用图书馆资源，是大学生特别是有志于搞科学研究的大学生必备的技能之一。同时互联网也是一个巨大的资源库，大学生可以借助搜索引擎在网上查找各类信息。但由于网上信息泛滥，我们还要会利用搜索引擎在网上求证，查考这些信息的真伪和科学性，以便我们学习或引用。

第四，要注意养成良好的阅读习惯。读书要勤于思考注意不唯书不唯上，不迷信权威。多疑多问，并尽力读出答案或问出、想出答案。还要注意把所见所想的主要观点、发现的问题等记下笔记，养成不动笔墨不读书的习惯。这样才能积累知识、积累财富。

八、考试技巧

考试是学习过程中的一个环节，有检验对所学知识掌握的程度，及时找出自己知识结构中的薄弱环节的作用。大学是素质教育，素质教育也要考试，只是它把考试作为工具，对考试要有一个正确的态度，不作弊、不单纯追求高分，要把考试作为检验自己学习效果和培养独立解决问题能力的演练。

基本要点有以下几项。

第一，考前一定要在认真听讲和作业的基础上抓紧时间总结复习。平时不努力，只靠考前突击，这是聪明人做的傻事。

第二，分析以往考试失败的原因，这样才能使失败成为成功之母。

（1）求胜心切，情绪紧张，唯恐考不出水平。

（2）单纯求快，审题不细，考技欠佳。

（3）题型不熟，盲目解答，答案不准确。

第三，正确对待压力，冷静沉着应考。

（1）放下包袱，轻装上阵。

（2）实事求是，正确对待。

（3）正确对待外来的压力。

（4）准备充足，临阵不慌。

第四，通览试卷，仔细审题。

第五，答题有序，先易后难。

第六，掌握时间，留有余地。

第七，遵守考纪，防止意外。

丢分不丢人，要做一个有诚信的人。

选拔性考试应注意以下事项。

要创最佳应考条件。

第一，做到最佳知识储备。

第二，保持最佳心理状态。

（1）树立必胜信心。

（2）不要考虑试题的难易程度。

（3）排除考前干扰，力争轻装上阵。

（4）态度端正，头脑冷静。

第三，保持最佳身体素质。

（1）合理休息，保证睡眠。

（2）适当运动，调节大脑。

（3）注意饮食，加强营养。

第四，准备最佳应试条件。

（1）物质准备。

（2）熟悉考场环境。

（3）保管好准考证。

要充分发挥临场考试技巧。

第一，稳定情绪，树立信心。

（1）相信自己的水平和能力。

（2）及时调整心理状态。

（3）做好充分准备工期：①保证睡眠，8小时为宜；②按清单带齐考试和生活用品；

③入场前如有点空闲，可以翻看一下重要而易忘的概念、结论等，也可以与其他的同学互问互答一些重要的简答、论述题；④入场后把必备的用具放在随手可取的明显位置，以免他人误解。

第二，认真审题，心中有数。

（1）要抓住题目的关键字词。

（2）把握答题时间。

第三，答题有序，分段得分。

（1）答题的四先四后：①先易后难。先战拦路羊、兔后战虎。现在的考试题量大，时间有限，只能靠速度取胜，如果先与"虎"拼搏，不是"虎伤"就是"人亡"，不会有理想结局。②先熟后生。③先高分后低分。④先同后异，如数学中的代数和几何题可先把代数题力争处理完，再处理几何题使知识相近，分析思路集中，方法易沟通，是多得分的有效途径。

（2）答题要注意分段得分。因大学考试答题要点多，往往分步给分，同学们做这种题就要注意分步解答力争分段得分。①缺步解答，会一步答一步；②跳步解答。

第四，注意速度，书写工整。

第五，认真复查，防止漏题。

本篇推荐阅读书目

[1]〔美〕哈瑞·刘易斯著，侯定凯译：《失去灵魂的卓越：哈佛是如何忘记教育宗旨》，华东师范大学出版社，2012年

[2]〔美〕德里克·博克著，侯定凯译：《回归大学之道：对美国大学本科教育的反思与展望》，华东师范大学出版社，2012年

[3] 覃彪喜：《读大学，究竟读什么》，南方日报出版社，2007年

[4] 周告杰：《大学到底怎么读》，南方日报出版社，2008年

[5] 任羽中、张锐：《完美大学必修课》，人民出版社，2011年

第四篇

大学学习规划

　　进入大学，并不意味着可以停下脚步轻松一下。通过前面三篇的学习，你应该明白，与过去相比，现在大学的学习面临着更大的压力与挑战。当然，对每个进入大学殿堂的学生来说，大学也意味着无限可能。

因为每个人的大学是相同的，但也是不同的。有的人四年大学很充实，在面临就业时能够从容不迫，尽管现在就业压力很大，但对有准备的人来说，压力与挑战意味着更多的机遇；而有的人，尽管大学过得很轻松，就业却成为迈不过去的门槛。这么大的差异并不取决于专业的冷热、学校的名气，更多地取决于对待"大学"这门课所采取的不同态度。大学，是我们进入社会的最后一个校门。如何读好这门课，顺利迈出校门，关键还在于如何规划。

凡事预则立，不预则废。

要想成为一个掌握学习主动权的优秀学生，就应该从加强学习的规划性、计划性开始。

第八讲　为什么大学学习要规划

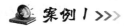 案例 1 >>>

一个大四学生的心里话

就要毕业了，回头看自己所谓的大学生活，我想哭，不是因为离别，而是因为什么都没学到。面对着毕业生推荐表上的那些栏目，我傻眼了，我也不知道求职简历该怎么写，最大的收获也许是……对什么都没有的忍耐和适应……

大学对他们来说，最大的好处就是可以混一张管用的文凭。只可惜这张文凭如今也不怎么管用了。于是，临毕业前他们发出这样的感慨，也就不足为奇了。他们本可以"活"得更好，收获更大的成功。可是为什么没能做到呢？

人生有两种痛苦，一种是努力的痛苦，一种是后悔的痛苦，但后者却大于前者千百陪。

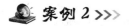 案例 2 >>>

三个工人的回答

有三个工人在制作模具，有人过来问："你们在干什么？"第一个工人没好气地说："没看见吗？弄铁块。"第二个工人抬头笑了笑说："我在制作精密的模具。"第三个工人边工作边哼唱着歌曲，他的笑容很灿烂："我在制作就要上市的最新的高科技产品。"10年后，第一个工人在另一个工厂做模具；第二个工人坐在办公室中画图纸，他成了工程师；第三个工人呢，是前两个工人的老板。

不同的人有不同的目标，不同的目标导致不同的发展，这就是设定目标的力量。

主题：大学学习规划的意义

一、什么是规划？

所谓规划，用通俗的话说，就是实施总体目标的行动计划，即进行比较全面的长远的发展计划，是对未来整体性、长期性、基本性问题的思考、考量和设计未来整套行动的方案。

一般说，它是目标确定以后的继续，是实施总体目标的重要手段。总体目标只有通过具体的规划来加以实施，才能最后达到预期的效果。简单地说，规划就是行动之前所作出的某些事先的考虑。按时间分，有远景规划、中期规划、近期规划。

规划需要准确而实际的数据，以及运用科学的方法进行整体到细节的设计。依照相关技术规范及标准制订有目的、有意义、有价值的行动方案。其目标具有针对性，数据具有相对精确性，理论依据具有翔实及充分性。

规划的制订从时间上需要分阶段，由此可以使行动目标更加清晰，使行动方案更具可行性，使数据更具精确性，使经济运作更具可控性及收支合理性。

规划是实际行动的指导，因此目标必须具备确定性、专一性、合理性、有效性及可行性。其作为实际行动的基础，更应充分考虑实际行动中的可能情况，以及对未知的可能情况做具体的预防措施，以降低规划存在的漏洞或实际行动中可能产生的不可挽回的后果或影响。

合理地规划要根据所要规划的内容，整理出当前有效、准确及翔实的信息和数据。并以其为基础进行定性与定量的预测，而后依据结果制定目标及行动方案。所制定的方案应符合相关技术及标准，更应充分考虑实际情况及预期能动力。

二、规划与计划

规划与计划基本相似，不同之处在于：规划具有长远性、全局性、战略性、方向性、概括性和鼓动性。

（1）规划的基本意义由"规（法则、章程、标准、谋划，即战略层面）"和"划（合算、刻画，即战术层面）"两部分组成，"规"是起，"划"是落；从时间尺度来说侧重于长远，从内容角度来说侧重（规）战略层面，重指导性或原则性；在人力资源管理领域，一般用作名词，英文一般为 program 或 planning。

（2）计划的基本意义为合算、刻画，一般指办事前所拟定的具体内容、步骤和方法；从时间尺度来说侧重于短期，从内容角度来说侧重战术层面，重执行性和操作性；在人力资源管理领域，一般用作名词，有时用作动词，英文一般为 plan。

（3）计划是规划的延伸与展开，规划与计划是一个子集的关系，既"规划"里面包含着若干个"计划"，它们的关系既不是交集的关系，也不是并集的关系，更不是补集的关系。

三、大学学习规划

大学学习规划又称为大学学业规划，是大学生实施自己大学四年总体学习目标的行动计划，包含着实现自己大学各阶段学习目标的若干项子计划。也就是大学生根据自身情况，结合现有的条件和制约因素，为自己确立整个大学期间的学业目标，并为实现学业目标而确定行动方向、行动时间和行动方案。换言之，就是大学生通过解决学什么、怎么学、什么时候学等问题，以确保自身顺利完成学业，为成功实现就业或开辟事业打好基础。

你的学习目标好比给了你一个看得见的射击靶，而制订学习规划，并按规划中的步骤去实现目标就像一场场比赛，随着时间的推移，你的学习目标一个又一个实现，你会感受到学习的快乐。

因此，制订科学、合理的大学学习规划，是大学生实现大学学习目标的实际行动指导，它指引着你不断产生积极心态；使你在每一个阶段都看清自己学习的使命；使你感受到生存的价值及学习的成功感；有助你分清轻重缓急，把握重点；指导你定期检查你的学习进度及效果并进行调整，帮助你把重点从学习过程转到结果，随着一个个目标的实现，你会逐渐明白实现某个学习目标要花多大力气，尽多大努力，你往往还能悟出如何用较少的时间来创造较多的价值，这会反过来引导你制订更高的目标，实现更远大的学习理想。

四、大学学习规划的主要职能

规划的职能主要包括决定、最后结果，以及获得这些结果的适当手段和全部管理活动。根据西方管理理论，学习规划的职能主要包括四个部分。

（1）确定学习目标及目标的先后次序。

（2）预测对实现学习目标可能产生影响的未来事态。

（3）通过预算来执行学习规划。

（4）提出和贯彻指导实现预期学习目标的具体行动计划。

这四个部分总是相互联系，相互依赖的，依靠它们最后制订出全面的规划，并且引导你达到预定的学习目标。缺少其中任何一个方面，都会给学习规划的实现造成障碍。

❓想一想　做一做

你是否为自己的大学学习确立了明确的目标？是什么？＿＿＿＿＿＿＿＿＿＿＿＿

＿＿＿＿＿＿＿＿＿＿＿＿＿＿＿＿＿＿＿＿＿＿＿＿＿＿＿＿＿＿＿＿＿＿＿＿＿＿＿

＿＿＿＿＿＿＿＿＿＿＿＿＿＿＿＿＿＿＿＿＿＿＿＿＿＿＿＿＿＿＿＿＿＿＿＿＿＿＿

＿＿＿＿＿＿＿＿＿＿＿＿＿＿＿＿＿＿＿＿＿＿＿＿＿＿＿＿＿＿＿＿＿＿＿＿＿＿＿

＿＿＿＿＿＿＿＿＿＿＿＿＿＿＿＿＿＿＿＿＿＿＿＿＿＿＿＿＿＿＿＿＿＿＿＿＿＿＿

＿＿＿＿＿＿＿＿＿＿＿＿＿＿＿＿＿＿＿＿＿＿＿＿＿＿＿＿＿＿＿＿＿＿＿＿＿＿＿

＿＿＿＿＿＿＿＿＿＿＿＿＿＿＿＿＿＿＿＿＿＿＿＿＿＿＿＿＿＿＿＿＿＿＿＿＿＿＿

＿＿＿＿＿＿＿＿＿＿＿＿＿＿＿＿＿＿＿＿＿＿＿＿＿＿＿＿＿＿＿＿＿＿＿＿＿＿＿

＿＿＿＿＿＿＿＿＿＿＿＿＿＿＿＿＿＿＿＿＿＿＿＿＿＿＿＿＿＿＿＿＿＿＿＿＿＿＿

＿＿＿＿＿＿＿＿＿＿＿＿＿＿＿＿＿＿＿＿＿＿＿＿＿＿＿＿＿＿＿＿＿＿＿＿＿。

◇◎ 小 资 料 一 ◎◇

关于人生目标的调查

有一年，一群意气风发的天之骄子从美国哈佛大学毕业了，他们即将穿越各自的玉米地（职业征程）。他们的智力、学历、环境条件都相差无几。在临出校门前，哈佛对他们进行了一次关于人生目标的调查。结果是这样的：

27%的人，没有目标；60%的人，目标模糊。

10%的人，有清晰但比较短期的目标。

3%的人，有清晰而长远的目标。

以后的25年，他们穿越玉米地。25年后，哈佛再次对这群学生进行了跟踪调查。结果又是这样的：

3%的人，25年间他们朝着一个方向不懈努力，几乎都成为社会各界的成功人士，其中不乏行业领袖、社会精英。

10%的人，他们的短期目标不断地实现，成为各个领域中的专业人士，大多生活在社会的中上层。

60%的人，他们安稳地生活与工作，但都没有什么特别成绩，几乎都生活在社会的中下层。

剩下27%的人，他们的生活没有目标，过得很不如意，并且常常在抱怨他人、抱怨社会、抱怨这个"不肯给他们机会"的世界。

其实，他们之间的差别仅仅在于：25年前，他们中的一些人知道为什么要穿越玉米地，而另一些人则不清楚或不很清楚。

想象五年后的你

让我与你分享一段小故事，或许在这个阶段，可以能很实际地帮助你走出目前的困境。

1976年的冬天，当时我19岁，在休斯敦太空总署的太空梭实验室里工作，同时也在总署旁边的休斯敦大学主修电脑。纵然忙于学校、睡眠与工作之间，这几乎占据了我一天24小时的全部时间，但只要有多余的一分钟，我总是会把所有的精力放在我的音乐创作上。

我知道写歌不是我的专长，所以在这段日子里，我处处寻找一位善写歌、词的搭档，与我一起合作创作。我认识了一位朋友，她的名字叫凡内芮（Valerie Johnson）。自从20多年前离开德州后，就再也没听过她的消息，但是她却在我事业的起步时，给了我最大的鼓励。仅19岁的凡内芮在德州的诗词比赛中，不知得过多少奖牌。她的写作总是让我爱不释手，当时我们的确合写了许多很好的作品，一直到今天，我仍然认为这些作品充满了特色与创意。

一个星期六，凡内芮又热情地邀请我至她家的牧场烤肉。她的家族是德州有名的石油大亨，拥有庞大的牧场。她的家庭虽然极为富有，但她的穿着、所开的车与她谦虚待人的态度，更让我加倍地打从心底佩服她。凡内芮知道我对音乐的执着。然而，面对那遥远的音乐界及整个美国陌生的唱片市场，我们一点儿管道都没有。此时，我们两个人坐在德州的乡下，我们哪知道下一步该如何走。突然间，她冒出了一句话：

"Visualize，What you are doing in five years？（想象你五年后在做什么？）"

我愣了一下。

她转过身来，用手指着我说："嘿！告诉我，你心目中'最希望'五年后的你在做什么，你那个时候的生活是一个什么样子？"我还来不及回答，她又抢着说："别急，你先仔细想想，完全想好，确定后再说出来。"我沉思了几分钟，开始告诉她："第一，五年后，我希望能有一张唱片在市场上，而这张唱片很受欢迎，可以得到许多人的肯定。第二，我住在一个有很多很多音乐的地方，能天天与一些世界一流的乐师一起工作。"

凡内芮说："你确定了吗？"

我慢慢稳稳地回答，而且拉了一个很长的 Yes——

凡内芮接着说："好，既然你确定了，我们就把这个目标倒算回来。如果第五年，你有一张唱片在市场上，那么你的第四年一定是要跟一家唱片公司签上合约。"

"那么你的第三年一定是要有一个完整的作品，可以拿给很多很多的唱片公司听，对不对？"

"那么你的第二年，一定要有很棒的作品开始录音了。"

"那么你的第一年，就一定要把你所有要准备录音的作品全部编曲，排练就位准备好。"

"那么你的第六个月，就是要把那些没有完成的作品修饰好，然后让你自己可以逐一筛选。"

"那么你的第一个月就是要把目前这几首曲子完工。"

"那么你的第一个礼拜就是要先列出一整个清单，排出哪些曲子需要修改，哪些需要完工。"

"好了，我们现在不就已经知道你下个星期一要做什么了吗？"凡内芮微笑着说。

"喔，对了。你还说你五年后，要生活在一个有很多音乐的地方，然后与许多一流的乐师一起忙着工作，对吗？"她急忙地补充说，"如果，你的第五年已经在与这些人一起工作，那么你的第四年照道理应该有你自己的一个工作室或录音室。那么你的第三年，可能是先跟这个圈子里的人在一起工作。那么你的第二年，应该不是住在德州，而是已经住在纽约或是洛杉矶了。"

翌年（1977 年），我辞掉了令许多人羡慕的太空总署的工作，离开了休斯敦，搬到了洛杉矶。

说也奇怪：不敢说是恰好五年，但大约可以说是第六年。1983 年，我的唱片在亚洲开始热销起来，我一天 24 小时几乎全都忙着与一些顶尖的音乐高手，日出日落地一起工作。

每当我在最困惑的时候，我会静下来问我自己：五年后你"最希望"看到你自己在做什么？

如果，你自己都不知道这个答案的话，你又如何要求别人或上帝为你做选择或开路呢？别忘了！在生命中，上帝已经把所有"选择"的权力交在我们的手上了。

如果，你对你的生命经常在问"为什么会这样？""为什么会那样？"的时候，你不妨试着问一下自己，你是否很"清清楚楚"地知道你自己要的是什么？

❓想一想　做一做

这个故事给你的启示是什么？_____

_____

_____

_____

_____

请你结合自己的目标，想象四年后的你能做什么？

学习加油站

一心向着自己目标前进的人，世界都给他让路！

——爱默生

懂得"为何"，迎接"任何"。

——尼采

进步，意味着目标不断前移。阶段不断更新，它的视野总是不断变化的。

——雨果

第九讲　怎样做大学学习规划

案例1 >>>

小艺是某高校一年级的新生，她很明确自己大学学习的目标，但就是不知道怎样把这个总目标细化，分阶段执行……

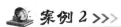 **案例 2** >>>

小刘每学期开学都会给自己制订严密的学习计划，但是每次都难以执行，经常是计划中安排自己到图书馆去看书，但又被同学邀请去参加生日会……他常常陷入计划不能按期执行的苦恼中，怎么办呢？

大学学习是终身学习的一个关键时期，大学学习需要根据每个人的实际情况科学规划。如何做大学学习规划呢？

<h2 align="center">主题一：规划你的学习目标</h2>

一、制订大学学习目标的步骤

1. 对社会需求及大学人才培养的现状作全面细致的调查研究

这是制订规划必须进行的一步，也是对大学学习情况的一次全面衡定，在此基础上，才能制订出可行性很强的学习规划。

2. 确定大学学习规划目标

确定大学学习规划的目标，是你大学学习规划设计的灵魂。因为在任何情况下，只有学习目标方向明确，规划中的每一个行动计划才不会落空。目标不明确，你就会无所适从，这样的规划，没有什么价值。因此，大学学习目标的确定是制订规划的关键环节，需要认真对待。

3. 建立指标评价体系

所谓建立指标评价体系，就是为了检验你的学习规划和学习目标的可行性指数，需要制订一系列的评价指标和分指标。在规划的执行过程中，通过这些评价指标的实现程度，来衡量规划的成功与否，是否需要修正。著名的管理学家德鲁克曾指出：真正的困难不是确定我们需要哪些目标，而是确定如何衡量这些目标。

4. 目标预测

目标预测就是对未来的目标和本目标的发展趋势、前景进行科学的预测，充分地估计到各种因素的干扰，使你制订的学习规划落到实处。

5. 选择发展重点，进行可行性保证

在大学学习中，各项学习的进行不是齐头并进的，因此，在制订学习规划时，应该根据大学人才培养的特点、功能、人才培养的具体要求等因素，选择重点和突破口。

二、如何规划你的学习目标?

大学学习规划，是大学生实施自己大学四年总体学习目标的行动计划，是实际行动的指导，因此你的学习目标必须具备确定性、专一性、合理性、有效性及可行性。也就是说，你给自己设立的学习目标方向一定要明确。

（一）设立大学学习目标应注意的问题

（1）不能没有目标。

（2）不能同时有很多目标。

（3）不能总改变目标方向。

（4）目标要切合自身实际，有利发挥自身所长。

（5）目标要分层次、分阶段、由远及近。

（6）近期目标要明确具体、可行、要量化、可操作。

（7）目标需要定时评价。

（二）大学四年学习目标规划注意事项

（1）设定目标要从高级向低级一步步分解，而实现目标要从低级向高级一步步去前进。

（2）目标的内容和性质，可以涉及生活的任一方面，如财富、专业、学习、健康、交友等。

（3）每个目标都要从积极的角度认真去评判。①这真是我的目标吗？我真热切希望得到吗？②它与其他目标有矛盾冲突吗？③我是否乐意全身心投入？④能否想象达成这个目标的情形？

（三）大学学习目标规划的三条路线

（1）希望向哪一条路线发展：主要考虑自己的价值、理想、成就动机，确定自己的目标取向。

（2）适合向哪一条路线发展：主要考虑自己的性格、特长、经历、学历等客观条件，确定自己的能力取向。

（3）能够向哪一条路线发展：找对差距，思想观念差距、知识差距、心理素质差距、能力差距。

（四）规划大学学习目标，需要探究自身的优势、劣势

（1）我有什么才干和天赋？

（2）我的激情在哪一方面？

（3）我的经历有什么与众不同之处？

（4）我最明显的缺陷和劣势是什么？

（5）当前时代和环境有什么特别之处？

（6）我及我的家人与什么杰出的人物有往来？

（7）我希望何种需要得到满足？

 小资料二

实现目标的公式

（1）列出你每个目标的先后顺序，依"难易"程度设定。

（2）列出你要完成每个目标所需要的行动步骤。

（3）确认实现每个目标潜在的障碍。

（4）确认对实现目标有帮助的人和团体。

（5）找出解决障碍的方法。

（6）估算每个行动步骤完成的日期。

（7）制订实现目标的计划。

（8）按期评估与考核。

❓ 想一想　做一做

a. 找出你大学最重要的学习目标

请每人在纸上写出你大学 4 年所需要完成的 5 件大事＿＿＿＿＿＿＿＿＿＿＿＿＿＿＿

＿＿＿

＿＿＿

＿＿＿

＿＿＿

＿＿。

　　然后按如下要求做：如果现在有特殊事件发生，你必须在 5 件大事中抹掉 2 件，哪 2 件？

＿＿＿＿＿＿＿＿＿；现在又有特殊事件发生，请你再抹掉 1 件，哪 1 件？＿＿＿＿＿＿＿＿＿＿。

还要抹掉 1 件，哪 1 件？＿＿＿＿＿＿＿＿＿。现在只剩下 1 件，这就是你大学 4 年内最想干的，

对你来说也是最重要的 1 件大事，这就是你当前为之奋斗的学习目标。它是＿＿＿＿＿＿＿＿＿

＿＿＿。

b. 明确你的目标金字塔

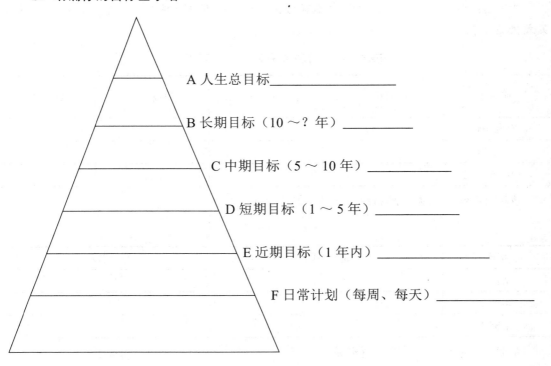

A 人生总目标＿＿＿＿＿＿＿＿＿＿＿

B 长期目标（10 ～? 年）＿＿＿＿＿＿＿

C 中期目标（5 ～ 10 年）＿＿＿＿＿＿＿

D 短期目标（1 ～ 5 年）＿＿＿＿＿＿＿

E 近期目标（1 年内）＿＿＿＿＿＿＿＿

F 日常计划（每周、每天）＿＿＿＿＿＿

c．规划你大学第一年的学习目标

步骤1：选出在这一年里对你最重要的四个学习目标（表5）。

表5　一年中学习目标表

最重要的4个目标	实现目标的理由 （或者目标的重要性）	实现目标的把握

步骤2：目标要形成结果，必须注意五个方面，请核对你的四个目标（表6）。

表6　一年中学习目标、结果对照表

要求 \ 目标	目标1	目标2	目标3	目标4
用肯定的语气来预期你的结果				
结果要尽可能具体和生动，要有完成的期限和项目				
要掌握实现过程中的证据				
把握主动权，能全盘掌握				
是否对自己有利，为社会所需				

步骤3：列出你实现目标过程中已有的各种重要的有利条件和不利条件，以及你的对策或措施（表7）。

表7　目标过程中的有利条件和不利条件

要求 \ 目标	目标1	目标2	目标3	目标4
有利条件				
不利条件				
对策或措施				

步骤4：回顾过去，总结经验（表8）。

表8　总结表

案例	成败原因	经验启示
案例1		
案例2		
案例3		

步骤5：为自己找一些值得效法的模范。

步骤6：好好地计划每一天的生活。

d．每天清晨，想一想

（1）我要做什么？

（2）我要如何开始这一天？

（3）我要朝哪个方向？

（4）我要得到什么结果？

教师提示：今后几年的学习目标也可参照此步骤进行规划。但切记：①目标要有核心。②目标要每天衡量进度。③目标需要不断调整甚至修改。

主题二：大学学习规划的具体方法

一、进行大学学习规划的一般方法步骤

（一）产生规划意识

你是否觉得现在的大学学习没有什么意义呢？你是否觉得每天都在忙碌，却没有收获呢？你是否觉得，自己老是比别人慢半拍呢？你是否觉得应该利用大学宝贵的时间和有限的资源做点什么呢？你有没有想过改变自己的现状呢？

如果你的回答是"是"的话，那么你已经开始对现状不满，已经产生了规划的意识了。产生规划意识是开始进行大学学习规划的开端。

（二）进行自我评估

自我评估就是对自己进行科学、全面、彻底的解剖，包括对现在的我、过去的我的剖析，对将来的我的设想。

自我评估的目的，是认识自己、了解自己。因为只有认识了自己，才能对自己的大学学习作出正确的选择，才能选定适合自己发展的路线，才能对自己的大学学习目标作出最佳抉择。

自我评估包括自己的兴趣、特长、性格、学识、技能、智商、情商、思维方式、思维方法、道德水准及自己今后想从事的职业，等等。

自我评估可以通过回答以下三个最古老的哲学问题来进行。

（1）我是谁？

（2）我从哪里来，到哪里去？

（3）我要做什么？

（三）确立目标

在大学学习规划中确立目标是最关键也是最难把握的一步。能不能正确地确立大学期间的发展方向和发展道路，直接关系到能否在大学取得成果的大小。

芸芸众生，有许多人成功了，也有许多人失败了。分析成功与失败者之间的差距只在于：成功者在他们成功之前，都准确确立了远大的理想。他们的成功只不过是坚持不懈地朝着目标不断努力的必然结果。而失败者，他们往往没有目标或者是目标比较低，他们只是"做一天和尚，撞一天钟"，从来没有仔细考虑过自己要做什么，不要做什么，所以他们没有能成功。所以在确立目标的过程中一定要慎重行事。

（四）制定方案

在确立了大学期间的学习发展目标后，就是制定切实可行的方案了，把目标分解成若干个小目标，一段一段地去实现。以本科四年为例：

四年的总学习目标→一年的学习目标→一学期的学习目标→一个月的学习目标→一周的学习目标→一日的学习目标

这样层层分解，使得学业规划落实到学习生活的每一天，确保学业规划的可操作性，便于严格对照执行。

成功的人最难能可贵的就是，能够客观地分段实现他们的目标。而不是像我们有些同学，总想一口吞个"大烧饼"，结果反而被噎着了。所以懂得制定方案，并能阶段性地朝着目标奋斗的人是很容易取得学习的成功的。

（五）执行计划

制定规划方案过程中必然会产生一些具体性的、细节性的学习计划，那就是平时行动的指南。它会帮助你分配和管理你的时间、精力，指导你在什么时间该做什么。同时还会告诉你在哪个阶段你会取得什么样的成功。

在执行学习计划的过程当中，一定要严格要求自己，同时要坚持不懈、持之以恒。切不可马虎了事，"三天打鱼，两天晒网"。

（六）调整修正

人非圣贤，孰能无过。当然你不是圣贤，所以在上面的步骤中有时候会犯错误。那么这个时候，要能冷静地思考，分析问题到底出在哪个环节，同时要有调整修订、甚至推翻原来不合理的方案、计划的勇气。

（七）继续计划

在第六步中，如果不是致命性的错误，只要略作修改。以后，你就要坚定不移地继续你的计划，直到取得成功。

（八）收获成功

进行到这一步的时候，可以真正的恭喜你了：在你的苦心经营和不断努力下，在收获的季节你终于抵达了成功的彼岸。你可以无悔地给你的大学学习生活交上一份完美的答卷。

二、大学四年学习规划的阶段内容建议

（一）大学一年级：自我探索期

主要任务：生活适应、确定学习目标。在基本适应大学学习、生活和人际交往，掌握

良好的学习方法与习惯的基础上，确定自己的学习目标，并唤醒对职业的谋划，激发对未来的思考、期望。认识自我，思考自己将来是考研、出国还是就业，引发对自己人生发展的思考和规划，思考自己将来从事什么样的工作，自己目前还有哪些不足，思考如何在大学期间做好能力与素质方面的准备等。建议从以下几方面思考。

（1）适应大学学习与生活。

（2）发展自己的兴趣和技能。

（3）发现自己的职业兴趣。

（4）获取职业相关的资料信息。

（5）尽可能获得最好成绩。

（6）明确下一步发展目标。

（7）树立职业规划意识。

（8）明确下一步生涯发展目标。

（9）认识自己的价值观、兴趣、能力。

（10）选择性参与课程和课外实践活动。

（11）熟悉专业培养目标和就业方向。

（12）了解自我探索和职业探索的工具。

（二）大学二年级：拓展职业生涯视野

主要是围绕对自我认知，自我性格、气质、能力等方面进行了解，学会职业适应、落实职业规划，做好职业心理准备。通过生涯发展设计，回顾以往的经历，特别是英语、计算机的学习情况，引发自己对职业生涯的自主性认识，进一步调整职业生涯规划模式和自己的学习目标，选择对自己、对社会有利的职业决策等具体的实践活动，如选择考研，那么从大学二年级就要开始准备。建议从以下几方面思考。

（1）进一步明确生涯发展目标与定位。

（2）制订能力提升计划。

（3）对职业环境和职位进行探索。

（4）进一步认识自己、了解职业。

（5）参加社会活动进一步提升能力和素质。

（6）实习 / 兼职等活动，获得工作经验。

（7）招聘会 / 与职业生涯相关的活动。

（三）大学三年级：缩小选择范围

主要围绕职业适应，落实职业规划、走好求职之路是目标重点。深化对自我的认识，认真评估自己的中期学习目标，自己目前还有哪些不足，还需哪些知识、能力方面的准备。建议从以下几方面思考。

（1）反思自己的规划，进行评估和调整。

（2）探索公司和工作环境，按职位要求检视自己。

（3）开始建立专业化的联系，以辅助求职竞争。

（4）持续获得与职业生涯相关的工作和领导经验。

（5）为攻读研究生做准备。

（6）与职业咨询员探讨你的职业选择观点。

（7）不断实践中深化对自己的认识。

（8）有意识进行能力、职业素养的提高和经验积累。

（9）多参加与目标职业、职位相关的社会实践。

（10）相关职业资格证的获取。

（四）大学四年级：作出生涯决定

主要围绕求职、就业来规划。建议从以下几方面思考。

（1）检验自己的职业目标是否明确。

（2）前三年的准备是否充分。

（3）学习就业政策、就业技巧和方法。

（4）列清尚未完成的学位要求，顺利完成学业。

（5）充分利用各种渠道收集就业信息。

（6）提升求职技巧（简历／求职信／面试）。

（7）调整心态，以开朗而积极的心态去迎接挑战。

（8）若决定考研，就精心准备考研。

大学时光是令人羡慕的年华，年轻是大学生最雄厚的资本，你们有什么理由不好好规划你们的大学学习生活呢？相信通过科学的规划，在大学的舞台上你们将展示与众不同的个性，收获属于你们自己的成功。

三、大学学习规划最终要形成一份书面行动方案及若干学习计划

大学学习规划是你实现大学四年学习目标的行动指南，因此，其表现形式是形成一份书面的行动方案及分解成若干学习计划，而不是停留在口头上。一般分为文字式与表格式两种。不管是哪种形式，在制订的时候，均要做到围绕总目标层层分解：一个学期、一个假期、一个月、一周、一天应该做些什么？一般应做到"八要"。

（1）要具体。如你本学期要达到什么具体目标、标准是什么等。

（2）要有保证措施。例如，在什么时间做什么、怎么做等。

（3）要排出进度表。

（4）要写出来放在显眼的地方。

（5）要检查。

（6）要有补救措施。

（7）要有监督机制。

（8）要有强化措施。

至于具体操作，大的计划方案就写成专页贴出来，小计划就写在自己的计划本上，简单实用就行。

如何制订科学的学习计划？

（1）制订学习计划要适当考虑自己的长期目标和中期目标。

（2）学习计划的制订必须与自己近期的目标结合起来。

（3）学习计划不能与学校的课程表和新授课发生冲突。

（4）学习计划要根据不同的学习内容来安排不同的学习时间。

（5）学习计划要考虑睡眠和休息的时间，具有可行性。

（6）学习计划的制订必须分析自己的优势和不足。

（7）在制订学习计划时，要把每段时间中完成什么学习任务具体明确地写出来，这样才能保证学习目标的实现。

（8）学习计划要考虑到自己的学习习惯和偏好。

（9）制订学习计划要有灵活性。

（10）每天的计划中，首先把你自己认为的最重要的事情（也就是最能实现你的学习目标的那些事情）放在里面，其次是比较重要的，最后是一般的或不重要的事情。

大学四年学习规划示例（表9）：

表9　大学四年学习规划表

时间段	目标	非目标	计划	评估方法
大学一年级	1. 参加学生组织，在实践中学习组织协调能力	在与学生会主席和团委·编辑部主编的交流中可以学习他们的领导方法。可以更前沿地了解学院的最新动态	在开学伊始参加学生会和团委·编辑部的选拔，做好面试准备。成为学生会和团委·编辑部的干事	是否取得学生会和团委·编辑部干事的职位，并在次年获得升职
	2. 努力学习，取得好成绩，平均绩点保持在2.5以上	在学习过程中可以培养自己一丝不苟，精益求精的学术习惯和生活习惯	上课专心听讲，认真做好课堂笔记，不迟到、不缺席。多与老师沟通，查缺补漏	学年平均绩点是否达到2.5以上
	3. 努力学习英语，改善自己英语较弱的缺憾，至少做到英语考试及格	在学习英语的过程中可以顺便了解西方的政治、经济、文化，拓展自己的见识	每天背10个单词，上双语课和外交课时专心听讲，踊跃发言。在专业课上好的基础上磨炼自己的英语听说水平	是否实现从不及格到及格的飞跃

续表

时间段	目标	非目标	计划	评估方法
大学二年级	1. 取得会计从业资格证	在会计从业资格认证过程中扎实自己的会计知识，为以后走上工作岗位做准备	在学校组织的会计从业资格培训机构报名，参加珠算和会计基础培训，最终获得会计从业资格证	是否取得会计从业资格证
	2. 取得计算机三级证书	在学习计算机知识的过程中扎实自己的计算机知识，特别是网络运用方面的知识	参加计算机三级培训，按时上课并自学，最终获得计算机三级证书	是否取得计算机三级证书
	3. 在学生组织中成为负责人，在全新的平台磨炼自己	通过管理学生组织成员，可以与更多优秀的人成为朋友	努力工作，保质保量完成上级交给的任务，并把项目管理知识运用其中	是否在次年成为组织负责人
	4. 努力学习英语，争取把成绩提高到80分	在学习英语的过程中养成持之以恒的好习惯	每天背诵10个单词，独立完成外教布置的英文论文作业，并尝试完成四级卷子	学年英语成绩是否达到80分
	5. 锻炼自己的口才和写作能力	在锻炼口才和写作能力过程中可顺便学到更多的课外知识	积极参加团委学生会组织的各种演讲、辩论赛，通过比赛磨砺自己的能力。并积极向院刊、校刊投稿	是否获得演讲比赛、辩论赛名次。是否在院刊和校刊上发表过文章
	6. 保持大一养成的习惯	不能让以前的辛苦白费，养成好习惯对未来是一笔巨大的财富	保持大一努力学习，努力学英语的好习惯，定期自我反省	学年平均绩点是否达到2.5以上
大学三年级	1. 取得三级项目管理师资格认证	在三级项目管理师的认证过程中进一步扎实自己的项目管理知识	在大三完成项目管理专业的专业课学习后参加三级项目管理师认证	是否取得三级项目管理师资格认证
	2. 担任学生组织负责人并带领组织取得好成绩	可以增强自己的责任心和提高自己的能力	提议对学生组织实行项目管理这种现代管理方法，调动成员的主观能动性和参与性	做出的成绩是否帮助组织获得荣誉
	3. 参加社会实践，活用项目管理知识	可以更多的与社会上成功的人士交流，能意识到更多自己需要改进的方面	到中国水利水电第十四工程局在建工程项目部门实习	是否获得上级领导的好评
	4. 取得英语四级证书	对能走出英语不好的阴影有巨大帮助	每天背10个单词，并参加英语四级培训	是否取得英语四级证书

续表

时间段	目标	非目标	计划	评估方法
大学四年级	1．取得项目管理专业文凭	是以后进入项目部门的有力武器	认真复习，认真准备，每天至少花3小时准备功课	是否取得项目管理专业文凭
	2．提前找到一份合适的工作	在求职的过程中人的意志品质会得到锻炼	认真准备自己的简历，并学习面试技巧，到中国水利水电第十四工程局求职	是否能提前找到工作
	3．稳定自己的人际关系网	多个朋友多条路，会比别人多些机会	整合自己的人际关系网络，并制表备案	是否完成人际表格制作

学习计划示例：

（1）每日学习计划表（表10）。

表10　每日学习计划表

时间	学习内容	学习目标
早晨		
上午		
下午		
晚上		

（2）每周学习计划表（表11）。

表11　每周学习计划表

时间	周一	周二	周三	周四	周五	周六	周日
早晨							
上午							
下午							
晚上							

（3）周学习计划表（表12）。

制订人：_____专业班级：_____学号：_____

我的座右铭：_____

我的职业目标：_____

我的口号：_____

今天是____年____月____日，____结束时间为____月____日。

表 12　周学习计划表

一周目标			
星　期	计划/任　务	完成记录	备注
周日			
周一			
周二			
周三			
周四			
周五			
周六			
一周总结			

教师提示: 只有科学有效地利用每一天时间的人,才有希望最终到达自己预定的目标。

想一想　做一做

学习计划时间管理诊断:请你根据自己在日常生活中对待时间的方式与态度,选择最适合于你的一种答案。

(1)星期天,你早晨醒来时发现外面正在下雨,而且天气阴沉,你会怎么办?

A. 接着再睡。

B. 仍在床上逗留。

C. 按照一贯的生活规律,穿衣起床。

(2)吃完早饭后,在上课之前,你还有一段自由时间,你怎样利用?

A. 无所事事,根本没有考虑要学点什么,时间不知不觉地过去了。

B. 准备学点什么,但又不知道学什么好。

C. 按照预先订好的学习计划进行,充分利用这一段自由时间。

(3)除每天上课外,对所学的各门课程,在课余时间里是怎样安排的?

A. 没有任何学习计划,高兴学什么就学什么

B. 按照自己最大的能量来安排复习、作业、预习,并紧张地学习。

C. 按照当天所学的课程和明天要学的内容制订计划。

(4)你每天晚上怎样安排第二天的学习时间?

A. 不考虑。

B. 心中和口头做些安排。

C. 书面写出第二天的学习安排计划。

（5）我为自己拟定了"每日学习计划表"，并严格执行。

A. 很少如此。

B. 有时如此。

C. 经常如此。

（6）我每天的"学习时间表"有一定的灵活性，以使自己拥有一定时间去应付预想不到的事情。

A. 很少如此。

B. 有时如此。

C. 经常如此。

（7）当你发现自己近来浪费时间比较严重时，你有何感受？

A. 无所谓。

B. 感到很痛心。

C. 感到应该从现在起尽量抓紧时间。

（8）当你学习忙得不可开交，而又感到有点力不从心时，你会怎样处理？

A. 开始有些泄气，认为自己笨，自暴自弃。

B. 有干劲儿，有用不完的精力，但又感到时间太少，仍然拼命学习。

C. 分析检查自己的学习时间分配是否合理，找出合理安排学习时间的方法，在有限的时间里提高学习效率。

（9）在学习时，常常被人干扰打断，你怎么办？

A. 听之任之。

B. 抱怨，但又毫无办法。

C. 采取措施防止外界干扰。

（10）当你学习效率不高时，你怎么办？

A. 强打精神，坚持学习。

B. 休息一下，活动活动，轻松轻松，以利再战。

C. 把学习暂时停下来，转换一下兴奋中心，待效率最佳的时刻到来，再高效率地学习。

（11）阅读课外书籍，你怎样进行？

A. 无明确目的，见什么看什么，并常读出声来。

B. 能一面阅读一面选择。

C. 有明确目的进行阅读，运用快速阅读法，加强自己的阅读能力。

（12）你喜欢什么样的生活？

A. 按部就班，平静如水的生活。

B. 急急忙忙，精神紧张的生活。

C. 轻松愉快，节奏明显的生活。

（13）你的手表或闹钟经常处于什么状态？

A. 常常慢。

B. 比较准确。

C. 经常比标准时间快一些。

（14）你的书桌井然有序吗？

A. 很少如此。

B. 偶尔如此。

C. 常常如此。

（15）你经常反省自己处理时间的方法吗？

A. 很少如此。

B. 偶尔如此。

C. 常常如此。

评分规则：选择A得1分；选择B得2分；选择C得3分。将你选择各题的得分加起来，然后根据下面的评析判断出自己的时间管理能力和水平。

40～45分，有很强的时间管理能力。在时间管理上，你是一个成功者，不仅时间观念强，而且还能有目的、有计划、合理有效地安排学习和生活时间，时间的利用率高，学习效果良好。

35～39分，较善于对时间进行自我管理。时间管理能力较强，有较强的时间观念，但是在时间的安排和使用方法上还有待于进一步提高。

25～34分，时间管理能力一般，在时间的安排和使用上缺乏明确目的性，计划性也较差，时间观念淡薄。

24分以下，不善于时间管理，时间自我管理能力很差，在时间的自我管理上是一个失败者，不仅时间观念淡薄，而且也不能合理地安排和支配自己的学习、生活时间。你需要好好地训练自己，逐步掌握时间管理的技巧。

你的得分是_____；你的主要问题是_____

_____；你打算如何改进？_____

_____

_____

_____

_____

_____。

四、如何运用项目管理方法制订大学学习规划

（一）项目及项目管理

项目是一次性、多任务的工作，具有明确的目标、开始日期、结束日期，有明确的工作范围和预算。项目强调五要素，即目标、任务、责任人、时限和经费。项目管理是项目的管理者在有限的资源约束下，运用系统的观点、方法和理论，对项目涉及的全部工作进行有效的管理。项目管理包括：启动、计划、执行、控制和收尾五个阶段，即从项目的投资决策开

始到项目结束的全过程进行计划、组织、指挥、协调、控制和评价，以实现项目的目标。

项目管理是 20 世纪 50 年代后期发展起来的一种计划管理方法，由于它的成效显著，自从 20 世纪 60 年代以来已经被广泛应用于航天、航空、国防、建筑、金融、财务等领域。项目目标的成功实现受四个因素的影响：工作范围、成本、进度、质量。

（二）项目管理的过程

项目管理过程一般由五个不同的管理具体工作过程构成（图 13）。

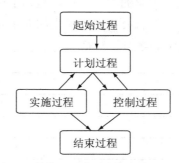

图 13　各管理工作过程之间的相互联系

1．起始过程

起始过程包含：定义一个项目阶段的工作与活动、决策一个项目或项目阶段的起始与否，以及决定是否将一个项目或项目阶段继续进行下去等工作。

2．计划过程

计划过程包含：拟定、编制和修订一个项目或项目阶段的工作目标、工作计划方案、资源供应计划、成本预算、计划应急措施等方面的工作。

3．实施过程

实施过程包含：组织和协调人力资源和其他资源，组织和协调各项任务与工作，激励项目团队完成既定的工作计划，生成项目产出物等方面的工作。

4．控制过程

控制过程包括：制订标准、监督和测量项目工作的实际情况、分析差异和问题、采取纠偏措施等管理工作和活动。这些都是保障项目目标得以实现，防止偏差积累而造成项目失败的管理工作与活动。

5．结束过程

结束过程包括：制订一个项目或项目阶段的移交与接受条件，项目或项目阶段成果的移交，从而使项目顺利结束的管理工作和活动。

想一想　做一做

你的学习生活当中有"项目"吗？_____。请你列举出 3 ～ 5 个_____

_____

_____

_____。

（三）怎样将项目管理应用于学习规划？

从对项目管理的了解中我们知道，其实大学学习就是一个管理项目，其中又包括若干子项目。规划的过程就是项目管理的过程。下面结合《云南省普通大中专学校毕业生就业推荐表》（以下简称"推荐表"）的要求（附录1），介绍怎样运用项目管理法制订大学学习规划？

任务一：设定"学习"这个项目的目标

通过前面的学习，我们明确了大学的学习目标，是为了毕业后的就业及长远的职业发展，那么，为了能够就业和发展，结合社会对大学生的要求及各专业人才培养的要求，你从"推荐表"中可以提炼出你大学的学习目标是_____

_____

_____

_____

_____

_____

_____

_____。

任务二：对设定的目标进行任务分解

1．任务分解工具——WBS 定义

WBS（工作分解结构）是 Work Breakdown Structure 的英文缩写，是项目管理重要的专业术语之一。WBS 的基本定义：以可交付成果为导向对项目要素进行的分组，它归纳和定义了项目的整个工作范围每下降一层代表对项目工作的更详细定义。无论在项目管理实践中，还是在 PMP、IPMP 考试中，WBS 都是最重要的内容之一。WBS 总是处于计划过程的中心，也是制订进度计划、资源需求、成本预算、风险管理计划和采购计划等的重要基础。WBS 同时也是控制项目变更的重要基础。项目范围是由 WBS 定义的，所以WBS 也是一个项目的综合工具。

WBS 是由三个关键元素构成的名词：工作（work）——可以产生有形结果的工作任务；分解（breakdown）——是一种逐步细分和分类的层级结构；结构（structure）——按照一定的模式组织各部分。

2．WBS 在学习项目中的应用

WBS 是一个描述思路的规划和设计工具。在项目管理中，WBS 能帮助项目经理和项目团队确定和有效地管理项目工作。在学习项目管理中运用 WBS，有以下几个好处：第一，可以清楚直观的看清学习项目完成的要素。第二，WBS 具有工作层次清晰，具体的优点，保证了项目目标能更快、更好的实现。第三，为整个学习规划的综合设计和控制提供了有效的手段，增强了目标实现的可行性。

学习项目管理任务分解示例，如图 14 所示。

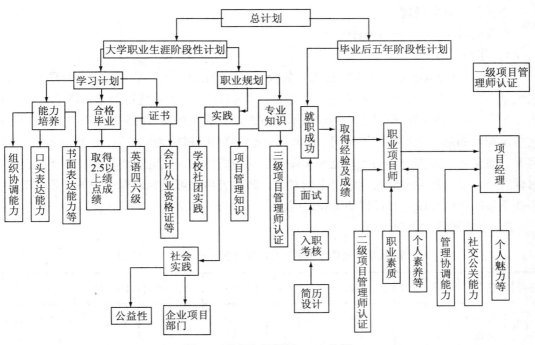

图 14　职业生涯规划 WBS 分解

想一想　做一做

请用 WBS，结合"推荐表"中的学习目标要求，对你设定的大学学习目标进行分解。作出项目的任务分解结构图。

任务三：进度管理

进度管理工具之——甘特图。

1．定义

甘特图（Gantt chart）又叫横道图、条状图（Bar chart）。它是在第一次世界大战时期发明的，以亨利·L·甘特先生的名字命名，他制订了一个完整地用条形图表进度的标志系统。甘特图内在思想简单，即以图示的方式通过活动列表和时间刻度形象地表示出任何特定项目的活动顺序与持续时间。基本是一条线条图，横轴表示时间，纵轴表示活动（项目），线条表示在整个期间上计划和实际的活动完成情况。它直观地表明任务计划在什么时候进行，以及实际进展与计划要求的对比。管理者由此可便利地弄清一项任务（项目）还剩下哪些工作要做，并可评估工作进度。

2．甘特图示例（表 13）

表 13　大学英语四级考试项目进度计划（2013 年 1～12 月）

序号	任务	1月	2月	3月	4月	5月	6月	7月	8月	9月	10月	11月	12月	备注
1	了解考试内容	⇨												通过网络查询、老生咨询等
2	搜集学习资料	⇒	⇒											网络、书市、培训机构等
3	购买书籍资料		⇨											
4	阅读、听力、口语练习			⇒						⇒				针对雅思考试内容和自己不足之处学习
5	网络调查培训机构					⇒	⇒							比较授课师资、以往成功案例、学费、所在环境、教学条件等
6	实地了解培训机构							⇒						
7	选定机构签约缴费								⇨					
8	参加考前培训								⇒	⇒				为项目目标冲刺
9	考试												⇨	调整心理状态，实现目标

❓想一想　做一做

请根据你前面结合"推荐表"学习项目的任务分解结构图，制订一个项目实施进度计划（以学期为单位）。

任务四：风险管理

1. 什么是风险

"风险"一词的由来，最为普遍的一种说法是，在远古时期，以打鱼捕捞为生的渔民，每次出海前都要祈祷，祈求神灵保佑自己能够平安归来，其中主要的祈祷内容就是让神灵保佑自己在出海时能够风平浪静、满载而归；他们在长期的捕捞实践中，深深地体会到"风"给他们带来的无法预测、无法确定的危险，他们认识到，在出海捕捞打鱼的过程中，"风"即意味着"险"，因此有了"风险"一词的由来。

而另一种据说经过多位学者论证的"风险"一词的"源出说"称，风险（risk）一词是舶来品，有人认为来自阿拉伯语、有人认为来源于西班牙语或拉丁语，但比较权威的说法是来源于意大利语的"risque"一词。在早期的运用中，也是被理解为客观的危险，体现为自然现象或者航海遇到礁石、风暴等事件。大约到了 19 世纪，在英文的使用中，风险一词常常用法文拼写，主要是用于与保险有关的事情上。

现代意义上的风险一词，已经大大超越了"遇到危险"的狭义含义，而是"遇到破坏或损失的机会或危险"，可以说，经过 200 多年的演义，风险一词越来越被概念化，并随着人类活动的复杂性和深刻性而逐步深化，并被赋予了从哲学、经济学、社会学、统计学甚至文化艺术领域的更广泛更深层次的含义，且与人类的决策和行为后果联系越来越紧密，风险一词也成为人们生活中出现频率很高的词汇。

无论如何定义风险一词的由来，但其基本的核心含义是"未来结果的不确定性或损失"，也有人进一步将其定义为"个人和群体在未来遇到伤害的可能性及对这种可能性的判断与认知"。如果采取适当的措施使破坏或损失的概率不会出现，或者说智慧的认知，理性的判断，继而采取及时而有效的防范措施，那么风险可能会带来机会，由此进一步延伸的意义，不仅仅是规避了风险，可能还会带来比例不等的收益，有时风险越大，回报越高、机会越大。

2. 什么是项目风险管理

风险管理是指如何在一个肯定有风险的环境里把风险降至最低的管理过程。在学习规划项目中引入风险管理可有效保障项目的顺利实施，把风险可能造成的损失降低。

项目风险管理是指通过风险识别、风险分析和风险评价去认识项目的风险，并以此为基础合理地使用各种风险应对措施、管理方法技术和手段，对项目的风险实行有效的控制，妥善的处理风险事件造成的不利后果，以最少的成本保证项目总体目标实现的管理工作。

学习项目风险管理包括对学习风险的量度、评估和应变策略。理想的学习项目风险管理，是一连串排好优先次序的过程，使在学习过程中的可以引致最大损失及最可能发生的事情优先处理，而相对风险较低的事情则押后处理。现实情况里，优化的过程往往很难决定，因为风险和发生的可能性通常并不一致，所以要权衡两者的比重，以便作出最合适的决定。

3. 怎样进行学习项目中的风险管理

风险管理主要有以下两个步骤。

第一步：风险识别

风险识别是风险管理的第一步，也是风险管理的基础。只有在正确识别出自身所面临的风险的基础上，我们才能够主动选择适当有效的方法进行处理。

风险识别是指在风险事故发生之前，运用各种方法系统的、连续的认识所面临的各种风险及分析风险事故发生的潜在原因。风险识别过程包含感知风险和分析风险两个环节。

感知风险，即了解客观存在的各种风险，是风险识别的基础，只有通过感知风险，才能进一步在此基础上进行分析，寻找导致风险事故发生的条件因素，为拟定风险处理方案，进行风险管理决策服务。分析风险，即分析引起风险事故的各种因素，它是风险识别的关键。

学习项目管理风险识别与评估，如表 14 所示。

表 14　风险（可预知）的识别与分析

风险的类别	风险事件	风险发生的时间	风险发生的概率（运用主观概率法）	风险造成的影响
可控风险	职业计划草率	大二	30%	导致无法获得正确的就业指导
可控风险	职业生涯导航可行性差	大二	40%	导致职业导航设计无法实现
可控风险	项目管理三级证书未通过	大三	20%	导致职业生涯时间进度变更
可控风险	未能正常毕业	大四	5%	导致职业生涯时间进度变更
可控风险	毕业后继续考研	毕业后	30%	导致职业生涯时间进度变更
可控风险	职业选择与目标职业不符	毕业后	50%	导致职业生涯目标变更

续表

风险的类别	风险事件	风险发生的时间	风险发生的概率（运用主观概率法）	风险造成的影响
不可控风险	就业环境严峻	毕业后	70%	导致职业生涯时间进度变更需调整职业生涯规划
可控风险	项目管理二级证书未通过	工作后	25%	导致职业生涯时间进度变更
可控风险	项目管理一级证书未通过	工作后	30%	导致职业生涯时间进度变更
不可控风险	身体健康发生重大变故		5%	导致职业导航设计无法实现

想一想 做一做

在你的学习项目实施过程中，会遇到哪些风险呢？_____

_____

_____

_____

_____

_____

_____

_____

_____

_____

_____

_____

_____

_____

_____

_____

_____

_____ 。

第二步：风险应对

在识别了相关的风险之后，就要确定如何应对。风险应对包括风险接受、缓解、转移、规避这几种措施。在考虑应对的过程中，评估对风险的可能性和影响的效果，以及成本效益，选择能够使剩余风险处于期望的风险容限以内的应对。识别所有可能存在的机会，从主体范围或组合的角度去认识风险，以确定总体剩余风险是否在主体的风险容量之内。

1. 风险规避

通过避免受未来可能发生事件的影响而消除风险。例如，通过重新定义学习目标，调整学习策略，或重新分配资源，停止某些特殊的活动。

2．风险接受

接受风险维持现有的风险水平。例如，当最终选择的职业与目标职业不符时，安心工作，并接受这一结果。

3．风险缓解

利用政策或措施将风险降低到可接受的水平，或者将风险发生所造成的损失程度降低。例如，定期对自己制订的学习计划进行检查，边检查边纠偏边执行，以控制学习目标的顺利实施。

4．风险转移

将风险转移给资金雄厚的独立机构。例如，保险。在明确的风险战略的指导下，与资金雄厚的独立机构签订保险合同。

学习项目管理风险应对，如表15所示。

表15　风险（可预知）的应对

风险的应对方法／风险事件	风险的假设	风险的规避	风险的控制	风险的转移
职业计划草率		评估并完善职业计划		
职业生涯导航可行性差		评估并完善导航设计		
项目管理一、二、三级证书未通过			根据自身情况调整学习时间	
未能正常毕业			根据每学期期末考试成绩进行有效的控制	
毕业后继续考研	推后职业生涯时间，安心读书			
职业选择与目标职业不符	安心工作			
就业环境严峻			评估并调整自我状态	考虑出国留学或考研
身体健康发生重大变故			定期进行身体检查	在保险公司投保

学习管理中的风险更多在于我们确定学习目标的不实际、对自身审视的不客观、对环境和需求的判断不正确，以及对项目管理目标的坚持投入不足，以至于原本合理的规划因为这些原因无法顺利实施。

做好学习的项目管理对我们来说至关重要，可以基于下面几点来进行学习的项目管理。

（1）量力而行、扬长避短，选择合适的学习项目目标。

（2）细分目标，作出切实可靠的计划布置。

（3）针对风险，作出相应的对策。

（4）付诸行动、持之以恒的坚持。

（5）根据条件环境的变化，及时修正执行手段，但不能大幅度变更项目最终目标，防止目标的游离。

想一想 做一做

根据你前面结合"推荐表"的要求，运用项目管理法制订的大学学习规划，模拟填写《云南省普通大中专学校毕业生就业推荐表》（附录1）。

拓展阅读

四年的大学，如何读？

大一关键词

1. 专业学习

对跨入大学校门的新生，大学是与以往学习经历完全不同的全新环境。最主要的不同就是学习方式。过去的学习完全在老师和家长指导与监督下，而大学老师除了在课堂上见到外，你不去找老师，老师是不会主动找你的。有些老师甚至一学期下来，也不一定认识你。这种"师傅带进门，修行在个人"的开放式教学与学习方式，对刚从高考中闯过来的学生来说，许多人不能很好地适应。有些人会因此而放任自流，专业学习成了"辅修"，吃喝玩乐倒成了主业；而有些人习惯于老师说什么是什么，教什么学什么，学得很辛苦，但成绩却平平。

问题1：进入大学快一个学期了，学习好像没找对门。老师的课一直听得很认真，笔记也很详细，而且对所学专业，也很喜欢，为什么我不能像其他同学一样学得轻松呢？

答：这是很多大一新生所面临的困惑。大学与中学的学习方式完全不同，中学习惯于接受老师的传授与课堂灌输，而大学老师更注重问题的讲解与思维方式的引导。大学的专业学习是一种开放式、启发式的，专业课老师只给学生讲解基本原则与规律，是导师式的，更多是要开发学生独立思考与解决问题的能力，而不仅仅是帮助学生学会一种解决手段。

对于大学学习，课堂只能解决专业学习很小的一部分问题，更多的需要在图书馆、在社会上去学。我们提倡学生学习独立思考与解决问题，而不是单纯的学习几个知识点。当然还要注意的是，不同专业的学习方式也有很大的不同，文科与理科、工科及医科等专业在学习过程与方式上有很大差别。建议大学新生，首先要深入了解自己所读专业的特点与特色，向老师与学长请教，以便找到适合自己的学习方式，而不要沿用过去中学时代的学习方式。

问题2：听很多人说，大学专业成绩好不一定能够找到好工作，是这样吗？这是不是意味着大学的学习不是最重要的？

答：确实是这样，专业成绩好不一定能够找到好工作，但这并不表明大学的专业学习

---

① 资料来源：阳光高考平台，http://gaokao.chsi.com.cn/gkxx/zkdt/201003/20100312/6605J121.html

不重要。专业成绩与好工作之间不是必然的因果关系，对于一份工作而言，它需要所从事的人能够完成工作的既定目标，甚至超越既定目标。因此，工作需要的是工作能力，也就是专业能力。这种专业能力与专业成绩之间是有区别和差距的。专业成绩是一个人在学习这个专业课时所表现出来的，对这个专业的知识所掌握的程度，而专业能力是一个人在解决实际工作问题中所表现出来的能力。

但这种差距并不意味着专业学习不重要。相反，各类用人单位在录用、考核新员工时依然看重毕业生专业成绩的优劣。究其原因，一是学习也是一种能力。在当今技术迅速更替的社会，会学习意味着不容易被淘汰；二是专业成绩与专业能力之间有着较大的关联度。专业成绩好的学生能够更好地将知识向能力转化。专业知识没学好的学生，用人单位在录用时会考虑面临的风险。

问题3：现在就业压力这么大，如果所学的专业不热门，是不是以后的就业会很困难？

答：经济危机确实给大学生就业带来了很大压力，大学生找工作将面临更大困难。但从国家人才需求来说，大学生就业空间并不小。关键在于我们如何给自己定位。有很多专业在社会上并不热门，甚至是冷门，这些专业的毕业生求职时困难更大。但社会对人才的需求是多层面的，并且是不断变化的。以这次金融危机为例，金融专业一直是高考的热门专业，但此次危机影响最直接最大的就是金融专业。因此，冷与热从时间上看是相对的。对于大学新生来说，提前考虑就业是明智的，但考虑就业不要否定专业，应该结合自己的专业，考虑如何以就业为目标，规划自己的专业学习。

问题4：录取时被调剂到不喜欢的专业，我该怎么办，是放弃还是读下去？

答：对这个问题，应该区别来看。很多人拿到录取通知书后，一看不是自己报考的第一志愿，就很灰心。如果是自己陌生的专业，就更反感了。其实这种情况是一种先入为主的印象。很多人并不了解自己所读的专业，尤其是刚刚拿到录取通知书的学生。大学还没有开始，就打上了退堂鼓。

我们建议，对非第一志愿录取的，而且被录取到不理想专业的学生，首先要深入了解该专业的背景、特点及它在社会的应用，然后对比自己的性格、兴趣、能力，以及家庭的经济情况等，经过认真详细分析之后再做取舍。因为专业本身没有好坏，只有适合与不适合。

2. 校园生活

大学是全新的体验，四年中，有同室相处的室友，有同桌的学友，也有相知相恋的爱人，校园生活的绚丽多彩将使大学更加令人难忘，但大学生活同样面临许多挑战与不适，如何过好大学生活，过得更加充实，需要从大一开始用心经营。

问题1：大学有很多社团，每年都在新生入学时大张旗鼓的招新。有人建议，大学里应该多参加社团活动，这样可以锻炼自己的交往能力和组织能力。大学社团是不是参加得越多越好呢？

答：大学社团一般是学生自己组织的小团体，每个团体都有自己的取向。例如，书法协会、舞蹈协会、无线电协会、计算机爱好者协会、摄影协会，等等。这些协会通常在学校团委的领导下开展工作。确实，这些社团丰富了大学生的业余生活，同时协会的各项工作也能给大学生提供相关的锻炼机会。对大学生而言，学习虽然是主要任务，但从提高自己的能力来讲，参加社团是非常必要的。

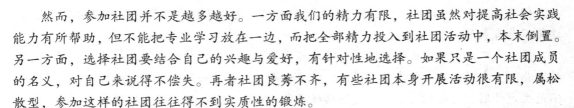

　　然而，参加社团并不是越多越好。一方面我们的精力有限，社团虽然对提高社会实践能力有所帮助，但不能把专业学习放在一边，而把全部精力投入到社团活动中，本末倒置。另一方面，选择社团要结合自己的兴趣与爱好，有针对性地选择。如果只是一个社团成员的名义，对自己来说得不偿失。再者社团良莠不齐，有些社团本身开展活动很有限，属松散型，参加这样的社团往往得不到实质性的锻炼。

　　因此，选择社团首先得了解它的宗旨与指向，只有与自身兴趣爱好相投，同时社团本身建设很好，参与进去才能有很好的锻炼机会。

　　问题2：以前没住过集体宿舍，现在很不习惯，有些室友的习惯很不好。我担心与他们关系处不好，这样会影响我的大学生活，该如何处理这些问题？

　　答：现在的大学生绝大部分是独生子女，在生活自理方面有些不足，对人际关系的处理，往往缺乏包容性。中学同学来自同一个地区，语言、生活习惯差异不大，但大学同学来自四面八方，差异往往很大，容易引发各类矛盾。

　　我们建议，进入大学，大家应该适当调整自己的心态。大学其实是一个小社会，人际关系的处理是对我们智慧的考验。学会处理人际关系，对今后走向社会，顺利融入社会都有帮助。

　　处理大学同学的人际关系有几个原则：一是真诚，以心换心。二是包容，包容别人的不足就是包容自己的不足。三是珍惜，大学同处一室，是人生中一段非常特别的经历。珍惜与室友相处的每一天；珍惜大学的每一天。

大二关键词

1. 社会实践

　　进入大二，我们就已经开始熟悉大学的方方面面了。朝夕相处一年的同学与老师，熟悉亲切的校园，大学已经成为生活的全部。这个时候的大二，最关键的不再是不适应，而是如何过得更好，更充实。通过一年的学习，我们已经开始知道专业是什么，将来要做什么。对于大部分人来说，如何将大学学习与社会结合起来，成为这一时期最主要的问题，因为社会实践将为我们打开一扇接触了解社会的窗户。

　　问题：我学的专业与社会应用差距很大，范围很窄。如果按照专业应用进行社会实践，肯定没有办法去做，我该怎么办？

　　答：社会实践毕竟不是实习，社会实践更多地强调大学生走出校园接触社会。因此，并不限于自己的专业学习与研究的方向。当然如果能够在社会实践中应用到自己所学的专业知识，那是最好的。但大二所学的知识还是很基础性的，应用性还不够。

　　大二的社会实践如果结合自己的职业规划，了解社会对这个专业的应用、使用等方面情况，同时了解社会对该专业应用的不足点，回校后有针对性进行调整，这对今后的专业学习是非常有益的。同时主动参与社会实践是丰富大学学习内容的好手段，对完善知识结构，丰富知识层面，增长社会见识是有积极意义的。

2. 职业规划

　　大二，我们最想提醒大家的就是提前规划自己的职业。许多人到了大四才进行自己的职业规划，就有点晚了。因此提前规划自己的大学，规划自己的职业发展，就业将会更加主动。

问题1：大二的时候，我刚刚了解自己的专业。老师希望我们能够做自己的职业规划，这是不是有点早呢？

答：大二进行职业规划并不早，因为我们已经适应了大学的学习与生活，了解了自己的专业。当我们融入大学生活环境时，就应该开始为自己如何融入职场做规划。职业规划不是生产计划，它是对自己职业发展路线所做的描绘。进行职业规划的前提是了解自己，了解职业，对自己的需求清晰明确。另外，职业规划还要根据社会的变化和个人的发展机会做适当的调整，才符合自己发展的实际情况。

问题2：对职业不太了解，也不知道今后该做什么，职业规划应该从哪方面着手呢？

答：着手自己的职业规划第一步应该了解自己，包括性格、爱好、能力、所学专业等，可以通过相关的测评软件来做，也可以自己进行归纳总结；第二步了解职业。了解职业可以先列出自己感兴趣的行业，再列出大型企业所设的相关职位，并进一步了解职位的内容，包括素质要求、职位职能、职位发展等；第三步结合职业与个人专业、能力、性格等，提出基本的职业发展路线。

对于大二时期的职业规划，不提倡过于详细。因为大二还是处于探索期，大学的专业学习开展逐步深入，对职业的了解也刚刚开展。应以粗线条来描绘职业发展的轮廓，以后再一步一步细化。

大三关键词

1. 实习

大三是非常关键的时期，这个时期开始进入分水岭。许多人面临选择就业还是考研，而要走好这一步，需要我们保持清楚的头脑。经过两年多的大学专业学习，到了检验我们学得如何的时候了，而实习这个环节是最好的检验手段。与社会实践不同，实习是在实际岗位做实际工作，检验的是我们的职业能力。

问题1：我找了一家单位进行实习，但公司好像对我不放心，没有把实际的工作交给我。我跟正式员工一样上班，但就是没事干。这次实习会不会很失败呢？

答：这是很普遍的现象。对于公司来说，实习生毕竟不是正式员工，相关工作，实习生并不熟悉，因此，很多用人单位在使用实习生时，往往是让他们从事一些比较简单的工作，很少让他们涉及关键的工作环节。但这样的实习是不是就很失败呢？

这种实习并不失败，相反很正常。从用人单位角度看，对实习生不放心是很自然的，也是合理的。从学生角度看，学生目前的能力也很难符合用人单位的要求。因此很多实习生到用人单位实习会感到无所事事，这也就不足为怪了。

但从实习角度看，实习内容并不仅仅在于实习生能够为用人单位创造多少效益，承担多大工作量，还在于对学生提前进入职业环境、融入职业环境的一种锻炼，感受职业氛围的熏陶也是实习的一个基本内容。

学生实习应注意以下几点：一是学习和做事同样重要。学习别人的工作方式，总结别人的工作经验，也是实习的成果。二是主动性。三是融入性，把自己实习的身份忘掉，使自己成为一个真正的单位成员，融入职业环境中。

问题2：实习时，工作性质最好与自己专业对口吗？

答：最好是对口。实习的关键是锻炼自己的职业能力，岗位与专业对口有助于专业知

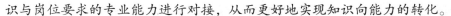

识与岗位要求的专业能力进行对接，从而更好地实现知识向能力的转化。

另外，实习最好与自己的职业规划相符。在寻找实行岗位时，不宜与职业规划的行业差距太大，否则实习经验对求职起不到加分作用。

2．考研

大三时期，最重要的选择就是考研或求职。许多人为此而烦恼。我们认为，无论考研还是求职，都是职业规划应该体现的重要环节。

问题1：大三结束了，面临求职还是考研的两难选择。求职吧，害怕找不到工作，考研吧，又担心考不上，影响了求职。我该如何选择？

答：从规划角度看，大三考虑考研还是求职有点晚。因为作为两种选择，在职业规划中还是有不同的规划路线。对于你现在的问题，首先应了解就业与考研哪种更符合你的职业发展路线。不能因为回避一种选择背后的风险与困难而被迫选择另一种。

两种选择，本身没有更好，只有更合适。从专业和职业发展考虑，应用型专业通常在就业上有更好的前途，而研究型专业更适合往高层次方面发展。另外还要考虑个人的职业需要和事业需求。所以无论考研还是就业，要根据自己"利益最大化"的需要而作出合理的选择。

问题2：我想考研主要是因为我这个专业现在就业形势不好，好多同学也在考虑考研，不知道这种选择对不对？

答：如果因为就业形势不好而选择考研，只能算是一种下策，谈不上是一种错误。因为考研也是应对就业困难的一种措施。但纵然读研，三年之后依然要面临就业。而且作为更高学历层次的毕业生，可能就业选择面不一定宽，这种风险也应预见到。另外，还要考虑家庭的经济情况，如果举全家之力而做这样一个下下之选，并非明智。

从规划角度来看，在作出考研决定之前，要认真分析这个专业的发展情况，和期望的行业就业情况，以及所在学校毕业生的就业竞争力情况，如果确实不如意，那么你的选择就不算是被迫所做。

大四关键词

1．考证

大四最大的追求是找一份好工作，或者顺利考上研。在当前严峻的就业形势下，该如何去面对四年之后或好或坏的就业状况呢？考证是许多大学生最舍得做的一项投资。特别在就业压力下，多一份证书就多一点保障。因此证书的价值被逐步标签化。而对用人单位而言，录用一个有证书的人就一定好用吗？

问题：为找好工作，我该多考证书吗？社会上的证书真的能够帮助我找到好工作吗？

答：证书确实有利于找工作，前提是这个证书是否适用于用人单位，是否得到他们的认可。我们不能拿着程序员的证书去应聘教师岗位或者编辑、记者岗位，如果你应聘的岗位确实需要证书所体现的能力，那你的证书就考对了。同时，我们应该了解到，一些岗位或职位是需要相应资格证书的，也就是说，只有获得证书才有资格去应聘上岗。这类证书主要以会计、法律等为主。而更多岗位则是以能力为选择标准，证书只是录用考核时参考的一个标准。

值得注意的是，一些证书已经泛滥贬值，只要交钱就能拿证的现象最终会使证书在求职时一文不值。所以选择信誉好、业内认可度高的证书，才能为自己的求职加码。

2. 求职

求职的关键是什么？什么能力是用人单位认可的？这是许多毕业生想知道的问题。但这些问题其实在大四的时候提出来有些晚，如果从大一开始规划自己的大学，从大二开始规划自己的职业，到大四就会有明确的答案。

问题1：考公务员还是去公司求职？家人希望我考公务员，这样比较稳定，但我不喜欢那种职业。我性格外向，喜欢跟人打交道，所以希望到公司应聘。

答：公务员热是近几年的事情。之所以热，一是公务员待遇高；二是公务员比较稳定，尤其在就业形势不好的时期，失业风险小；三是公务员作为国家工作人员，社会地位高。但公务员也不是适合所有人，它对政治品质、性格、学历等有较高的要求。

对性格外向，喜欢与人打交道的人来说，确实不太适合考公务员。这种性格更适合在商业环境下的各类职业，如记者、律师、营销，等等。

问题2：找工作，用人单位最看重什么？怎么才能让用人单位选择自己呢？

答：能力，是用人单位选择人才时不变的主题。这种能力不仅包括专业能力，还包括组织能力、协调能力、合作能力等，是综合能力的体现。要让用人单位选择自己，首先得表现出相关的能力，并为这种能力提供相关的证明。例如，应聘程序设计职位，应该提供相关的程序员证书等IT业内认可的证书，并说明所做的程序设计，表明自己具备相关的经验。另外，作为应届毕业生，很显然用人单位的录用会更看重他的发展潜力，所以学习能力强、接受能力强的人更容易被选中。

问题3：用人单位在招聘时通常要求具备工作经验，但毕业生哪来的工作经验呢？

答：用人单位对毕业生工作经验的要求不同于职场人员，主要是从了解、熟悉或者上手快等浅层次、参与性经验来要求。但经验从何而来一直困扰着许多毕业生。许多毕业生之所以谈经验色变，原因在于接触社会或参与社会程度不够，或者说前几年的大学生活，对参与社会实践、实习等环节重视不够，没有意识到这些环节是影响今后找工作的重要因素。所以重视在校期间的社会实践和实习，甚至勤工俭学、社团活动，都是积累工作经验的途径。

总的来说，找工作需要大学四年的全程准备，而不是最后一段时间一蹴而就的。

积极主动：果断负责，创造机遇[①]

创立"开复学生网"时，我的初衷是"帮助学生帮助自己"。但让我很惊讶的是，更多的学生希望我直接帮他们作出决定，甚至仅在简短的几句自我介绍后就直接对我说："只有你能告诉我，我该怎么做。"难道一个陌生人会比你更知道自己该怎么做吗？我慢慢认识到，这种被动的思维方式是从小在中国的教育环境中培养出来的。被动的人总是习惯性地认为他们现在的境况是他人和环境造成的，如果别人不指点，环境不改变，自己就只有

---

① 李开复：《给中国大学生的第五封信》，2010年6月。

消极地生活下去。持有这种态度的人，事业还没有开始，自己就已经被击败，我从来没见过这样消极的人可以取得持续的成功。

从大学的第一天开始，你就必须从被动转向主动，你必须成为自己未来的主人，你必须积极地管理自己的学业和将来的事业，理由很简单：因为没有人比你更在乎你自己的工作与生活。"让大学生活对自己有价值"是你的责任。许多同学到了大四才开始做人生和职业规划，而一个主动的学生应该从进入大学时就开始规划自己的未来。

积极主动的第一步是要有积极的态度。大家可以用我在"第三封信"里推荐的方法，积极规划自己的人生目标，追寻兴趣并尝试新的知识和领域。纳粹德国某集中营的一位幸存者维克托·弗兰克尔曾说过："在任何特定的环境中，人们还有一种最后的自由，就是选择自己的态度。"

积极主动的第二步是对自己的一切负责，勇敢面对人生。不要把不确定的或困难的事情一味搁置起来。比如说，有些同学认为英语重要，但学校不考试就不学英语；或者，有些同学觉得自己需要参加社团磨炼人际关系，但是因为害羞就不积极报名。但是，我们必须认识到，不去解决也是一种解决，不作决定也是一个决定，这样的解决和决定将使你面前的机会丧失殆尽。对于这种消极、胆怯的作风，你终有一天会付出代价的。

积极主动的第三步是要做好充分的准备：事事用心，事事尽力，不要等机遇上门；要把握住机遇，创造机遇。中国科技大学校长朱清时院士在大三时被分配到青海做铸造工人。但他不像其他同学那样放弃学习，整天打扑克、喝酒。他依然终日钻研数理化和英语。6年后，中国科学院要在青海做一个重要的项目，这时朱校长就脱颖而出，开始了他辉煌的事业。很多人可能说他运气好，被分配到缺乏人才的青海，才有这机会。但是，如果他没有努力学习，也无法抓住这个机遇。所以，做好充分的准备，当机遇来临时，你才能抓住它。

积极主动的第四步是"以终为始"，积极地规划大学四年。任何规划都将成为你某个阶段的终点，也将成为你下一个阶段的起点，而你的志向和兴趣将为你提供方向和动力。如果不知道自己的志向和兴趣，你应该马上做一个发掘志向和兴趣的计划；如果不知道毕业后要做什么，你应该马上制订一个尝试新领域的计划；如果不知道自己最欠缺什么，你应该马上写一份简历，找你的老师、朋友打分，或自己审阅，看看哪里需要改进；如果毕业后想出国读博士，你应该想想如何让自己在申请出国前有具体的研究经验和学术论文；如果毕业后想进入某个公司工作，你应该收集该公司的招聘广告，以便和你自己的履历对比，看自己还欠缺哪些经验。只要认真制订、管理、评估和调整自己的人生规划，你就会离你自己的目标越来越近。

第十讲　大学生个人学习规划可行性研究指导

案例 >>>

大学生小张学习目标明确，按照老师的要求制订了其个人四年大学学习的规划。但在具体执行的过程中，却发现有些计划根本行不通，只是自己的主观设想而已。为此，他很是苦恼……

什么样的学习规划、计划才是科学合理的呢？一句话，就是要具有可行性。那么，就需要我们要对自己制订的学习规划进行可行性研究。

主题：怎样做个人学习规划可行性研究

一、什么是学习规划可行性研究

可行性研究（Feasibility Study），是指在调查的基础上，通过市场分析、技术分析、财务分析和国民经济分析，对各种投资项目的技术可行性与经济合理性进行的综合评价。在生产建设领域中，可行性研究的基本任务，是对新建或改建项目的主要问题，从技术经济角度进行全面的分析研究，并对其投产后的经济效果进行预测，在既定的范围内进行方案论证的选择，以便最合理地利用资源，达到预定的社会效益和经济效益。

可行性研究不仅应用于建设项目，还可应用于科学技术和工业发展的各个阶段和各个方面。例如，工业发展规划、新技术的开发、产品更新换代、企业技术改造等工作的前期，都可应用可行性研究。

如果我们把可行性研究应用于大学学习规划管理中，那么，大学学习规划可行性研究就是指在调查的基础上，结合外部因素及自身实际，对自己制订的学习规划各方面的可行性与合理性进行的综合评价。指导大学生进行个人学习规划可行性研究，主要目的是使大学生能站在自己四年学习的整体系统来不断调研、分析、调整自己的学习规划，使之更为可行、有效。

？想一想　做一做

如果要对自己的学习规划实施前的可行性研究，你应该研究什么？ _____
_____
_____
_____
_____
_____。

二、大学生学习规划可行性研究的意义

（1）及时地对环境和条件（如社会环境、行业状况、职业或岗位标准和要求，就业需求等）作出评价和估计，对自己的执行情况作出评估。

（2）检验自己的学习规划是否科学可行，验证自己四年规划的各项任务和目标是否符合社会的需求，能否达到用人单位的要求。

（3）评估结果出来以后进行反馈，以便自己及时反省和修正学习目标，变更实施措施与计划。通过可行性研究，对自己的学习规划进行评估和修正。做到定期评估与反馈，进而分析原因与障碍，找出改进的方法与措施，进一步提高自己的学习动力，使自己的目标和任务更加明确，学习计划更加可行，行动更加积极有效。

（4）掌握基本的调研方法，锻炼学生的调查研究能力。

三、怎样进行大学生个人学习规划可行性研究?

根据以上对项目可行性研究的介绍，结合你制订的大学学习规划，你应该从以下几方面对你的学习规划进行可行性研究。

（1）结合你制订的四年大学学习规划及各阶段实施学习计划，开展社会人才需求调查。调查的方法有资料查询法、实地调查法、问卷调查法、访谈法、观察法，等等。把调查所得结果与你设定的学习目标对照，看看是否恰当、可行、符合社会需求。

（2）对照你的学习规划中每一个具体的目标及实施阶段、步骤、措施，结合自身的实际情况，认真地进行自我评价分析，看看与自己的学习能力是否相匹配，判断目标的高低及实施的难易程度，进而判断其是否可行。

（3）根据上面的分析判断，对你原来制订的学习规划进行修正、调整，形成一篇完整的个人学习规划可行性研究报告。

认知监控——自我学习评价的有效方法

管理出效益，对我们来说，自己对自己的学习进行内在的管理往往比别人对自己进行外在的管理更有效。在判断自己的学习规划是否可行时，大学生要学会随时对自己的学习进行认知监控，学会管理好自己的学习资源，并综合利用好学习资源。学习资源包括软资源和硬资源：软资源如学习目标、学习计划、学习习惯、学习动机、学习环境（学校氛围、教师、同学）；硬资源如身体条件、心理素质、学习时间、学习材料（教材、参考书、多媒体技术、网络资源、作业、考试）等。认知监控一般包括以下四个部分。

1．制订计划

指大学生能为自己制订学习任务，并应用相关的学习策略，以期达到学习目的。

2．实行监控

在学习过程中，大学生能依照一定的评价标准实行并及时评价，反馈自己学习活动进行时的各种情况，发现学习活动中存在的不足，并据此及时修正、调整学习计划。

3．检查结果

按照学习计划，大学生能在学习活动即将结束时，检查学习效果如何，总结得失。

4．采取补救措施

大学生了解了自己的学习过程，找出了不可行之处及缺点，及时采取补救措施。

大学生的认知监控水平如何，不仅影响其学习目标设置的适宜程度，而且对学习策略的选择、学习时间的安排、学习资源的利用等过程都具有重要的决定作用。

❓想一想　做一做

结合你的学习规划,回答以下问题。

(1) 我要做什么?

(2) 达到此目标对我有什么帮助? 有哪些好的结果?

(3) 我想在哪里做这件事情? 在什么情况下能做这件事情?

(4) 我想什么时候做这件事情?

(5) 在什么情况下,我现在的行为不会满足我的期望?

(6) 考虑到我现在的情况,要达到什么水平才是现实的?

(7) 我能为这件事情付出多大的努力?

(8) 我将以多快的速度做这件事情?

(9) 我将如何着手做这件事情?

(10) 过去我已经做了什么? 对现在要做的事情有何帮助?

(11) 我很容易做的是什么? 很难做的是什么? 什么对我最重要?

(12) 从我目前的状况到我想达到的目标状况,需要采取哪些步骤?

(13) 我怎样把步骤排序才能最大限度地增加我成功的概率?

(14) 在采取行动时,我可能会遇到什么障碍?

(15) 什么人(情绪、想法、情况)可能妨碍我做这件事情?

(16) 为了有效地完成行动,我需要什么信息和技能?

(17) 当我在进行这一活动时,有哪些资源可以帮助我?

(18) 我意识到我有什么样的情感或想法可能使我更容易做?

(19) 我能从别人那里获得什么样的支持?

(20) 我具备什么样的技能或信息能帮助我更好地完成?

(21) 我有多大的自信去完成我要做到事情呢?

(22) 这件事情做得好(或不好)的原因是什么?

(23) 我需要一个新的计划吗?

(24) 我现在采用的方法需要改进吗?

(25) 我需要调整目标吗? 下一步要完成的目标是什么?

(26) 哪些措施起了作用? 哪些措施没有起作用? 下一次我要用哪种策略?

🏅沙场练兵

专项实践作业:结合《职业与专业认知见习》的要求,在假期到相关企业投送你填写的"推荐表",并对自己的大学学习规划进行社会需求可行性调研,结合自我评价判断,撰写个人学习规划可行性研究报告。下学期开学时提交并进行答辩论证。

第十一讲 大学生个人学习规划可行性调研报告编制

主题：如何进行个人学习规划可行性调研报告的撰写

一、可行性调研报告的概念

可行性调研报告，简称可研报告，针对大学生的学习规划而言，可研报告应该是通过调查研究，分析论证学生通过本课程的学习所制订的大学学习规划是否科学、可行的一个书面报告。

本书所讲的可研报告主要是通过对"学习规划书"及"毕业生推荐表"的主要内容和客观条件（如就业市场需求、行业岗位分析、社会环境影响、家庭支持程度、个人综合能力及专业素质等），从理想状况和现实情况两方面进行调查研究和分析比较，从而对自己的学习规划进行可行分析以及对学习规划如何进行调整提出修正意见。

二、研究方法

可研报告主要内容是要求以全面、系统的分析为主要方法，围绕影响学习规划的各种因素，运用数据和资料论证规划是否可行。对整个可行性研究提出综合分析评价。根据结论的需要，往往还可以加上一些附件，如调查数据、论证材料、计算图表、附图等，以增强可行性研究报告的说服力。

可行性研究的方法是对各种分析方法加以运用，其主要数据资料来源有查询资料、发放问卷、集体商讨、数据共享、比较研究、专业人士把关等。

三、可研报告的内容及要求

封面：标题为《大学学习规划可行性研究报告》，封面上填写学号、姓名、专业班级、指导老师。样式见附录2。

1．调研基本情况

自己所调查的方法和内容，所调查的单位基本情况，调查的时间。

2．调查所获得的信息

归纳整理自己调查后所获得的材料、数据等信息。

3．对自己的学习规划进行可行性分析和修正

根据前面的调研和所收集到的相关信息和资料，结合自己的实际情况，综合分析自己的"学习规划书"和"毕业生推荐表"中的内容是否准确、合理、可行，是否基本符合社

会的需求和要求，存在哪些问题，如何进行总结和修正等。主要从以下三方面进行。

（1）自我分析和环境分析的准确性分析和修正。

（2）自己确立的学习目标和任务的可行性分析和修正。

（3）自己制订的学习计划和实施方法的可行性分析和修正。

（4）调研证明材料。调研佐证材料：①调研的资料来源、网站、参考文献、书籍等。②调研过程形成的典型照片（附上几张真实照片）。调研单位对学院开展本次活动的建议。调研单位对学生的评价和建议。

四、可研报告撰写的规格及格式要求

（1）需要学生完成的内容允许手写或电子稿打印上交指导教师，但单位意见和签字盖章部分需要原件。

（2）电子版格式要求：doc 格式。纸张格式为 A4 纸，左右边距 31.8 毫米，上下边距 25.4 毫米。正文采用宋体、小四号字。一级标题采用顶格四号宋体加粗，例：一、二、……二级标题采用顶格小四号宋体加粗，例：（一）（二）……三级标题采用空两格小四号宋体加粗，例：1、2……四级标题采用空两格小四宋字体，例：（1）（2）……

（3）内容真实，不得弄虚作假，不得抄袭、下载复制或请人代替完成。

参 考 文 献

柏文涌，高中有，董坤伟．大学生心理健康教育．天津：南开大学出版社，2009．

查尔斯·霍默·哈斯金斯．大学的兴起．邱立波译．上海：上海世纪出版集团，2007．

陈畅．100 个最具前景的职业．北京：机械工业出版社，2010．

崔杰．大学生职业生涯规划理论与方法．杭州：浙江工商大学出版社，2008．

戴维森，伊丽莎白·蒂森．高等院校自我学习管理．龚放，张红霞译．南京：江苏教育出版社，2010．

德里克·博克．走出象牙塔——现代大学的社会责任．徐小洲，等译．杭州：浙江教育出版社，2001．

冯晋祥．中外高等职业技术教育比较．北京：高等教育出版社，2002．

哈罗德·科兹纳．项目管理：计划、进度和控制的系统方法．10 版．北京：电子工业出版社，2010．

郝德永．社会化定位与适用型人才培养——我国当代教学型高校的出路与作为．教育研究，2005，(5)：54-57．

何根海．新建本科院校应用型文科人才培养的基本定位．中国高等教育，2013，(12)：7，18．

洪向阳．10 天谋出好前途——职业规划实操手册．上海：上海大学出版社，2012．

胡显章，曹莉．大学的理念与人文精神．北京：清华大学出版社，2006．

黄河浪，郑玉玺．成功未来不是梦．上海 w：世界图书出版社，2003．

简明国际教育百科全书．人的发展．北京：教育科学出版社，1985．

姜大源．职业教育学基本问题的思考（一）．职业技术教育，2006，(1)：5-10．

姜惠．当代国际高等职业技术教育概论．兰州：兰州大学出版社，2002．

卡尔·雅斯贝尔斯著．大学之理念（1942）．邱立波译．上海：上海世纪出版集团，2007．

匡瑛．比较高等职业教育：发展与变革．上海：上海教育出版社，2006．

兰靖．学习与成功——素质成功学一．北京：人民日报出版社，2004．

李长智．高职教育人才培养方案的优化设计探讨．辽宁高职学报，2011，13(10)：1-3．

李丹青．大学生学习生活成功指南．北京：高等教育出版社，2010．

李建忠．国际职业教育发展现状，趋势及中国职业教育的基本对策．外国教育资料．2000，(6)：57-64．

李令彬．发觉你的竞争力．北京：北方联合出版传媒有限公司，2010．

李雄德．大学生职业发展与就业指导．南昌：江西高校出版社，2008．

李颖，李存录，谢红祥．就业指导与创业教育．天津：南开大学出版社，2010．

联合国教科文组织．教育——财富蕴藏其中．北京：教育科学出版社，1996．

联合国教科文组织．教育的使命——面向 21 世纪的教育行动纲领．北京：教育科学出版社，1996．

联合国教科文组织．学习——内在的财富．北京：教育科学出版社，1996．

刘晓红，徐玖平．项目风险管理．1 版．北京：经济管理出版社，2008．

马芳，黎翔．教育心理学．南京：南京大学出版社，2012．

马树超．中国高等职业教育——历史的抉择．北京：高等教育出版社，2009．

马树超，郭杨．新中国高等职业教育发展改革的非凡成就和经验．职业技术教育，2009，(21)：44．

毛泽东．实践论．毛泽东选集（第一卷）．北京：人民教育出版社，1991．

闵建杰．高职人才培养模式及其内涵分析．武汉职业技术学院学报，2005，(6)．

欧美国家职业教育改革与发展的主要经验．中国职业技术教育，2009．

潘懋元．我看应用型本科院校定位问题．教育发展研究，2007/7-8A．

三步走．成功规划职业生涯．ASK123 学习培训网，2012-12-19.

盛光西．能力检测与训练．北京：专利文献出版社，1998.

孙宗虎．大公司职位说明书设计范本．北京：人民邮电出版社，2006.

王伯庆．决战大学生就业．北京：清华大学出版社，2009.

王大哥，米可．王大哥的求职经．北京：北京大学出版社，2009.

王江涛，俞启定．职业能力培养的历史研究．职业与教育，2013，(3)：20-23.

王兴全．30 天找到好工作．北京：机械工业出版社，2009.

王兴全．职业定位决定你的人生．北京：中国法制出版社，2010.

王义猷．论大学精神形成演变的逻辑之道——大学精神之我见．中国高教研究，2013，(9).

未来职业测试．职业测试．2012-09-17.

吴凤珍，文辉．未来中国最热门的十大职业．北京：中国经济出版社，2004.

项目管理协会．项目管理知识体系指南．4 版．张斌译．北京：电子工业出版社，2009.

肖行定．大学生学习生活指南．武汉：华中科技大学出版社，2012.

徐显明．大学理念论纲．中国社会科学，2010，(6).

叶信治．高影响力教育实践：美国大学促进学生成功的有效手段．中国高教研究，2012，(9).

俞冬伟．职业生涯规划学习指导．北京：高等教育出版社，2009.

约翰·亨利·纽曼．大学的理念．高师宁，等译．贵州：贵州教育出版社，2003.

怎样为你的职业生涯加分？卓博人才网．2013-02-1.

张大均，邓卓明．大学生心理健康教育——诊断、训练、适应、发展．重庆：西南师范大学出版社，2004.

张家祥．职业技术教育学．上海：华东师范大学出版社，2001.

张岳．东陆职教论坛．昆明：云南大学出版社，2003.

郑国强．高职教育人才培养模式纵论．职教论坛，2005，(8).

郑国强．新世纪的技术与职业教育．北京：中国文联出版社，2002.

职业．维基百科．2012-10-17.

职业规划的内涵．第一招聘网．2012-11-30.

职业生涯的五大误区．卓博人才网．2013-02-1.

职业生涯管理．百科．2012-12-3.

职业生涯管理概述．今朝网．2012-09-26.

职业生涯中的五个坎．励志天下．2013-04-18.

周光勇．高等职业教育导论．济南：山东教育出版社，2003.

周衍安．办学层次上移与高职教育体系的完善与发展．山西青年管理干部学院学报，2010，(3)：95-98.

朱凌玲，张同国．不必求职——如何成为中国未来最稀缺的 28 种人才．北京：电子工业出版社，2009.

http://baike.baidu.com/view/126021.htm

http://www.zreading.cn/archives/1404.html

OECD 2010 年报告 Learning for Jobs: Vocational Education and Training

附录 1　云南省普通大中专学校毕业生就业推荐表

学　　　校＿＿＿＿＿＿＿＿＿

姓　　　名＿＿＿＿＿＿＿＿＿

专　　　业＿＿＿＿＿＿＿＿＿

学　　　历＿＿＿＿＿＿＿＿＿

学　　　制＿＿＿＿＿＿＿＿＿

培养方式＿＿＿＿＿＿＿＿＿

毕业时间＿＿＿＿＿＿＿＿＿

填表日期＿＿＿＿＿＿＿＿＿

毕业生基本情况	姓　名		性　别		出生年月		照片
	籍　贯		民　族		政治面貌		
	曾任职务				身体状况		
	家庭住址				联系电话		
	双　亲	姓　名	工作地区及单位			联系电话	备　注
	父　亲						
	母　亲						

所学外语语种及水平		第二外语	

国家职业资格证书通过名称	
毕业生择业志愿	
在校期间曾辅修过何种专业或课程、参加过何种技能培训，有何特长	
在校期间担任过何种职务，参加过何种社会活动	
何时何地因何原因受过何种奖励或处分	
学生政治思想表现及专业业务能力的评定	

班主任（签字）：

年　　月　　日

续表

主要学业成绩	课程名称	成 绩	课程名称	成 绩	课程名称	成 绩
	经办人：　　　　　　　　　填写成绩部门（签章） 年　月　日					
院（系、所） 推荐意见	负责人： 年　月　日					
学校 推荐意见	负责人：　　（学校毕业生就业管理部门签章） 年　月　日					
学校联系人		联系电话		邮政编码		
学校通信地址						

续表

自 荐 书	
联系方式	

说　明

1. 学校、毕业生必须如实填写表内有关栏目。

2. 毕业生与用人单位"双向选择"签订就业协议时，应向用人单位出示本表。毕业生与用人单位签订就业协议后，本表交用人单位保存。

3. 本表的复印件不能作为录用毕业生和签订就业协议的依据。

附录 2　云南财经大学中华职业学院

大学学习规划可行性研究报告

专业班级_____

学　　号_____

姓　　名_____

指导教师_____

完成时间_____

中华职业学院 制

可研报告填写要求

一、封面填写要求

1. "专业班级"栏应填写所属班级简称，例如，"2012 级财管 2 班"写成"中华财务12-2"。

2. "指导教师"栏填写指导教师姓名。

二、可研报告内容填写要求

1. 需要学生完成的内容允许手写或电子稿打印上交指导教师，可根据内容多少自己调整各栏的长度，但单位意见和签字盖章部分需要原件。

2. 电子版格式要求：doc 格式。

- 纸张格式为 A4 纸，左右边距 31.8 毫米，上下边距 25.4 毫米。
- 正文采用宋体、小四号字。
- 一级标题采用顶格四号宋体加粗，例：一、二、……
- 二级标题采用顶格小四号宋体加粗，例：(一)(二)……
- 三级标题采用空两格小四号宋体加粗，例：1.2……
- 四级标题采用空两格小四宋字体，例：（1）（2）……

3. 要求内容真实，不得弄虚作假，不得抄袭、下载复制或请人代完成，一旦发现，成绩以零分计。

个人大学学习规划可行性研究报告

一、调研基本情况

调研时间		调研方法	
调研内容			

调研单位基本情况

单位名称	单位负责人	职务	联系方式	单位地址

二、调研所获得的信息

三、对自己学习规划的可行性分析和修正

四、调研证明材料

五、调研单位对本次调研活动的评价及建议

单位负责人签字（盖章）

《手册》填写说明

一、封面填写要求

1．"专业班级"栏应填写所属班级简称，例如，"2013 级财管 2 班"写成"中华财务 13-2"。

2．"指导教师"栏填写《大学生职业认知与学习规划》课程指导教师姓名。

二、学生相关材料填写要求

1．本《手册》根据《大学生职业认知与学习规划》课程要求，分为"职业认知见习"及"学习规划调研报告"两部分，《手册》里的所有内容只能手写，不得打印粘贴，否则以零分计。

2．所有应交的材料均必须按照要求完成。注意格式规范、书写工整，内容真实，不得抄袭或请人代完成，否则以零分计。

3．见习及调研过程实景照片为 5 寸彩色照片。

4．如需要提交职业认知见习后的视频等电子资料，见习结束后由各指导教师统一集中打包提交到校外实践与就业服务中心，文件包统一命名为"×× 教学部 ×× 专业 ×× 班职业认知见习视频资料。"

职业认知见习简介

一、职业认知见习的目的和意义

中华职业学院作为云南财经大学探索举办高等职业本科教育的改革试验区，办学的指导思想是"以服务为宗旨，以就业为导向，坚持本科规格，强化实践教学，突出能力培养"，为使学生一入学就明确自己四年的大学学习与未来职业之间的逻辑关系，了解社会职业需求与自己的专业培养的关系，帮助学生迅速适应高等职业教育及学习的特点，树立正确的职业观、学习观。使学生学会学习，学会科学规划大学四年的学习生活，做好职业准备，增强就业竞争力。学院开发了新生入学教育导学课程《职业认知与学习规划》，并将职业认知见习作为课程实践教学的重要内容，同时也是该课程的期中考试内容。通过组织和指导学生进行职业认知见习，主要达到以下目的。

1. 转变角色。使学生一入学就把自己当作一个"准职业人"看待。

2. 认知职业。让学生了解社会职业需求及职业环境；了解一个企业的用人标准和要求；了解本专业未来将要从事的目标职业或岗位的标准、需求和要求等详细信息，初步建立对职业世界的感性认识。

3. 明确目标。使学生明确自己的专业学习目标和任务，增强学习积极性，对大学学习进行科学合理的规划，从而有目标、有计划地学习，充分做好适应社会的准备。

二、职业认知见习要求

1. 每位同学认真领会见习的目的、意义，端正见习态度。根据《职业认知与学习规划》课程要求认真完成见习任务。

2. 见习以小组合作见习或个人独立见习的形式进行。选择小组合作见习的学生可自行在班级内组队，利用课余时间和假期进行见习活动，共同完成见习任务，每个小组5～10人，由小组长进行小组成员的具体分工。

3. 服从学院的见习指导和安排，明确见习期间的各项具体任务及要求。

4. 遵守学院和见习单位的规章制度，衣着整洁，讲究卫生，言谈举止文明礼貌。

5. 积极参加见习过程中的各种活动。在听取见习单位领导讲话和参观工作场所时，要认真做记录，不得干扰现场工作秩序，不得随意走动和喧哗，严禁聊天、接听手机、发送手机信息或其他干扰见习活动正常进行的行为。

6. 个人或小组在见习前要做好准备（如选择行业、企业和目标职业；通过书籍、网络等查阅有关资料，了解企业、行业、目标职业或岗位的相关背景；拟定生涯人物访谈提纲等）。

7. 加强自我保护意识，防止一切危害人身、财产安全事故的发生。签订《云南财经大学中华职业学院学生外出实践安全责任书》。

8. 见习结束后，每个学生于下学期开学第一周将完成的《职业认知见习手册》上交指导教师进行成绩评定，并由课程指导教师组织班级小组进行见习总结汇报比赛，根据比赛排名给予加分。

三、成绩认定

1. 基本成绩：指导教师根据个人或小组完成的手册质量，给予学生 0 ～ 80 分的基本成绩，凡不认真完成的学生，可以按不及格以下给予成绩认定。

2. 小组比赛加分：所有小组长每人加 20 分，其他小组成员根据小组比赛排名加分，第一名每人加 18 分，第二名每人加 16 分，第三名每人加 14 分，依次类推。个人独立见习的，视见习总结汇报情况酌情加 14 ～ 20 分。

学生职业认知见习成果材料

一、学院开设的《大学生职业认知与学习规划》课程对你有哪些帮助和启发？
请介绍通过该课程的学习，你主要学到了什么？明白了什么？对你有何启发？

二、见习前你做了哪些准备？

机会永远留给有准备的人。在见习之前，你应该做好以下准备工作：选择好相关行业和企业；分析和确定你的目标职业或岗位；提前查阅相关书籍和网络资源；采取恰当的见习和调查方法；选择好典型的职业人士进行访谈；准备具体的访谈提纲等。

三、见习的形式选择

你采用哪种见习形式？

1．个人独立进行（　　）

2．小组合作进行（　　）

你们小组的成员

组长：

组员：

四、简述自己的见习过程

简要介绍你见习的时间、步骤、内容和方法等。

五、见习单位信息和情况介绍

介绍你见习单位的名称、地址、联系人、联系电话等；企业所属产业、行业；业务范围、规模、工作环境、企业文化和目前的发展状况等。

（一）见习单位信息

单位名称：

单位地址：

联 系 人		联系电话	

（二）见习单位情况

续表

六、见习目标职业或岗位信息

目标职业或岗位是你未来将要从事的职业或岗位，通过深入了解该职业或岗位的详细信息，一方面是让你了解当今社会就业形势的严峻性，明确社会和企业对大学毕业生的要求越来越高，转变你的就业观念，以降低你的就业期望值。另一方面是让你自加压力，激发你的学习兴趣，明确你的学习目标和任务，从而在今后的大学学习中做好充分的准备。请你通过实地见习调查，职业人士访谈，查阅相关书籍、资料和网络资源等方法来进行目标职业或岗位信息的调查，并从以下六个方面来介绍你的目标职业或岗位的详细信息。

（一）目标职业或岗位描述

（二）目标职业或岗位的主要工作内容和工作职责

续表

（三）目标职业或岗位的从业要求（主要从该职业或岗位对从业人员的个性特征、道德品质、学历、专业、能力、素质、职业资格证、工作经验、外语、计算机等方面的基本要求，以及工作的时间、地点和环境情况等）

（四）目标职业或岗位的社会需求情况（社会需求的大小虽然能从宏观上反映出未来就业的难易程度，但需求大并不代表你就一定能就业，需求小也不能说明你不能就业，关键看你自己的能力和水平）

（五）目标职业或岗位的薪酬待遇情况（薪酬待遇不只是工资，还包括"五险一金"、奖金、福利等方面）

续表

（六）目标职业或岗位的发展方向和发展前景（包括职务或职称的升迁和发展、职业的变迁和发展等方面）

续表

七、以"今天的学习与明天的职业"为主题谈谈见习收获和今后的打算

见习的目的是让你转变角色、了解职业、明确目标、积极行动。为了达到社会、行业、企业和职业对人才的需求标准，适应社会的发展，需要你端正学习态度，增强学习主动性和积极性，把自己当作一个准职业人来对待，把他们的要求当作自己大学期间的学习目标和任务，也更需要你在大学期间有目标、有计划地学习和锻炼，以实现自己的就业和职业发展目标，为此，你该如何打算？

八、对此次见习和学院专业人才培养方案的意见及建议

　　为了体现理论与实践相结合的原则，达到本课程的教学和学习目标，学院组织了本次见习活动，你对本次见习活动有何建议？另外，为了帮助你实现自己的目标，学院为你设计和制订了相对比较完善的专业人才培养方案，通过见习后，你对本专业的人才培养方案有何建议？

续表

九、见习单位对学生的评价和对学院见习工作的意见
（一）见习单位对学生的评价
（二）见习单位对学院见习工作的意见和建议
负责人签字（单位公章）： 年 月 日
十、见习佐证材料
（一）你在完成见习手册过程中使用过的参考资料、文献、书籍、网络资源等
（二）见习过程的真实照片（要求 5 寸彩色照片，请粘贴在空白处）

学生职业认知见习成绩认定：

基本成绩	比赛加分	总成绩	评阅人	日期

学生学习规划调研简介

一、调研的目的和意义

本次调研是《职业认知与学习规划》课程的重要实践教学环节之一，并将调研报告的考核与评价作为该课程的期末考试成绩，通过组织和指导学生调研，主要达到以下目的。

1. 检验自己的学习规划是否科学可行，验证自己四年规划的各项任务和目标是否符合社会的需求，能否达到用人单位的要求。

2. 通过可行性研究，使学生对自己的学习规划进行控制管理，规避学习风险，对自己的学习规划进行评估和修正。进一步提高自己的学习动力，使自己的目标和任务更加明确，学习计划更加科学可行，行动更加积极有效。

3. 掌握基本的调研方法，锻炼学生的调查研究能力。

二、调研方法

学习规划调研的主要目的是围绕影响学习规划的各种因素，通过全面、系统地调查分析，运用数据和资料来论证和检验自己的学习规划是否科学、可行，从而对自己的学习规划进行评估与修正。主要采用查询文献、书籍和有关资料（含网络资料）、问卷调查、集体商讨、数据分析、比较研究、专业人士访谈等方法进行调研。

三、调研要求

1. 每个学生应认真领会调研的目的、意义，端正见习态度。根据《大学生职业认知与学习规划》课程要求认真完成调研任务。

2. 每个学生在本学期放假前根据《大学生职业认知与学习规划》课程所学理论和方法撰写《大学四年学习规划书》，并根据自己的学习规划和四年后将要完成的任务和达到的目标模拟填写《云南省普通大中专毕业生就业推荐表》。

3. 在放假前，学生要查阅和收集有关文献、书籍和资料（含网络资料，拟定调研内容和提纲，选择行业和企业，做好调研前的准备，服从学院的调研指导和安排，明确调研期间的各项具体任务及要求。

4. 在假期期间，学生携带学院开具的介绍信、《推荐表》、《学习规划书》到自选的企业进行调研活动。

5. 遵守学院和单位的规章制度，衣着整洁，讲究卫生，言谈举止文明礼貌。

6. 调研结束后，每个学生对自己原来模拟填写的《就业推荐表》和撰写的《学习规划》进行综合评估和修正，并正式填写《学生学习规划调研报告》，于下学期开学第一周将完成的《学生学习规划调研报告》上交课程指导教师进行成绩评定。

四、成绩认定

　　课程指导教师根据学生个人完成的调研报告质量，给予学生 0 ～ 100 分的基本成绩，凡不认真完成的学生，可以按不及格给予成绩认定。

学习规划调研报告材料

第一部分　撰写《大学四年学习规划书》

　　学生根据《职业认知与学习规划》课程所学内容和方法从以下五个方面来撰写《大学四年学习规划书》，请企业领导或专家对学生的《大学四年书学习规划》提出宝贵修改意见，以检验学生的学习规划是否科学、合理、可行。

一、引言（简要介绍自己，提出自己对大学的认识，以及大学学业的总目标，简要描述大学学习规划的重要性）

二、目标定位分析（主要进行自我分析和环境分析）
（一）自我分析（主要从自己的性格、爱好、特长、能力、弱点方面对自己进行分析）

自我分析小结

我的优势能力	我的弱势能力

续表

（二）环境分析（主要从家庭环境、学校环境、社会环境等来进行分析）

续表

（三）SWOT 综合分析（综合分析自身的优势、弱势、机会和威胁因素）		
内部因素	优势因素（S）	弱势因素（W）
外部因素	机会因素（O）	威胁因素（T）

续表

三、目标定位分析描述
通过上面的综合分析来确定自己大学期间的基本目标和毕业时的目标，以及为实现这些目标的发展规划。
（一）总体目标描述（基本目标：顺利毕业取得毕业生证和学位证；毕业目标：就业、考研、考公务员、出国、创业等。毕业目标可有几种选择，但要在后面的规划中有所体现）

（二）发展规划	
时间规划	大学四年的时间规划，每学期、每学年的时间安排，每天的工作计划等
知识规划	为了达到目标所需要的知识体系，以及如何实现对所需知识的掌握

续表

技能规划	为了达到目标所需具备的技能，以及如何掌握这些技能
自我约束	为了确保达到目的，需要何种约束力，以及通过何种方式保障约束力的生效
其他需要说明的方面	视个人情况，分析其他需要说明的方面

续表

四、目标分阶段执行计划			
（一）目标分阶段计划一览表（简要概括）			
计划名称	计划项目		
	分目标（如大一上学期要达到……大一下学期要达到……或在 ×× 方面要达到……）	计划内容（如专业学习、课外读物、社会实践等）	策略和措施（如专业学习方法、课外阅读书籍选择、社会实践时间、地点、内容的确定……）
一年级计划			
二年级计划			

续表

三年级 计划			
四年级 计划			
大学毕业 初期初步 规划	如找……方向的工作，毕业后……努力方向	如就业方向的确定，实习、工作、考试等方面	如应做哪些准备、树立什么样的就业观

注：毕业规划中，选择考研和出国的同学可根据自己的实际情况选择填写

续表

（二）详细执行计划（分几个阶段详细介绍上述分阶段计划实施一览表的详细内容）

续表

五、结束语（简要描述你进行学习规划后的体会）

第二部分　模拟填写《毕业生就业推荐表》

　　学生根据自己的学习规划和四年后达到的目标模拟填写《云南省普通大中专学校毕业生就业推荐表》，请企业有关领导验证学生是否满足社会的用人标准，能否达到企业的招聘条件和要求。

云南省普通大中专学校毕业生就业

推 荐 表

学　　校 ＿＿＿＿＿＿＿＿＿＿

姓　　名 ＿＿＿＿＿＿＿＿＿＿

专　　业 ＿＿＿＿＿＿＿＿＿＿

学　　历 ＿＿＿＿＿＿＿＿＿＿

学　　制 ＿＿＿＿＿＿＿＿＿＿

培养方式 ＿＿＿＿＿＿＿＿＿＿

毕业时间 ＿＿＿＿＿＿＿＿＿＿

填表日期 ＿＿＿＿＿＿＿＿＿＿

毕业生基本情况	姓 名		性 别		出生年月		照 片
	籍 贯		民 族		政治面貌		
	曾任职务				身体状况		
	家庭住址				联系电话		
	双亲	姓 名		工作地区及单位		联系电话	备 注
	父 亲						
	母 亲						

所学外语语种及水平		第二外语	

国家职业资格证书通过名称	

毕业生择业志愿	

在校期间曾辅修过何种专业或课程、参加过何种技能培训，有何特长	

在校期间担任过何种职务，参加过何种社会活动	

何时何地因何原因受过何种奖励或处分	

学生政治思想表现及专业业务能力的评定	班主任（签字）： 年 月 日

续表

	课程名称	成 绩	课程名称	成 绩	课程名称	成 绩
主要学业成绩						
	综合测评成绩： 经办人：　　　　　　　　　　　　　　　填写成绩部门（签章） 　　　　　　　　　　　　　　　　　　　　　　年　月　日					

院（系、所） 推荐意见	 　　　　　　　　　　　　　　　　　　　　　负责人： 　　　　　　　　　　　　　　　　　　　　　　　年　月　日
学校 推荐意见	本推荐表只用于非毕业生假期进行调研活动用 　　　　　　负责人：　　　（学校毕业生就业管理部门签章） 　　　　　　　　　　　　　　　　　　　　　　　年　月　日
学校联系人	联系电话　　　　　　邮政编码
学校通信地址	

续表

自 荐 书

| 联系方式 | |

第三部分 调 研 情 况

一、调研单位基本情况				
调研单位名称		调研时间		
单位地址				
单位联系人		职务		

二、对《毕业生推荐表》和《大学四年学习规划书》的评估和修正

　　根据本次调研所获得的相关信息和资料，综合分析自己的《毕业生推荐表》和《大学四年学习规划书》中的目标、任务、执行计划等方面的内容是否科学、合理、可行，是否达到企业的用人条件和要求，存在哪些问题，如何对自己的《毕业生推荐表》和《大学四年学习规划书》进行评估、总结和修正等。

　　（一）哪些方面是科学、合理和可行的？

　　（二）还存在哪些方面的问题？

（三）你准备从哪些方面来修正自己的《大学四年学习规划》？

续表

三、调研证明材料
（一）调研所参考的文献资料、书籍、网络资源等
（二）调研过程的真实照片（张贴在空白处）
学生签字：   指导教师签字：

学生学习规划调研报告成绩认定：

年　月　日